海绵城市透水路面技术与典型案例

郑晓光　吕永鹏　著
上海市政工程设计研究总院（集团）有限公司　组织编写

中国建筑工业出版社

图书在版编目（CIP）数据

海绵城市透水路面技术与典型案例/郑晓光，吕永鹏著．—北京：中国建筑工业出版社，2022.1
ISBN 978-7-112-26864-1

Ⅰ.①海… Ⅱ.①郑…②吕… Ⅲ.①城市建设-透水路面-研究 Ⅳ.①U416.25

中国版本图书馆CIP数据核字（2021）第247248号

建设具有自然积存、自然渗透、自然净化功能的海绵城市是国家"十四五"生态文明建设的重要内容，透水路面是海绵城市建设的重要技术措施。本书对海绵城市透水路面十余年研究成果与工程应用进行了系统总结和凝练，主要技术内容包括透水路面的结构设计、材料设计、施工与验收、养护技术以及典型工程案例。本书可作为道路设计、施工与管理养护人员学习透水路面相关研究成果和工程实践的参考书目，也可作为海绵城市相关技术培训教材与大专院校师生的教学参考书。

责任编辑：王 磊 于 莉
责任校对：王 烨

海绵城市透水路面技术与典型案例
郑晓光 吕永鹏 著
上海市政工程设计研究总院（集团）有限公司 组织编写

*

中国建筑工业出版社出版、发行（北京海淀三里河路9号）
各地新华书店、建筑书店经销
北京鸿文瀚海文化传媒有限公司制版
河北鹏润印刷有限公司印刷

*

开本：787毫米×1092毫米 1/16 印张：19½ 字数：484千字
2022年1月第一版 2022年1月第一次印刷
定价：**108.00**元
ISBN 978-7-112-26864-1
（38620）

版权所有 翻印必究
如有印装质量问题，可寄本社图书出版中心退换
（邮政编码100037）

前　言

建设具有自然积存、自然渗透、自然净化功能的海绵城市是生态文明建设的重要内容。2013年12月习近平总书记在中央城镇化工作会议上提出关于"加强海绵城市建设"的精神。2015年与2016年，中央财政先后支持了30个城市开展了海绵城市建设试点，取得了不错的成效。2021年4月，为贯彻习近平总书记关于海绵城市建设的重要指示批示精神，落实《中华人民共和国国民经济和社会发展第十四个五年规划和二〇三五年远景目标》关于建设海绵城市的要求，财政部、住房和城乡建设部、水利部决定"十四五"期间开展系统化全域推进海绵城市建设示范工作。

透水路面是指将透水良好、空隙率较高的材料应用于道路面层、基层甚至土基，在保证一定的路用强度和耐久性的前提下，使雨水能够顺利进入路面结构内部，通过具有临时贮水能力的基层，直接下渗入土基或进入路面内部排水管排除，从而达到雨水还原地下和消除地表径流等目的的铺装形式，是海绵城市建设的重要技术措施。

透水路面对于雨水的处理方式，从根本上颠覆了一般公路或城市道路路面设计尽量将外部水分阻隔于路面结构以外的理念，其设计思想是通过透水材料在铺装各结构层的应用，使雨水能够顺畅进入路面结构并及时下渗。然而，由于水分进入到路面结构内部，使路面材料处于潮湿甚至饱和状态，势必会造成路面材料的性能变差，导致结构整体的承载能力下降。

上海市政工程设计研究总院（集团）有限公司（以下简称上海市政总院）从海绵城市透水路面建设需求出发，依托国家科技重大专项"海绵城市建设与黑臭水体治理技术集成与技术支撑平台"、上海市科学技术委员会"海绵城市生态道路成套技术研究与示范"等多项课题研究，结合国内外相关技术成功经验和现有工作基础，基于透水路面不同的应用场景，从设计方法、结构组合、材料耐久性、材料多样性、施工智能化、运营维护等方面出发，通过理论分析、室内与现场试验、工程应用等技术手段，建立了海绵城市透水路面成套技术体系，先后设计完成了上海中环线、华夏路、嘉兴与海口快速路透水路面和国家海绵试点上海临港、厦门翔安、珠海横琴多个透水路面项目，实现了"结构与材料耐久、施工智能、养护精细"，取得了系列性成果。

为了总结和推广多年来积累的透水路面研究与应用成果，上海市政总院组织相关科研技术人员编写了本书，本书的主要内容如下：

第1章概述，在海绵城市建设背景下，进行了透水路面定义与分类，回顾了透水路面国内外研究发展现状，调研了透水路面病害，提出了透水路面关键技术。

第2章透水路面结构设计，测定了透水沥青与透水混凝土结构设计参数，分析了荷载作用与动水耦合作用下不同类型透水路面结构力学响应，进行了透水路面径流分析，提出了基于力学与径流的透水路面结构设计方法，形成了透水路面典型结构。

第3章透水路面材料设计，对高黏度改性沥青性能进行评价，分析透水路面材料性能的影响因素，分别提出透水沥青路面、透水水泥混凝土路面、透水砖路面材料设计方法，确定原材料、配合比设计与性能要求。

第4章透水路面施工与验收，研究透水沥青路面施工温度衰变规律与压实特性等关键影响因素，开发了透水沥青路面智能化施工技术，分别提出了透水沥青路面、透水水泥混凝土路面与透水砖路面及基层施工要求与验收标准。

第5章透水路面养护，分析了透水路面透水功能衰变规律，提出透水路面技术状况评价标准，明确了透水路面养护工作，包括日常养护、透水功能养护与病害处治等。

第6章典型工程案例，针对快速路、地面道路、非机动车道与人行道、广场与绿道等，提出了一系列透水路面典型工程案例。

其中，第1章由郑晓光、吕永鹏编写；第2章由陈亚杰、任奇编写；第3章由郑晓光、陈亚杰、水亮亮编写；第4章由乐海淳、徐弯弯编写；第5章由吴立报、任奇编写；第6章由吕永鹏、郑晓光、闫国杰编写。全书由郑晓光、吕永鹏统稿。值此向全体编写人员致谢！

本书部分资料来源于所列参考文献，在此向原著（编）者表示衷心感谢！

由于编写人员水平有限，不足之处在所难免，恳请读者批评指正。

目 录

第1章 概述 1
  1.1 研究背景 1
  1.2 国内外现状、水平和发展趋势 3
  1.3 透水路面病害调研 8

第2章 透水路面结构设计 14
  2.1 透水路面结构设计参数 14
  2.2 透水路面力学响应分析 20
  2.3 透水路面径流控制效能评估 47
  2.4 动水耦合作用下透水路面有限元分析 93
  2.5 基于力学与渗流性能的透水路面结构设计方法 102
  2.6 透水路面典型结构 116
  2.7 透水路面边缘排水系统设计 121
  2.8 透水路面的适用条件 123

第3章 透水路面材料设计 126
  3.1 透水沥青路面材料设计 126
  3.2 透水水泥混凝土路面材料设计 169
  3.3 透水砖路面材料设计 178

第4章 透水路面施工与验收 181
  4.1 透水沥青路面施工关键影响因素研究 181
  4.2 透水沥青路面智能化施工技术 203
  4.3 透水沥青路面施工技术要求 219
  4.4 透水水泥混凝土路面施工技术要求 228
  4.5 透水砖路面、缝隙透水路面施工技术要求 232

第5章 透水路面养护 236
  5.1 透水功能衰减规律研究 236
  5.2 透水路面检测与技术状况评价 255
  5.3 养护工作内容 261

第6章　典型工程案例 ……………………………………………………… 277

6.1　高架快速路透水沥青路面 ……………………………………………… 277
6.2　地面车行道与停车场透水路面 …………………………………………… 285
6.3　非机动车道、人行道 ……………………………………………………… 291
6.4　广场、绿道 ………………………………………………………………… 297

参考文献 ……………………………………………………………………… 302

第 1 章　概述

1.1　研究背景

　　城镇化是保持经济持续健康发展的强大引擎，是推动区域协调发展的有力支撑，也是促进社会全面进步的必然要求。然而，快速城镇化的同时，城市发展也面临巨大的环境与资源压力，外延增长式的城市发展模式已难以为继。党的十八大报告明确提出"面对资源约束趋紧、环境污染严重、生态系统退化的严峻形势，必须树立尊重自然、顺应自然、保护自然的生态文明理念，把生态文明建设放在突出地位……"。建设具有自然积存、自然渗透、自然净化功能的海绵城市是生态文明建设的重要内容。2013 年 12 月习近平总书记在中央城镇化工作会议上提出关于"加强海绵城市建设"的精神。2014 年 10 月住房和城乡建设部出台了《海绵城市建设技术指南——低影响开发雨水系统构建（试行）》。随后，财政部、住房和城乡建设部、水利部联合下发了《关于开展中央财政支持海绵城市建设试点工作的通知》（财建〔2014〕838 号），要求各地应高度重视海绵城市建设，积极谋划，中央财政对海绵城市建设试点给予专项资金补助。2014 年 12 月，上海市人民政府下发批示：上海作为人口数量多、经济实力强的全国特大型城市，非常有必要开展"海绵城市"的新型城镇化建设工作，以支撑民生工程建设、保障城市安全运行。

　　海绵城市是指城市能够像海绵一样，在适应环境变化和应对自然灾害等方面具有良好的"弹性"，下雨时吸水、蓄水、渗水、净水，需要时将蓄存的水"释放"并加以利用。海绵城市建设关键途径是低影响开发雨水系统的构建，低影响开发指在城市开发建设过程中采用源头削减、中途转输、末端调蓄等多种手段，通过渗、蓄、滞、净、用、排等多种技术，实现城市良性水文循环，提高对径流雨水的渗透、调蓄、净化、利用和排放能力，维持或恢复城市的"海绵"功能。因此要求城市建设过程应在城市规划、设计、实施等各环节纳入低影响开发内容，并统筹协调城市规划、排水、园林、道路交通、建筑、水文等专业，共同落实低影响开发控制目标。

　　目前我国大多数城市仍采用基于传统"快排"为主要目标的"道路不透水汇水面—雨水口—市政管线—河湖水系"的排水方式，结果导致道路排涝压力大、路面径流污染严重、雨水资源流失、生态环境破坏等突出问题，难以满足现代城市建设对生态和环境的要求。

　　同时，传统表面致密的路面在雨天由于不能及时透水，形成路表水膜或路面积水，导致行车容易出现水漂、水雾现象，给行人和车辆的行驶带来不便，增大了交通事故发生率。

　　透水路面所具有的大空隙结构使雨水能够通过铺装结构就地下渗，从而达到消除地表径流、雨水还原地下等目的，具有涵养水分、改善人居环境和提高交通安全舒适性等优良性能，其在许多国家已经得到广泛应用。

2015年11月11日上海市人民政府办公厅发布"关于贯彻落实《国务院办公厅关于推进海绵城市建设的指导意见》的实施意见"（沪府办〔2015〕111号），提出了上海海绵城市建设指标体系，其中上海市海绵城市建设指标体系中道路系统有高架道路透水路面率、人行道透水路面率、专用非机动车道透水路面率和步行街透水路面率等4项二级指标，各指标数值详见表1-1。

道路系统指标　　　　　　　　　　　　　　　表1-1

指标类别	序号	一级指标	二级指标	新建	改建
约束性指标	1	绿地率（道路红线内）①	—	≥15%（主干道≥20%）	—
	2	—	人行道透水路面率	≥50%	≥30%
鼓励性指标	1	—	高架道路透水路面率②	≥70%	≥50%
	2	—	专用非机动车道透水路面率	≥40%	≥20%
	3	—	步行街透水路面率	≥70%	≥50%

注：① 绿地率（道路红线内）指道路红线内绿地面积占道路总面积的比例。
　　② 高架道路指非重载交通高架道路。

停车场广场系统有停车场透水路面率和广场透水路面率等2项二级指标，均为约束性指标。各指标数值详见表1-2。

停车场广场系统指标　　　　　　　　　　　　表1-2

指标类别	序号	二级指标	新建	改建
约束性指标	1	停车场透水路面率	≥70%	≥50%
	2	广场透水路面率	≥70%	≥50%

透水路面对于雨水的处理方式，从根本上颠覆了一般公路或城市道路路面结构设计将水损坏视为主要的破坏形式的理念。一般的公路与城市道路设计，为了保证路面结构的承载能力维持在较高的水平，都尽量将外部水分阻隔于路面结构以外；而透水路面这种特殊的铺面形式，其设计思想是通过透水材料在铺装各结构层的应用，使雨水能够顺畅进入铺面结构并及时下渗。然而，由于水分进入到铺面结构内部，使铺面材料处于潮湿甚至饱和状态，势必会造成铺面材料的性能变差，导致结构整体的承载能力下降。透水路面可以用于高架道路、车行道、停车场、人行道与非机动车道，这些区域荷载不同，满足路用性能条件下其结构与材料应有所不同，但是目前路面结构设计都是针对密实型道路结构，现行路面设计参数正由静态转换为动态，而透水路面结构设计主要根据经验来确定，规范中缺乏透水路面结构设计参数与设计指标，无法定量计算路面厚度。

因此从海绵城市建设需求出发，结合国内外相关技术成功经验和现有工作基础，基于不同的应用场景，从设计方法、结构组合、材料耐久性、材料多样性、施工智能化、运营维护等方面出发，通过理论分析、室内与现场试验、工程应用等技术手段，建立海绵城市透水路面成套技术体系。

1.2 国内外现状、水平和发展趋势

1.2.1 透水路面定义及分类

透水路面是指将透水性能良好的大空隙率材料应用于路面结构，在保证路用强度和耐久性的前提下，使雨水能够进入路面结构内部，直接下渗进入土基或通过路面内部排水管排除，从而达到减少地表径流、缓解城市雨水管网排水压力、降低城市热岛效应和补充地下水等功能的路面结构形式。

根据透水路面雨水排出路径和面层材料的不同可以分为以下几类：

(1) 根据透水路面雨水排出路径的不同，可分为表层排水式路面、半透式路面和全透式路面。

表层排水式路面：路表水渗入面层后不再向下渗透，通过边缘排水系统排入市政管网。表层排水式透水路面主要功能是降低噪声、提高路面抗滑能力、雨天路表不产生水膜，避免雨天出现飞溅、眩光、水漂等现象。

半透式路面：雨水由面层下渗进入基层或垫层后不渗透到土基中，通过边缘排水系统排入市政管网。半透式路面结构由于基层可以蓄存雨水，具有良好的径流总量控制和削减径流峰值的功能。

全透式路面：雨水通过面层、基层、垫层下渗至土基，超过土基渗透能力的雨水可通过排水设施排入市政管网。全面透式路面结构除具备径流总量控制和削减径流峰值等功能外，还可补充地下水。

(2) 根据透水路面表面层材料不同，可分为透水沥青混凝土路面、透水水泥混凝土路面、透水砖路面和缝隙透水路面。

透水性沥青混凝土路面：透水沥青混凝土为骨架-空隙结构，粗骨料约占骨料总量的80%，采用高黏改性沥青作为胶料，空隙率为18%~25%，目前在国内主要应用于高速公路、快速路、景观道路、噪声敏感区与道路以及非机动车道、步行街、公园绿道等区域。

透水水泥混凝土路面：透水性水泥混凝土也称"无砂混凝土"或"多孔混凝土"，采用一定级配的粗骨料、少量或无细骨料、胶凝材料、减水剂、掺和料和水按一定比例，经特定工序制作而成的具备连续孔隙结构的多孔材料。透水水泥混凝土的孔隙率为15%~30%，其中连续孔隙率大于10%，在国内多用于非机动车道、停车场、广场等区域。

透水砖路面：雨水通过砖体自身的孔隙下渗，常见的透水砖类型包括陶瓷透水砖、树脂透水砖和混凝土透水砖，其中最具代表性的是混凝土透水砖，其主要原料为水泥和级配骨料，通过混合搅拌，经振动加压制成，其透水系数不低于 0.1mm/s，多用于人行道、小区步道、广场铺装和停车场等区域。

缝隙透水路面：路面砖砖体不透水，雨水通过路面砖拼接形成的缝隙或排水孔下渗，缝隙宽度大于 5mm，缝隙率不小于 7%，缝隙内均匀、饱满地填充填缝料。该类型路面由于砖体本身没有孔隙存在，强度高、耐久性好。同时由于缝隙较大，透水有保证，主要用于人行道、步行街、广场、停车场等区域。

此外，还有一些特殊形式的材料类型，如砾石铺装、结构型透水路面、嵌草铺装、木料铺装等。

1.2.2 国外透水路面发展现状

1940年英国皇家空军为快速排除飞机跑道的积水而首次采用了透水路面。自1986年开始，英国考文垂大学建筑环境学院的C.J.Pratt便对透水路面的径流抑制及污染防治的效果做过一系列的研究，并且相当具有代表性。直至1995年提出了评估透水路面的径流模型。在最近的研究中，尝试在住宅区针对透水路面对水的再利用，提出相关实测分析与优劣评估。

英国研究人员倾向于对透水路面在消除雨水中污染物方面作用进行研究。另外，有研究利用试验验证了在透水铺面中选用合适的土工织物对于拦截日常停车渗入铺面内部的油分的重要性。结果表明，在透水路面使用寿命早期选用土工织物对油分截留有重要影响。另外，土工薄膜处理的场地上，铺设直接入渗型透水路面体系，将有效地吸收大部分碳氢污染物。

德国《混凝土路面砖》标准中规定，用于面层的路面砖必须有10%以上的孔隙，以使雨水能渗入地下。德国政府制定目标，到2010年把全国90%的路面改造成为透水路面。为配合透水步道铺装，德国还研制了透水性砂浆。

比利时于1979年在高速公路上开始铺筑透水面层，为了提高路面的耐久性及稳定性，添加纤维稳定剂等。

荷兰、丹麦为了降低交通噪声而多采用多孔隙沥青路面，荷兰已有10%公路铺筑多孔隙透水路面，并针对城市道路尘土阻塞的问题，发展双层多孔隙路面，上层粒径较下层小，因而上层具有过滤大颗粒尘土的作用，落入路面孔隙内的尘土则因下层孔隙较大而被水冲出，从而达到自清孔隙的效果。

在法国，根据法国公路技术规范NFP98-134可知，透水沥青混合料包含两方面内涵：一是混合料的剩余空隙率约为20%；二是空隙率为连续空隙率，保证雨水在其内部能自由流动。其透水沥青路面的厚度一般约为40mm，空隙率为25%～28%；若仅考虑路面的透水性能，厚度为25mm，若同时考虑降噪性能，厚度为60～120mm。法国M.Legret等人为评价透水路面对水质的影响，在Loire.Atlantique的一条大街上修筑了一段透水路面试验段，这条道路每日承受大约2000辆汽车的交通量，试验段的结构组合形式如图1-1所示。

由于该试验段每天要承受2000辆汽车通过的荷载作用，对铺面的结构强度和承载能力要求较高，故基层采用开级配沥青稳定碎石和开级配碎石复合的基层形式，这样既可保证足够的透水保水能力，又能提高基层的支撑能力。面层采用透水沥青混合料，增加了面层的强度。土基仍为自然状态的土壤以保证良好的渗水能力。

在美国，对透水路面的研究最系统且最具代表性。早期美国应用多孔性铺面是为了解决雨天道路湿滑的问题，之后对透水道路的使用由行车安全的目的逐渐转向环境生态保护的目的。1966年森林保护局开始在林业道路路面上使用透水性材料，到20世纪70年代美国各州已积极推动透水铺面的应用。

美国透水性混凝土铺面于1970年在佛罗里达开始推广，透水性混凝土铺面因其有良

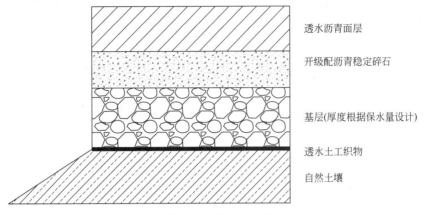

图 1-1　法国某透水路面试验段结构组合方案

好的耐久性及透水性,初期广泛被使用在停车场及中低承载力路面。1990 年佛罗里达水资源管理单位推动暴雨径流还原计划(Stormwater Rehabilitation Project),在 Bath Club Concourse 使用透水性混凝土铺面,希望通过使用透水性混凝土来增加暴雨径流入渗量。美国对透水道路的研究和应用,主要着眼于其对地表径流的抑制作用和对由地表径流引起的污染物扩散的抑制作用。

美国新泽西州和宾夕法尼亚州等,都将透水路面作为"城市暴雨洪水管理"(Storm Management)的一种最佳手段(Best Management Practice,BMP)来研究和使用,并分别出版了相应的研究手册。它们对于透水路面的分类、常用结构、设计要素及关键点、施工程序、养护等都给出了较为详细的说明,定义了透水路面体系的标准断面形式,如图 1-2 所示。另一个研究的侧重点在于透水路面对由于地表径流引起的污染物扩散的抑制作用。美国的许多学者都通过各种手段研究其对各种污染物,如碳氢化合物、重金属等对下层土壤、地下水、排水口下游自然水体的污染的抑制。

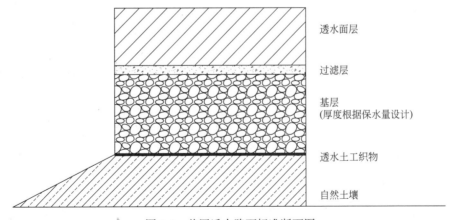

图 1-2　美国透水路面标准断面图

美国北卡罗来纳州东部一座透水路面停车场修筑了四种不同类型的透水路面以及普通的不透水沥青铺面进行对比研究。四种铺面分别为:透水混凝土铺面、两种不同表面孔隙面积的透水联锁块铺面、填砂的镂空砖铺面。Kelly. A. Collins 等人在 2006 年 6 月到 2007

年7月对其进行观测,主要是区别其在表面径流量、总流出水量、洪峰流量(速)、洪峰延时等方面的水文差异,并分析了影响它们透水效果的因素。与此同时,研究人员还评估与比较了各种类型的透水铺面对于水质改善的效果,希望为北卡罗来纳州提供一个统一的评价透水铺面减少雨水中污染物的方法,以为其作为暴雨管理最佳措施提供依据。此外,美国的研究还关注透水铺面渗透能力的衰减、土工织物的应用等方面的内容。

在美国的亚利桑那州,透水路面的应用也比较广泛,典型路面结构与其他州略有不同,面层为6英寸厚的开级配沥青混合料,基层为6英寸厚的开级配沥青处治基层,相当于开级配的ATPB,底基层为8英寸的开级配碎石层,并且根据降雨量的不同考虑是否设置路面内部排水管道。在美国的菲尼克斯和波特兰,透水沥青路面已经应用于城市道路,俄勒冈州透水沥青路面主要应用于低交通道路,包括停车场、广场及街区道路。

日本是多雨国家,其单位面积年平均降雨量为1800 mm,是世界年平均降雨量的2倍以上。20世纪70年代,为解决"因抽取地下水而引起地基下沉"等问题,日本采取了"雨水的地下还原对策",开发应用透水沥青路面,揭开了日本研究应用透水铺面的序幕。1973年东京建设局为了改善行道树生长环境,建立了三个人行道透水铺面试验区;1978年将透水路面列入《沥青路面纲要》。20世纪80年代初期日本建设省推行"雨水渗透计划",确定主要将透水路面应用于公园、广场、停车场、运动场及城市道路,以实现对城市生态环境的改善。1983年颁布的《都市防洪政策》把雨水储留、渗透设施设置纳入其中,透水路面被逐步采用。

1987年,日本研究者申请了透水性沥青混凝土路面材料专利,该混合料中粗骨料用量可达80%以上(重量比),一般采用单一粒径;为提高表面抗滑能力,可采用13mm作为公称最大粒径,如果在多雨高温潮湿地区,考虑到抗车辙能力,也可采用20mm作为公称最大粒径。随后,日本除考虑多方面使用性能的改善提高,还注重考虑用在城市道路时生态环境的保护,修筑以人行为主、供市民活动、适用轻交通和停车场的透水性沥青路面,使雨水还原于地下,改善植物生长环境,减轻下水管道压力,改善步行条件,提高路面的耐久性和使用寿命。1999年全国已累积修筑了1000万 m^2 的透水铺面实体。2003年开展了在行车道应用透水路面的试验,并于2005年提出行车道透水路面技术准则。

在澳大利亚,研究者从透水路面的规划、设计、施工全过程进行了详细的阐述。对于透水路面的设计,采用了结构设计与水文设计并举的理念,以期使铺面同时满足交通要求和暴雨管理、雨水水质控制的水文要求。研究中还讨论了影响铺面材料选择的因素,介绍了铺面施工的程序,并对实体工程进行了长期性能的观测。

在新加坡,透水路面根据实践经验采用5cm作为面层,而储水基层的厚度根据储水要求采用有限元进行透水设计时确定具体值,结构如图1-3所示。在此典型路面结构中,储水基层和表面层之间设置具有一定强度的网格型土工织物,目的是进一步加固表面层,提高路面的承载力和面层抗车辙能力。在储水基层和土基之间设置 TS 50 的土工织物层用来防止土基细颗粒进入储水基层。该结构的透水路面修筑之后,由于新加坡的年温差较小且属于海洋性气候,无需考虑材料的低温性能;同时由于频繁的中大雨对透水路面经常性的冲洗,也无需考虑孔隙堵塞问题。

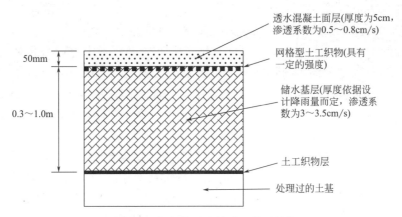

图 1-3 新加坡透水性路面典型结构

1.2.3 国内透水路面发展现状

20 世纪 70 年代，北京市园林局为了抢救古村，曾研制了一些具有透水、透气性能的砌块，用于铺装皇家园林的广场和道路。随着人们对城市生态环境认识的逐步提高，一些大中型城市在政府部门的重视和引导下，透水路面开始应用于城市广场、停车场、人行道和城区河道护坡等工程中，如上海新国际博览中心（一期）就大量使用透水路面；天津市在海河整治工程中也应用透水性材料进行护坡的砌护。2007 年北京市路政局编制了《北京市透水人行道设计施工技术指南》，以推动并规范透水人行道的应用。2006 年广州修建了一段全透式试验路，采用综合的排水系统，保留了现有道路的排水设施，路面的积水一部分从路面直接渗透入地下，一部分从排水系统收集。

在杭州，以生态闻名的西溪湿地一级园路、浙大紫金港校区均采用了透水沥青路面。环城东路青年公园段人行道实验性铺装了彩色透水沥青，这标志着人行道透水路面在杭州市应用的开始。2007 年，宁波市北仑区将 $5400m^2$ 的人行道升级改造为透水路面，采用的是彩色混凝土路面透水砖。

海南三亚市海棠湾地区规划为世界级的旅游度假天堂，作为配合打造"国家海岸"的一个重要组成部分，海棠湾的各项市政基础配套设置设施都根据"生态建设，注重全面、协调和可持续发展"的精神，优先采用先进的透水路面环保型材料；注重雨水收集利用、地下水回灌等问题，对树立区域形象，促进其经济发展，提高环境质量起到至关重要的作用。

我国台湾地区对于透水路面的应用和研究比较深入和广泛，逐步形成了较完善的设计、试验、应用和推广体系。2000 年 12 月，台湾"经济部水利署"开发生态铺面工法技术；2001 年 12 月，"内政部营建署"模拟、试验透水路面在台湾地区范围内的可行性并进行其结构设计、施工、管理维护及成本分析的研究；2003 年 7 月台北市政府公务局在台北市西安街铺设透水性人行道，这是台湾地区透水铺面应用于人行道的首个实例。2003 年 8 月"内政部营建署"在台北市淡海新市镇建立透水路面试验区；2003 年 7 月台北科技大学在校园内铺设透水性人行道、车行道、广场；2004 年 3 月台北市政府工务局在台北市北安路铺设透水性人行道。2004 年 9 月"行政院"工程会预定年底在全台完成 $19100m^2$

以上的透水性人行道铺面。"行政院"在"2015年经济发展远景第一阶段三年冲刺计划（2007—2009）"公共建设套案计划将"人本交通"列为重点计划。

上海已经开展了较多透水沥青路面研究与应用，2002年在上海浦东北路上应用了透水沥青路面，2009年上海浦东国际机场北通道高架快速路全长31km，全线采用透水沥青路面，大大降低雨天路表径流。2010年上海世博园浦东园区所有道路都采用透水路面，车行道采用透水沥青路面，人行道采用透水砖或透水混凝土路面。上海嘉定新城、松江新城等多个郊区新城道路也大量采用透水路面。

透水路面应用效果整体较好，但是一定比例的透水路面出现一系列早期病害，如松散与剥落等结构破损，在交叉口、公交车停靠站出现推挤变形问题，如图1-4所示，养护不到位，环境中的飞灰扬尘、路面抛撒脏物容易堵塞路表空隙，从而引起功能性衰减产生，如图1-5所示。这表明透水路面并不完善，还存在一些问题迫切需要解决。

图1-4 松散、推挤变形等结构破损
（a）松散；（b）推挤

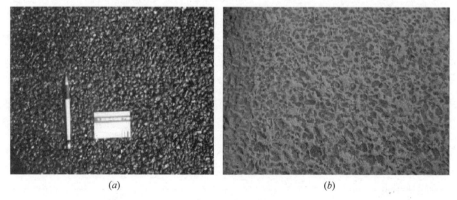

图1-5 堵塞前后透水路面对比
（a）堵塞前；（b）堵塞后

1.3 透水路面病害调研

透水路面在海绵城市道路系统建设中已得到广泛应用。从实际应用效果看，大部分透水路面的应用效果良好，但部分路段也存在出现空隙堵塞、路面松散、坑槽等病害的情况。根据调研情况和多地的使用经验可以看出，当透水沥青路面应用于开发强度较高、污染大、重车多或公交车停靠站区域的路段时，透水沥青路面容易出现空隙堵塞、早期结构性破坏等病害。污染少的快速路、公园道路、非机动车道、人行道、广场、停车场等透水路面的应用效果良好。

透水沥青路面作为一种典型的骨架孔隙结构的路面，由于具有大孔隙特征，在雨水或杂物长期侵蚀下路面容易出现表面松散、坑槽、车辙以及泛油等病害。透水混凝土连通孔隙率高，与大气接触面积要远高于普通混凝土，成型后坯体的水分极易蒸发散失，导致自干燥收缩、表面耐久性下降。此外，雨水在渗透通过透水路面时，其所携带的泥沙、植物残渣等都有可能沉积在路面孔隙内，造成透水路面透水能力的下降。在路面荷载作用下，沉积于路面上的沙粒等可能会被挤压进入路面材料层孔隙中，导致透水路面透水能力的下降。

通过对病害产生的原因分析，可以发现透水路面各种病害可分为结构性病害和功能性病害两类（表1-3和表1-4）。透水沥青路面的结构性病害类型主要是松散及坑槽，透水混凝土路面的结构性病害主要是路面开裂。透水路面的功能性病害主要是孔隙堵塞，空隙率衰减，透水性能减弱。

国外透水路面主要病害 表1-3

国家	路面统计寿命(年)	主要病害	
		结构性病害	功能性病害
法国	>10	无突出病害	空隙堵塞，仍能正常使用，对路面结构有一定的损坏性
荷兰	>10	松散、老化	
德国	>10	松散	
日本	>10	松散、坑槽、裂缝	
英国	—	松散	

国内透水路面主要病害 表1-4

工程	路面统计寿命(年)	主要病害	
		结构性病害	功能性病害
盐通高速	>10	局部松散、坑洞、沥青老化	空隙堵塞
宁杭高速二期	10	少数松散和坑洞	少量堵塞
南京机场高速	5	少数路段局部松散脱粒	部分空隙堵塞
上海五洲大道	>10	少数松散	空隙堵塞
上海桃林公园	>10	少数松散	空隙堵塞
大连市中山路	>10	松散、坑槽、车辙	空隙堵塞严重
杭州市区透水路面	>10	少数松散、车辙	空隙堵塞

1.3.1 结构性病害及原因分析

海绵城市建设中透水路面的结构性病害主要包括松散、剥落、坑槽以及车辙、泛油、开裂等。

(1) 松散、剥落、坑槽病害

调研结果表明，透水路面表面松散是我国透水沥青路面最为主要的病害。松散病害逐步恶化形成剥落和坑槽破坏，如图 1-6 和图 1-7 所示。通过分析，导致透水沥青路面表面松散病害的主要原因可归类为以下几点：

图 1-6　松散　　　　　　　　　　　　　图 1-7　坑槽

1) 透水沥青混合料骨料组成粒径相对单一，粒径在 9.5mm 以上的骨料含量达到 40% 以上。透水路面的表层的大粒径石料在车辆轮胎反复的"拧搓"作用下产生应力缺口，加重了松散的破坏扩张速度。

2) 沥青胶结料在长期使用过程中粘结能力下降，导致局部骨料剥落。透水路面的大空隙结构使得沥青混合料与外界环境的接触面积变大，沥青受到水、光线、温度等条件的影响进而发生老化的范围和概率增高。因此，透水路面沥青短期老化和长期老化的情况相对更加严峻。沥青老化导致其与骨料的黏附性下降，造成路面混合料出现松散病害。

3) 水损坏也是透水路面松散病害的一大诱因。透水沥青路面透水机理多是利用其较大的空隙率将路面上的水从上面层两侧排到路面外，相对于普通沥青混合料面层，透水路面结构中与水的接触面积和接触机会都会很大，面临的水损害问题会更加严重。有研究显示，荷载的动态作用导致多孔沥青路面内部的孔隙水压力具有波动性质；正负孔隙水压力的循环动力压力、水力冲刷或泵吸作用均容易造成沥青膜破坏，使沥青从石料表面剥离而丧失黏附性。在路面内部存水时，高速、重载作用会额外加速沥青路面水损坏。

4) 路面结冰是北方地区路面松散的特有病因。冬季透水沥青路面空隙内的存水结冰对面层混合料造成较大影响，是骨料松散问题的重要诱因。北方易结冰地区通常在冬季路面发生结冰以后开始出现路面松散。

(2) 车辙、开裂病害

调查表明，透水路面的车辙病害主要是磨耗型车辙。透水路面产生车辙主要是因为透水路面较大的空隙率使得普通沥青很难形成较厚的沥青膜裹覆在石料表面，而且透水混合料中细骨料少，沥青与骨料的嵌挤作用较传统路面弱，导致沥青路面结构层材料在车轮磨耗和自然环境作用下持续损失。尤其是在夏季高和行车荷载作用下，沥青会产生流动，混合料被挤压，最终导致骨架失去稳定性，即产生车辙，如图 1-8 所示。

(a) (b)

图 1-8 车辙

(a) 公交车停靠站车辙；(b) 交叉路口车辙

对于透水水泥混凝土路面，因透水混凝土呈蜂窝状结构，使其抗压、抗折性能较差。而且透水混凝土表面孔隙率大，容易受到空气、阳光和水的侵蚀，其耐久性相对较低，在重载交通荷载作用下容易出现开裂病害。

(3) 泛油

泛油现象是透水沥青路面的主要病害之一。透水路面泛油病害主要是由于透水沥青混合料中骨料粒径较为单一，难以形成良好密实结构，同时为了提高沥青与骨料的黏结性，设计时沥青用量相对较高，沥青用量过高容易导致路面泛油等病害，尤其是在重载交通作用下泛油现象更为明显。

(4) 冬季结冰

透水沥青路面通常较普通沥青路面在冬季更容易结冰。这是因为透水路面的空隙率大减小了路面材料的热传导性（透水沥青混合料的热导系数约为密实级配沥青混合料的40%~70%）使透水沥青路面长期处于低温。另外，冬季养护喷洒的融雪剂容易通过连通孔隙进入层底，削弱防冻效果。在荷兰，为解决透水路面冬季养护问题，频繁使用液态除冰剂，用量也比密实级配路面多出25%。冬季养护已成为透水路面养护中遇到的一大挑战。

造成透水路面结构性病害的原因是多方面的，除混合料自身结构及材料因素外，人为设计施工因素也是造成路面病害的因素之一。如排水设施设计不合理。若在纵坡较小路段设置挡水坎，反而容易形成积水，不利于路面水的排出；边沟设置长度不符合要求，边沟出水口间距过长，边沟纵坡设置不合理，有些几乎成为平坡，造成排水不畅。边沟、排水沟的施工粗糙，路面养护不及时等均容易导致透水路面出现路面病害甚至路基损坏。

1.3.2 功能性病害及原因分析

海绵城市中透水路面的功能性病害主要是指受颗粒污染物或行车荷载压实影响，造成路面空隙衰减，透水性能减少的病害。其中颗粒物堵塞导致路面渗水性能减小是最严重的功能性病害。

(1) 路面空隙堵塞

透水路面在长期使用过程中，尤其是空气环境中灰尘较大或施工土石运输车辆较多的区域，容易发生空隙堵塞现象，如图 1-9 所示。若缺乏及时的路面日常清扫和养护，沥青路面透水功能将逐渐衰减。有观察表明，透水沥青路面开放交通 3 年以上，若无清扫养护，其空隙透水能力将衰减为通车初期的 50% 左右。David K. Hein 等人对加拿大某一小镇的透水路面的渗流情况进行跟踪调查，如图 1-10 所示。因路面空隙堵塞，在暴雨初期，路面出现明显积水，直到约 2h 后，路表积水才渗流完毕。

 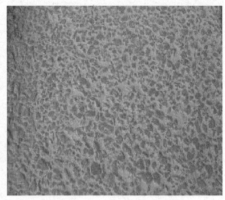

图 1-9 国内透水路面空隙堵塞情况

(a) (b)

图 1-10 国外某小镇透水路面空隙堵塞影响渗流
(a) 堵塞前；(b) 堵塞后

(2) 交通荷载压实

交通荷载主要是对透水沥青路面有再压实作用。透水沥青路面在使用期间，在承受车轮荷载反复作用下，其应力和应变交替变化，当荷载重复作用超过一定次数后，空隙结构在车辆荷载作用下发生压密变形，随着荷载作用次数的增加，压密变形不断积累，空隙结构被压密，造成空隙率减少，透水功能衰减。因此，荷载作用次数是影响空隙结构衰变的因素之一。

在污染物堵塞和车辆荷载的双重作用下，若缺乏有效的养护，透水路面的连通空隙率将逐渐减小，路面透水性能将会逐渐衰减。

经过调研可以发现透水路面各种病害可归类为结构病害和功能性病害两类。从透水路面的病害表现形式可以看出，透水路面既有常规路面松散、车辙等病害类型，也有一些特有的病害类型，如空隙堵塞、透水功能下降等。针对透水路面的应用实践及路面病害情况，应根据不同区域及不同需求，加强透水路面的针对性设计、施工与管理。

第 2 章 透水路面结构设计

透水路面结构主要包括面层、基层和垫层。根据其透水特点和适用场合，分为表层排水式、半透式和全透式路面。透水面层材料一般有透水沥青混合料、透水水泥混凝土和透水砖。透水基层一方面是路面结构的主要承重层，需要足够的强度和刚度，具有良好扩散应力的能力，另一方面在对雨水的径流控制过程中作为主要的储水层。在土基渗透性良好的路面结构中可以不设置垫层，而在土基渗透性一般的结构中，为了扩大渗透面积，需设置下透水垫层。

传统路面设计时仅需考虑路面结构的力学响应问题。透水路面结构设计时同时考虑力学响应和对雨水径流的控制能力。透水路面的结构设计步骤一般为：
(1) 针对具体工程情况，进行透水路面的适用性分析，确定透水路面实施的可行性；
(2) 根据交通荷载、路基类型、温度和湿度条件，初拟透水路面结构；
(3) 进行力学分析，确定最不利状态，确定透水路面结构组合和厚度；
(4) 根据径流控制要求进行渗流模拟，检验透水路面结构是否满足径流控制要求。

2.1 透水路面结构设计参数

2.1.1 透水沥青混合料的动态模量

以 PAC-13 沥青混合料作为设计沥青混合料，分析其动态模量随温度、空隙率变化的情况。首先采用马歇尔试验方法设计了三种级配，之后进行油石比调整使其达到预期空隙率；最后，通过动态模量试验分析不同温度、空隙率对多孔沥青混合料动态模量的影响。混合料设计依据和测试方法主要按照现行行业标准《公路工程沥青及沥青混合料试验规程》JTG E20—2011 中的规定进行。

PAC-13 混合料采用高黏沥青，针入度为 58.5，延度 99cm，软化点位 92.3℃；骨料采用玄武岩，其合成级配曲线如图 2-1 所示。

考虑到初试级配混合料空隙率偏大的问题，采用 4.7% 的油石比制备沥青混合料，并成型马歇尔试件，之后计算混合料的最大理论相对密度并测试试件的毛体积密度，获得试件的各项体积参数，如表 2-1 所示。

利用 AMPT 试验设备测试 PAC-13 混合料试件在 5℃、20℃、50℃的温度条件下和 0.1Hz、0.5Hz、1Hz、5Hz、10Hz、25Hz 加载频率条件下的动态模量，按照《公路工程沥青及沥青混合料试验规程》JTG E20—2011 中 "T0738-2011 沥青混合料单轴压缩动态模量试验"进行。试验试件采用旋转压实仪成型直径为 150mm、高度为 170mm 的圆柱体试件，然后将试件进一步切割为 100mm×150mm 的圆柱形试件后进行试验。试验采用无侧限单轴压缩的正弦波荷载，并使用高精度的 LVDT 传感器测量试件中段 70mm 范围内的

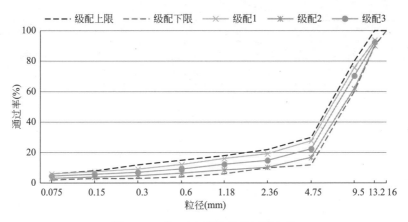

图 2-1 3 种 PAC 混合料的级配曲线

三种混合料马歇尔试件的技术指标　　　　　　　　表 2-1

混合料编号	试件	最大理论相对密度	毛体积相对密度	vv（%）	VMA（%）	VFA（%）	稳定度（kN）	流值（mm）
1	1-1	2.6605	2.125	19.87	29.53	32.72	4.65	3.260
	1-2		2.125	19.88	29.54	32.70	5.27	2.950
	1-3		2.127	19.80	29.47	32.82	5.44	3.043
	平均		2.126	19.85	29.51	32.74	5.12	3.084
2	2-1	2.6665	2.033	23.54	32.75	28.12	3.96	2.740
	2-2		2.027	23.75	32.93	27.89	4.22	3.340
	2-3		2.036	23.40	32.62	28.28	4.75	2.870
	平均		2.032	23.56	32.77	28.10	4.31	2.983
3	3-1	2.6624	2.079	21.66	31.09	30.34	4.23	2.754
	3-2		2.077	21.75	31.17	30.23	5.6	3.300
	3-3		2.086	21.40	30.86	30.67	5.2	2.849
	平均		2.081	21.60	31.04	30.41	5.01	2.968
规范要求		—	—	18～25	—	—	≥3.5	—

变形从而获得动态模量与相位角数据，三种级配的混合料各测试多个试件，结果取平均值，动态模量与相位角的试验结果见表 2-2。

从动态模量试验结果可对 PAC 混合料的力学特点进行初步判断，其动态模量变化趋势符合沥青混合料的一般规律，即温度越高，模量越低，加载频率越高，模量越大。而反映材料黏性的力学参数相位角，则随着温度升高而增大，随着加载频率的增加而减小。即 PAC 材料在低温高频条件下弹性更明显，在高温低频条件下黏性更明显，符合典型的黏弹性材料特点。此外，三种材料的试验数据存在一定的差异性，可以初步认为是级配变化所造成的。为进一步对 PAC 材料的动态模量进行研究，对试验结果按 Sigmoidal 函数进行拟合，温度、频率转换方法采用 WLF 模型，动态模量的拟合公式为：

动态模量与相位角试验结果　　　　　表 2-2

温度	频率（Hz）	混合料 1		混合料 2		混合料 3	
		动态模量（MPa）	相位角（°）	动态模量（MPa）	相位角（°）	动态模量（MPa）	相位角（°）
5℃	25	11163	13.1	7225	5.3	9760	13.1
	10	9748	14.7	7023	15.9	8573	14.5
	5	8725	16	6248	17.4	7730	15.6
	1	6510	19.5	4530	21.1	5855	19
	0.5	5656	20.9	3895	22.6	5126	20.4
	0.1	3880	24.7	2561	26.7	3534	24.1
20℃	25	5894	22.5	3646	26.5	5273	22.2
	10	4651	25	2821	28.4	3987	25.7
	5	3878	26.4	2287	30.4	3321	27.3
	1	2399	30.1	1307	35	2039	31.2
	0.5	1957	30.9	1040	35.6	1677	32
	0.1	1131	33.1	556	37.6	951	34
50℃	25	924	30.8	547	36.1	738	33.6
	10	508	36	329	42.2	494	36.6
	5	455	34.6	206	41.3	406	34.5
	1	195	34.2	112	37.6	169	34
	0.5	154	31.3	82	28.1	128	32.9
	0.1	90	22.5	445	36.1	50	17.7

$$\log(|G^*|) = \delta + \frac{\alpha}{1+e^{\beta+\gamma[\log(f)+\log(a_T)]}} \tag{2-1}$$

WLF 模型中的温度与加载频率的转换公式为：

$$\log(a_T) = \frac{-C_1(T-T_r)}{C_2+T-T_r} \tag{2-2}$$

式中　　G^*——动态模量（MPa）；

　　　　f——动态模量测试频率（Hz）；

　　　　T——动态模量测试温度（K）；

　　　　T_r——选定的参考温度；定为 20℃，即 293K；

　　　　a_T——考虑温度影响的频率修正系数；

δ、α、β、γ——动态模量主曲线的拟合参数；

C_1、C_2——采用 WLF 转换方式的拟合参数。

在拟合过程中对部分明显偏离较大的数据进行了预先剔除，三种混合料的拟合结果汇总于表 2-3。拟合结果显示，采用 WLF 模型进行的主曲线拟合结果良好，复判定系数和考虑自由度的修正复判定系数均高于 0.95，表明获得的主曲线基本与试验获得的观测数据基本吻合。

PAC 混合料的拟合结果　　　　　　　　　　　表 2-3

拟合参数	δ	α	β	γ	C_1	C_2	R^2	调整 R^2
混合料 1	0.8	3.5	−1.1	−0.5	22.4	220.0	0.9992	0.9988
混合料 2	0.4	3.7	−1.0	−0.5	11.1	105.1	0.9976	0.9956
混合料 3	−2.1	6.5	−1.6	−0.35	15.6	147.8	0.9834	0.9744

三种混合料的动态模量主曲线如图 2-2 所示，比较三种混合料的动态模量曲线，可以发现动态模量的大小与混合料的空隙率密切相关，混合料 1 的空隙率为 19.85%，故其动态模量最大，混合料 2 的空隙率最大，达到 23.56%，其动态模量最小，混合料 3 介于混合料 1 和 2 之间，模量曲线也基本在二者之间。动态模量与相位角的关系（"黑图"）如图 2-3 所示，尽管空隙率存在差异，三种混合料的黏弹性特性基本呈现相同的趋势，随着模量的减少，相位角逐渐增大，在 35°~40°附近达到峰值，之后迅速衰减。三种混合料使用了同一批沥青及固定的油石比，因此可以认为材料的黏性特点主要由所用的沥青与油石比确定，级配和空隙率改变所带来的影响较为有限。

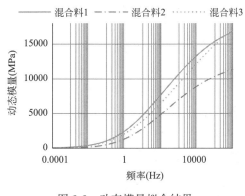

图 2-2　动态模量拟合结果

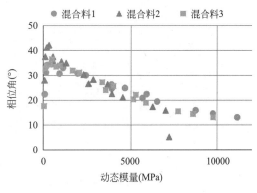

图 2-3　相位角与动态模量关系图

通过对三种 PAC 混合料进行动态模量试验，并通过最小二乘法对试验结果进行拟合，然后分析动态模量和相位角的试验结果，可以得出如下结论：

（1）三种 PAC 混合料的动态模量主曲线的拟合结果表明，尽管级配组成和空隙率与传统的热拌沥青混合料具有较大的差别，其力学性能仍体现出典型的黏弹性和温度敏感性。利用 Sigmoidal 函数对动态模量试验结果进行拟合可以得到较好的结果，并进一步指导基于力学经验法的路面结构设计。

（2）PAC 混合料的动态模量与空隙率有直接关系，空隙率越小，毛体积密度越大，模量越高，透水性能也随之下降；混合料的空隙率越大，则模量越低，透水性也越好。一般而言，空隙率与透水性能是正相关的，而模量与沥青路面的耐久性是正相关的，因此，提高空隙率会提高透水性能并降低路面耐久性，降低空隙率会提高耐久性而降低透水性能，透水路面的设计中需要进行综合考虑从而确定合适的空隙率。

（3）三种 PAC 混合料的在"相位角-模量"图中未表现出明显的差别，据此判断表征混合料黏弹性特点的相位角与级配和空隙率等物理指标相关性不大，主要由沥青的黏弹性特点确定。

（4）沥青混合料在路面结构设计中的模量取值可按照20℃，10Hz测试条件下的动态模量进行取值，对于PAC材料而言其模量相比于SMA等明显较低，模量范围在3000～4500MPa左右，且与空隙率密切相关，空隙率越大，取值越低。

2.1.2 透水水泥混凝土设计参数

透水水泥混凝土是一种多相复合材料，其应力-应变特性是其各组成相，即骨料和水泥石等应力-应变性状的组合。骨料和水泥石的应力-应变关系虽然都是线性的，但其弹性模量值相差很大，促使透水水泥混凝土的应力-应变曲线呈现非线性。但类似于普通混凝土，在应力级位为极限荷载的30%以内时，呈线性性状，或者在应力级位低于50%时，可近似视为线性的，以弹性模量表征。

弹性模量是路面设计中一项重要的参数，用以计算在荷载作用下产生的应力与温度变化时产生的应力。因此，透水水泥混凝土的弹性模量及其数值大小会影响到路面设计的结果及其合理性。

对于透水水泥混凝土的弯拉弹性模量，采用小梁试件进行三分点加荷的方式，测定2kN至50%极限荷载处的弦线模量，用跨中挠度公式反算求得，试验设备如图2-4所示，试验结果如表2-4所示，弯拉回弹模量与弯拉强度的关系如图2-5所示。

图2-4 弯拉回弹模量试验

透水水泥混凝土弯拉强度与弯拉回弹模量试验数据　　　　　表2-4

编号	弯拉强度（MPa）	弯拉回弹模量（MPa）
1	1.42	13300
2	1.59	14900
3	1.86	15400
4	2.05	17800
5	2.47	18200
6	2.89	19700
7	3.42	21100
8	3.95	23500
9	4.31	23900
10	4.98	25800

弹性模量的测定试验比较费时，而且应变量很小，测定结果不易准确。由于弹性模量和强度测定值所受影响因素大致相同，可以建立较好的相关关系。所以，利用建立的经验

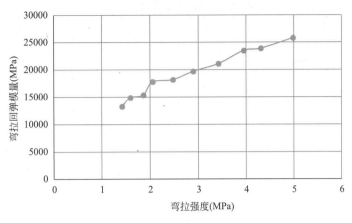

图 2-5 弯拉强度与弯拉回弹模量关系

关系式,由混凝土的弯拉强度值预估其弹性模量值,见式(2-3)。

$$E = 11420 e^{0.1749f} \quad (2-3)$$

式中 E——透水水泥混凝土弯拉回弹模量(MPa);

f——透水水泥混凝土弯拉强度(MPa)。

可得透水水泥混凝土弯拉回弹模量与弯拉强度的关系如表 2-5 所示,并以此作为透水水泥混凝土弯拉回弹模量的推荐值。

透水水泥混凝土弯拉强度与弯拉回弹模量对应值　　　表 2-5

弯拉强度(MPa)	1.5	2.0	2.5	3.0	3.5	4.0	4.5	5.0
弯拉回弹模量(MPa)	13000	16000	17500	19000	21500	23000	25000	27000

2.1.3 其他材料设计参数

测试时水泥稳定类、水泥粉煤灰稳定类材料试件的龄期应为 90d,石灰稳定类、石灰粉煤灰稳定类材料试件的龄期应为 180d。弯拉强度和弹性模应取用测试数据的平均值,取值范围见表 2-6。结构验算时无机结合料稳定材料弹性模量乘以调整系数 0.5。

无机结合料稳定类材料的弯拉强度和弹性模量取值范围(MPa)　　　表 2-6

材料	弯拉强度	弹性模量
水泥稳定粒料、水泥粉煤灰稳定粒料、	1.5~2.0	18000~28000
石灰粉煤灰稳定粒料	0.9~1.5	14000~20000
水泥稳定土、水泥粉煤灰稳定土、石灰粉煤灰稳定土	0.6~1.0	5000~7000
石灰土	0.3~0.7	3000~5000

粒料层的回弹模量在结构验算时应采用粒料回弹模量乘以湿度调整系数后得到,湿度调整系数可在 1.6~2.0 范围内选取。粒料回弹模量应取用最佳含水率和与压实度要求相应的干密度条件下的试验值。压实度要求应符合现行行业标准《公路路面基层施工技术细则》JTG/T F20 的有关规定。常用粒料类基层的回弹模量取值如表 2-7 所示。

粒料回弹模量取值范围　　　　　　　　　　　　　　　表 2-7

材料类型和层位	最佳含水率与压实度要求相应的干密度条件下(MPa)	经湿度调整后(MPa)
级配碎石基层	200～400	300～700
级配碎石底基层	180～250	190～440
级配砾石基层	150～300	250～600
级配砾石底基层	150～220	160～380
未筛分碎石分层	180～220	200～400
天然砂砾层	105～135	130～240

常规沥青混合料动态压缩模量的测定应符合现行行业标准《公路工程沥青及沥青混合料试验规程》JTG E20 T-0738 的有关规定，按表 2-8 取平均值，试验温度选用 20℃，面层沥青混合料加载频率采用 10Hz，基层沥青混合料加载频率采用 5Hz。

常用沥青混合料 20℃条件下动态压缩模量取值范围　　　　　表 2-8

材料	70 号道路石油沥青(MPa)	SBS 改性沥青(MPa)
SMA-10、SMA-13、SMA-16	—	7500～12000
AC-10、AC-13	8000～12000	8500～12500
AC-16、AC-20、AC-25	9000～13500	9000～13500
ATB25	7000～11000	—

2.2 透水路面力学响应分析

车辆荷载的作用是影响路面结构使用寿命的关键因素之一。透水路面材料的强度一般较传统密实材料较弱，故需要分析不同类型透水路面对交通荷载的适应性，确定其适应条件和范围。

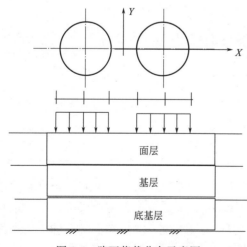

图 2-6 路面荷载分布示意图

路面结构通常是多层体系，在进行沥青路面力学计算时，较为理想的力学模型应当是层状体系理论。在进行沥青路面结构力学计算与分析时，当前应用最多、最成熟的是双圆垂直均布荷载模式下的多层弹性体系理论，研究采用这种理论模型，路面荷载分布示意图见图 2-6。

通过选择几种典型的表层排水式路面、半透性路面、全透路面结构，通过路面结构软件分析，研究其随荷载、结构厚度、材料模量和附着力系数变化而引起的路面力学性能变化情况。

路面结构设计以双轮单轴载 100kN 为标

准轴载，标准轴载下各轮轮载为 25kN，轮胎压强为 0.7MPa，单轮轮迹当量圆半径 r 为 10.65cm，双轮中心间距为 $3r$，如图 2-7 所示。研究选择的计算指标如下：

（1）路表弯沉（单轮中心 B、双轮中心 A），表征整体刚度；

（2）半刚性基层底面拉应力（单轮中心 B、双轮中心 A），表征抗疲劳抗开裂性能；

（3）柔性基层 ATPB 类层底拉应变（单轮中心 B、双轮中心 A），表征抗疲劳抗开裂性能；

（4）土基顶面压应变（单轮中心 B、双轮中心 A），粒料基层沥青路面设计采用土基顶面压应变作为限制柔性基层沥青路面路表车辙的设计指标，通过控制土基顶面压应变以达到控制车辙和土基破坏的目的。

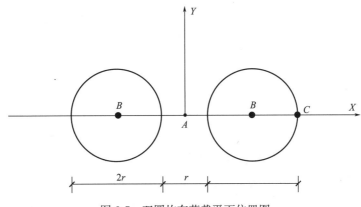

图 2-7 双圆均布荷载平面位置图

2.2.1 表层排水式路面结构力学分析

表透式路面结构的主要是功能是降低噪声、提高路面抗滑能力、小雨天气路表不产生水膜，可用于轻、中、重交通等级的道路。研究采用典型表层排水式路面结构分析其中透水层厚度和模量变化对路面结构力学响应的影响，采用的结构参数如表 2-9 所示。

表层排水式路面结构参数　　　　　　　　　　　表 2-9

材料	厚度(cm)	动态模量(MPa)	泊松比
PAC-13	4	4000	0.35
AC-20	6	6000	0.35
AC-25	8	8000	0.35
半刚性上基层	18	14000	0.35
半刚性底基层	18	12000	0.35
级配碎石垫层	15	300	0.35
土基	—	40	0.40

1. 路表弯沉影响因素分析

表层排水沥青路面结构在 25kN 轮载作用下沿 x 轴轮隙中心、轮胎内边缘、轮胎中心、轮胎外边缘、距离轮隙 0.5m 和 1m 处的路表弯沉 l 分布如图 2-8 所示。沥青路面双轮作用下,轮隙弯沉并非为路面弯沉的最大值,而是弯沉分布的一个特征点,最大弯沉出现在两个轮胎接触面中心附近。

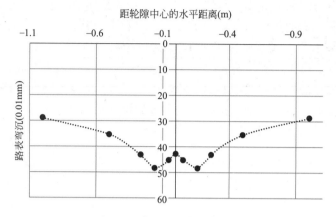

图 2-8　路表弯沉横向分布图

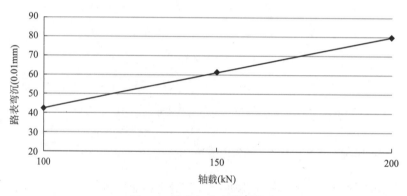

图 2-9　轴载与路表弯沉关系

根据《城镇道路路面设计规范》CJJ 169—2012 相关要求,计算弯沉值应为双轮轮隙中心点 A。由图 2-9 可见,轮载-轮隙弯沉关系近似成直线关系,表明轮隙弯沉为表征路面结构整体刚度的有效指标,用轮隙中心弯沉测试值评价路面结构整体刚度较为合理。

由图 2-10 所示,随着面层厚度的增大,路表弯沉逐渐减小,上面层厚度从 2cm 增加到 10cm 的过程中,轮载中心和轮隙中心的路表弯沉分别下降了 2.7% 和 7.0%,表明表面层厚度对路表弯沉的影响较小。如图 2-11 所示,随着面层模量的增大,路表弯沉逐渐减小。

2. 基层底面拉应力影响因素分析

根据计算结果显示如图 2-12 所示,该路面结构上基层层底拉应力小于下基层基层底面拉应力,基层层底拉应力出现在轮隙中心,后续计算中层底拉应力的取值位置为轮隙中心点。

由图 2-13 可见,随着轴载的增大,上基层和下基层层底拉应力均增大,在同等荷载条件下下基层底面拉应力大于上基层底面拉应力。设计交通轴载从 100kN 增长到 200kN 的过程中,上基层和下基层轮隙中心分别增长 66.9% 和 79.1%,对下基层的影响更高。

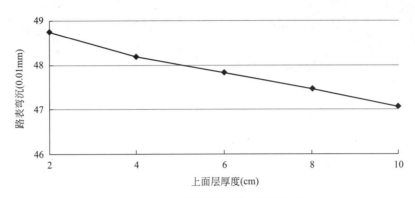

图 2-10 上面层厚度与路表弯沉关系

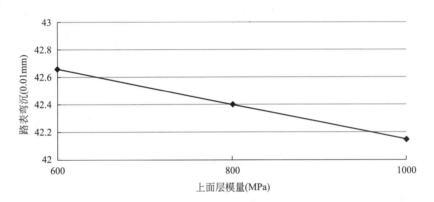

图 2-11 上面层模量与路表弯沉关系

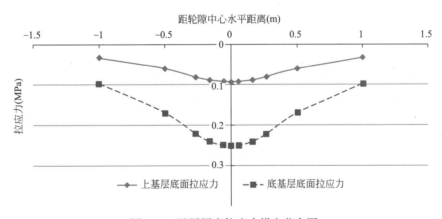

图 2-12 基层层底拉应力横向分布图

由图 2-14 和图 2-15 可见随着上面层厚度和模量的增大，对上基层层底拉应力无明显影响，下基层层底拉应力略有降低。

3. 土基顶面压应变影响因素分析

由图 2-16 可见，在荷载作用下，土基顶面沿 x 轴方向应变均为压应变，轮隙中心土基顶面压应变最大。

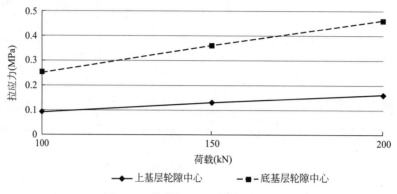

图 2-13　轴载与基层层底拉应力关系

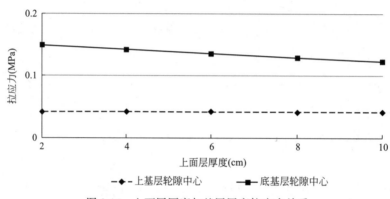

图 2-14　上面层厚度与基层层底拉应力关系

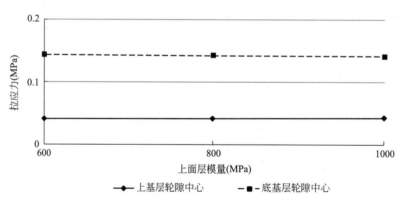

图 2-15　上面层模量与基层层底拉应力关系

随着轴载增大，土基顶面压应变逐渐增大，当轴载从 100kN 增加到 200kN 时，轮隙中心的土基顶面压应变增加 82%，如图 2-17 所示。

由图 2-18 和图 2-19 可见随着上面层厚度和模量增大，土基顶面压应变逐渐降低，当上面层厚度从 2cm 增加到 10cm 时，轮隙中心的土基顶面压应变减小 17.4%。上面层模量从 600 增加到 1000 时，土基顶面压应变降低约 2.4%。

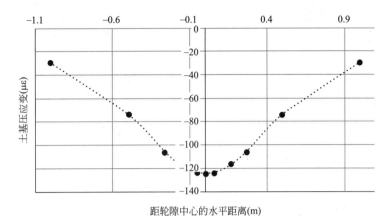

图 2-16 土基顶面压应变横向分布图

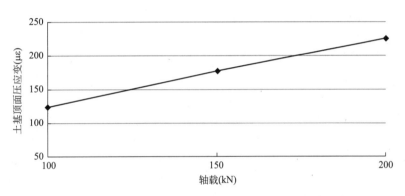

图 2-17 轴载与土基顶面压应变关系

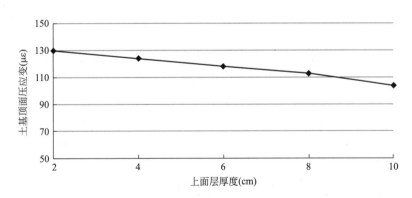

图 2-18 上面层厚度与土基顶面压应变关系

根据计算结果，轴载的变化对路面结构路表弯沉、基层层底拉应力和土基顶面压应变均有较大的影响，上面层厚度对该道路结构力学性能的影响顺序为：基层底面拉应力＞土基顶面压应变＞路表弯沉；上面层模量对该道路结构力学性能的影响顺序为：路表弯沉＞土基顶面压应变＞基层底面拉应力。

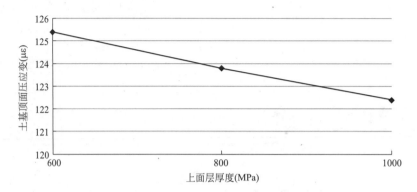

图 2-19 上面层模量与土基顶面压应力关系

2.2.2 半透式路面结构力学分析

半透式路面结构的功能除了具备表透式路面结构所具备功能外,通过渗流设计可以满足设计降雨强度下路表不产生径流,通过恰当的路面材料选择可以净化雨水,具有降低径流总量、径流污染和延缓径流峰值的功能,是海绵城市建设中应用较为广泛且对雨水径流控制具有积极作用的一种路面类型。研究采用典型半透式路面结构分析其设计参数变化对路面结构力学响应的影响,选用的典型路面结构见表 2-10。

半透式路面典型路面结构　　　　　　　　　表 2-10

路面结构层	结构一		结构二		结构三	
	材料	厚度	材料	厚度	材料	厚度
上面层	PAC-13	4cm	PAC-13	4cm	PAC-13	4cm
下面层	PAC-16	6cm	PAC-16	6cm	PAC-16	6cm
上基层	ATPB-25	12cm	骨架孔隙水泥稳定碎石	18cm	ATPB-25	12cm
下基层	水泥稳定碎石	18cm	水泥稳定碎石	18cm	级配碎石	15cm
垫层	级配碎石	15cm	级配碎石	15cm	二灰土	15cm

1. 路表弯沉影响因素分析

根据《城镇道路路面设计规范》CJJ 169—2012 相关要求,下文路表弯沉值的取值点为双轮轮隙中心点。

由图 2-20 可以看出,柔性基层的采用会导致路表弯沉的明显增大,且随着标准轴载的增大而增大。轴载从 100kN 增加到 200kN,轮隙中心的弯沉上升 84% 到 91%,可见交通荷载对路面结构的影响很大。由图 2-21 可以看出,随着透水基层厚度的增大,路表弯沉逐渐减小。根据计算,随着基层材料模量的增加,路表弯沉逐渐下降。

2. 基层底面拉应力影响因素分析

由图 2-22 可以看出,最大层底拉应力一般出现在下基层层底,当上基层抗压模量大于下基层抗压模量时,最大层底拉应力出现在上基层。当上基层为柔性材料,下基层为半

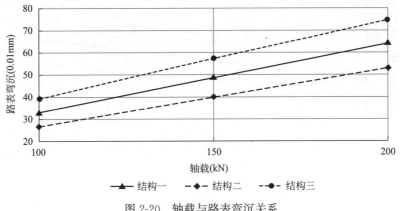

图 2-20 轴载与路表弯沉关系

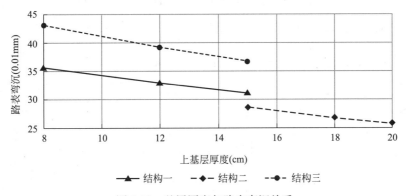

图 2-21 基层厚度与路表弯沉关系

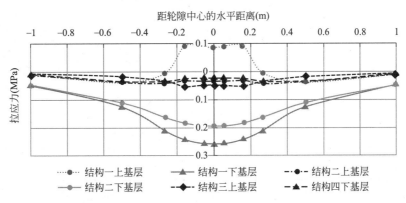

图 2-22 不同路面结构基层底面拉应力横向分布

刚性材料时,上基层层底出现压应力,下基层底面为拉应力,且拉应力较大,三种典型结构中结构一基层层底拉应力最大。为避免基层底面拉应力过大,上下基层所选用材料模量差别不应过大。

由图 2-23~图 2-25 可以得出,随着轴载增大,基层层底拉应力,逐渐减小;随着基层厚度和模量增大,层底拉应力逐渐降低。

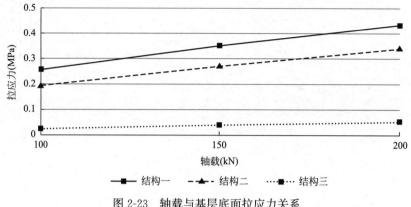

图 2-23 轴载与基层底面拉应力关系

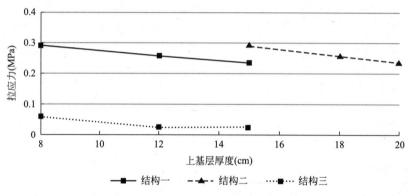

图 2-24 上基层厚度与基层底面拉应力关系

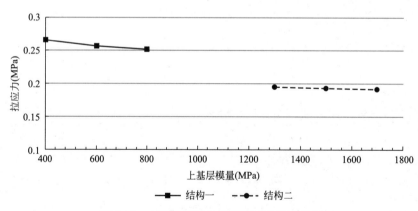

图 2-25 上基层模量与基层底面拉应力关系

3. 柔性基层沥青层层底拉应变影响因素分析

计算结构三上基层层底拉应变,由图 2-26 可见,柔性基层层底最大拉应变出现在轮隙中心。

由图 2-27 和图 2-28 可见,当底基层是碎石时,ATPB 柔性基层层底拉应变较大,且

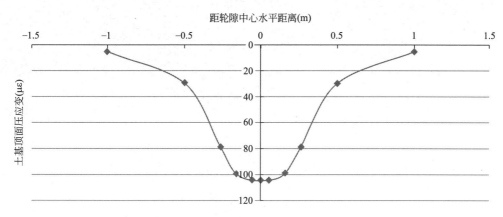

图 2-26　柔性基层沥青层层底拉应变横向分布

随着交通轴载的增大而增大。当设计轴载从 100kN 增加到 200kN 时，柔性基层底轮隙中心层底拉应变增大 50.1%。当上基层厚度从 8cm 上升到 12cm 的过程中，上基层层底拉应变逐渐减小。当基层厚度从 8cm 增加到 12cm 时，柔性基层层底轮隙中心拉应变降低约 28.9%。

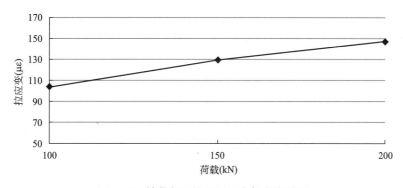

图 2-27　轴载与柔性基层层底拉应变关系

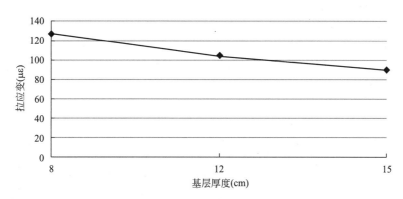

图 2-28　基层厚度与柔性基层层底拉应变关系

4. 土基顶面压应变影响因素分析

在荷载作用下，土基顶面沿 x 轴方向应变均为压应变，轮隙中心土基顶面压应变最大，见图2-29，故下文中土基顶面压应变的取值点均选取轮隙中心。

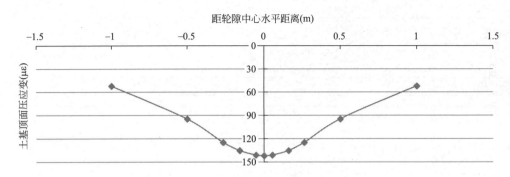

图 2-29 土基顶面压应变横向分布图

由图2-30～图2-32可见，随着轴载增大，土基顶面压应变逐渐增大。随着基层厚度和模量增大，土基顶面压应变逐渐减小。

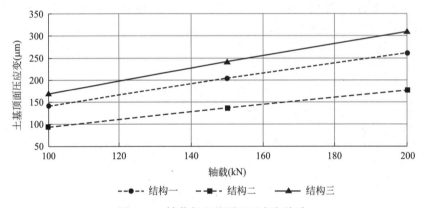

图 2-30 轴载与土基顶面压应变关系

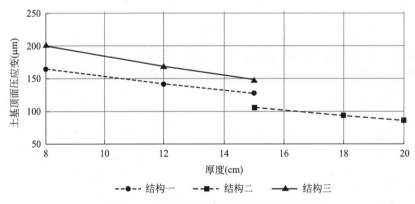

图 2-31 基层厚度与土基顶面压应变关系

根据计算结果，得到各个变化参数对路面结构设计控制指标的影响情况，见表2-11。

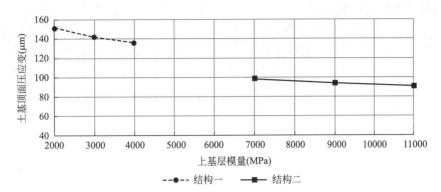

图 2-32 基层模量与土基顶面压应变关系

参数对路面结构影响　　　　　　　　　　　表 2-11

设计参数变化		路表弯沉 (0.01mm)	基层层底拉 应力(kN)	基层层底拉 应变(μm)	土基顶面压 应变(μm)
轴载	100～150kN	↑94.4%	↑73%	↑108.4%	↑84.3%
上基层厚度	8～15cm	↓12.6%	↓21.9%	↓436.5%	↓22.8%
上基层模量	2000～4000MPa	↓5.4%	↓8.4%	↓24.2%	↓10.2%
附着力系数	0～0.5	—	—	—	—

由以上分析可以得出，轴载的变化对路面结构路表弯沉、基层层底拉应力、基层层底拉应变和土基顶面压应变均有较大的影响；上基层厚度对该道路结构力学性能的影响顺序为：基层底面拉应变＞土基顶面压应变＞基层底面拉应力＞路表弯沉；上基层层模量对该道路结构力学性能的影响顺序为：基层底面拉应变＞剪应力＞土基顶面压应变＞基层底面拉应力＞路表弯沉。

2.2.3　全透式路面结构力学分析

全透式路面结构除具备半透式路面结构所应具备的所有功能外，还可使雨水通过土基下渗，补充地下水，可用于轻型荷载（轴载小于 40kN）、专用非机动车道和人行道。本节主要研究全透式路面结构中上基层厚度、模量和附着力系数变化时路面结构的力学变化情况，本节采用的路面结构参数如表 2-12 所示。

结构参数及变化参数表　　　　　　　　　　　表 2-12

材料	厚度	动态模量(MPa)	泊松比
PAC-13	4cm	4000	0.35
PAC-16	6cm	4000	0.35
ATPB-25	8cm(12cm、15cm)	3000	0.35
级配碎石	20cm	300	0.35
土基	—	40	0.40

1. 路表弯沉影响因素分析

(1) 路表弯沉沿 y 轴方向分布

沥青路面双轮作用下,轮隙弯沉也并非路面弯沉的最大值,而是弯沉分布的一个特征点;最大弯沉出现在两个轮胎接触面中心附近,如图 2-33 所示。根据《城镇道路路面设计规范》CJJ 169-2012 相关要求,计算弯沉值应为双轮轮隙中心点 A。

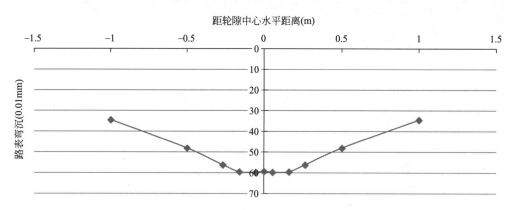

图 2-33　路表弯沉横向分布图

(2) 路表弯沉与轴载变化关系

随着标准轴载的增大,路表弯沉逐渐增大,如图 2-34 所示。随着设计轴载从 100kN 增加到 200kN,轮隙中心路表弯沉增长约 91.3%。

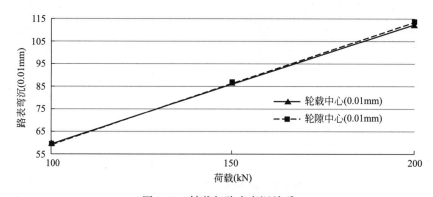

图 2-34　轴载与路表弯沉关系

(3) 路表弯沉与上基层厚度变化关系

随着上基层厚度的增大,路表弯沉逐渐减小,如图 2-35 所示。随着上基层厚度从 8cm 增加到 15cm,轮隙中心路表弯沉下降约 19.8%。

(4) 路表弯沉与上基层模量变化关系

随着上基层模量的增大,路表弯沉逐渐减小,如图 2-36 所示。随着上基层模量从 2000MPa 增加到 4000MPa,轮隙中心路表弯沉下降约 7.1%。

(5) 路表弯沉与附着力系数变化关系

随着附着力系数的增大,轮载中心略有增长,轮隙中心弯沉无明显变化,如图 2-37 所示。

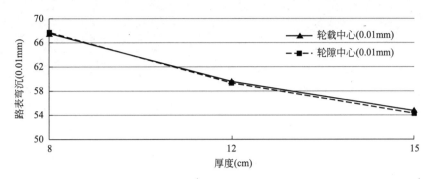

图 2-35　上基层厚度与路表弯沉关系

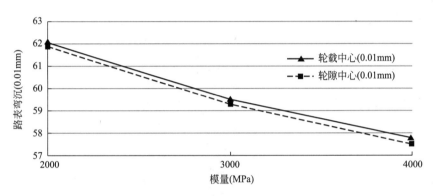

图 2-36　上基层模量与路表弯沉关系

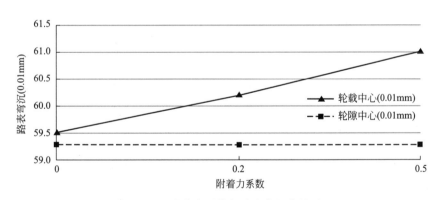

图 2-37　附着力系数与路表弯沉值关系

（6）路表弯沉与土基模量变化关系

随着土基模量的增大，路表弯沉逐渐减小，如图 2-38 所示。随着土基模量从 20MPa 增加到 40MPa，轮隙中心路表弯沉下降约 36.9%。

2. 基层底面拉应力影响因素分析

（1）基层底面拉应力沿 y 轴方向分布

最大层底拉应力出现在上基层层底轮隙中心，所以可见基层层底最大拉应力出现在模量较大层的层底，如图 2-39 所示。上基层应力分析取上基层轮载中心作为计算分析点。

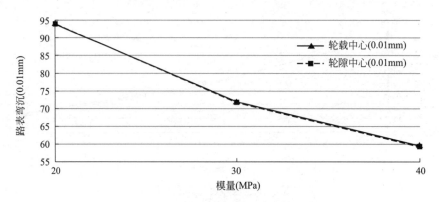

图 2-38　土基模量与路表弯沉关系

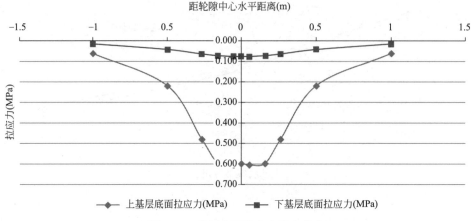

图 2-39　基层底面拉应力横向分布

(2) 基层底面拉应力与轴载变化关系

随着轴载的增大，基层层底拉应力和底基层层底拉应力均增大，其中上基层变化幅度较大，如图 2-40 所示。随着设计轴载从 100kN 增长到 200kN，上基层轮载中心层底拉应力增长 62%。

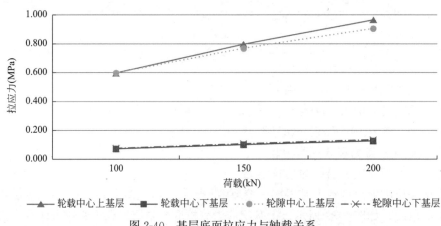

图 2-40　基层底面拉应力与轴载关系

(3) 基层底面拉应力与上基层厚度变化关系

随着上基层厚度的增大,上基层底面逐拉应力和下基层地面压应力均逐步减小,如图 2-41 所示。当上基层厚度从 8cm 增加到 15cm 时,上基层轮载中心拉应力下降 31%。

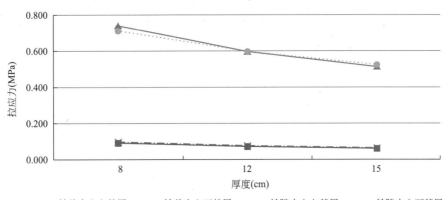

图 2-41 基层底面拉应力与上基层厚度关系

(4) 基层底面拉应力与上基层模量变化关系

随着上基层厚度的增大,上基层底面拉应力增大,下基层层底拉应力逐步减小,如图 2-42 所示。当上基层模量从 2000MPa 增加到 4000MPa 时,上基层轮载中心拉应力增长 58%。

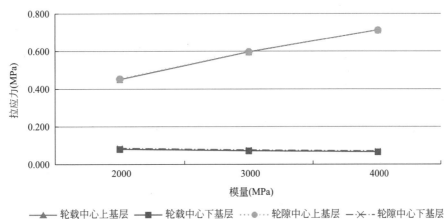

图 2-42 基层底面拉应力与上基层模量关系

(5) 基层底面拉应力与附着力系数变化关系

随着附着力系数的增大,轮载中心层底拉应力有所增大,轮隙中心层底拉应力无影响,如图 2-43 所示。

(6) 基层底面拉应力与土基模量变化关系

随着土基模量的增大,上基层和下基层层底拉应力逐步减小,如图 2-44 所示。当土基模量从 20MPa 增加到 40MPa 时,上基层轮载中心拉应力下降 11%。

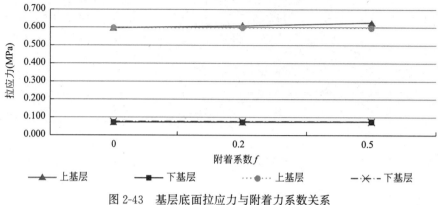

图 2-43 基层底面拉应力与附着力系数关系

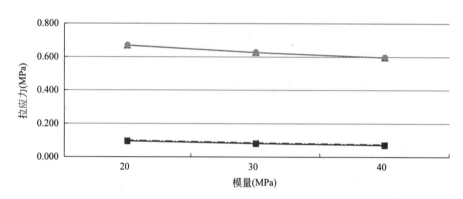

图 2-44 基层底面拉应力与土基模量关系

3. 柔性基层沥青层层底拉应变影响因素分析

（1）柔性基层沥青层层底拉应变沿 y 轴方向分布

在荷载作用下，土基顶面沿 y 轴方向应变均为拉应变，轮隙中心层底拉应变最大，如图 2-45 所示。

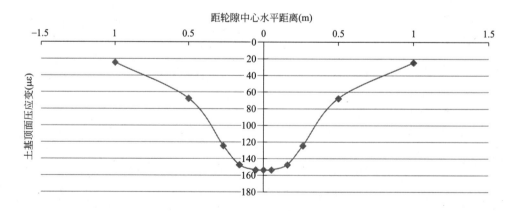

图 2-45 柔性基层沥青层层底拉应变横向分布

(2) 柔性基层沥青层层底拉应变与轴载变化关系

轮载中心的拉应变和轮隙中心的压应变，均随着轴载的增大而增大，如图 2-46 所示。随着设计轴载从 100kN 增加到 200kN，轮隙中心柔性基层层底拉应变增大 57.7%。

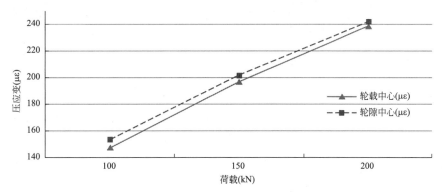

图 2-46　柔性基层沥青层层底拉应变与轴载关系

(3) 柔性基层沥青层层底拉应变与上基层厚度变化关系

随着上基层厚度的增加，层底拉应变降低，如图 2-47 所示。当上基层厚度从 8cm 增加到 15cm 时，轮隙中心层底拉应变下降 30.2%。

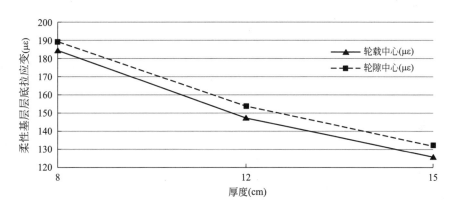

图 2-47　上基层厚度与柔性基层沥青层层底拉应变关系

(4) 柔性基层沥青层层底拉应变与上基层模量变化关系

随着上基层模量的增加，层底拉应变降低，如图 2-48 所示。当上基层模量从 2000MPa 增加到 4000MPa 时，轮隙中心层底拉应变下降 24.5%。

(5) 柔性基层沥青层层底拉应变与附着力系数变化关系

随着附着力系数的增加，轮载中心层底拉应变略有上升，对轮隙中心无影响，如图 2-49 所示。

(6) 柔性基层沥青层层底拉应变与土基模量变化关系

随着土基模量的增加，层底拉应变降低，如图 2-50 所示。当土基模量为 20MPa 时，当土基模量从 20MPa 增加到 40MPa 时，轮隙中心层底拉应变降低 9.1%。

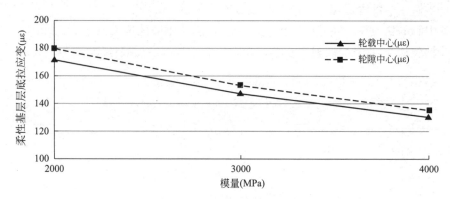

图 2-48 上基层模量与柔性基层沥青层层底拉应变关系

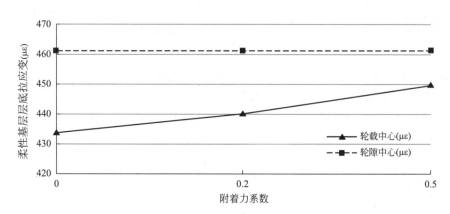

图 2-49 附着力系数与柔性基层沥青层层底拉应变关系

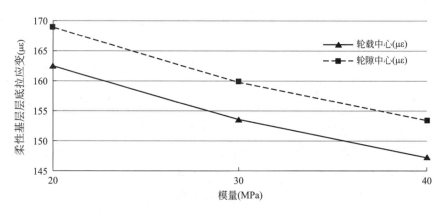

图 2-50 土基模量与柔性基层沥青层层底拉应变关系

4. 剪应力影响因素分析

（1）剪应力沿 y 轴方向分布

全透路面结构一由于路面结构薄弱，双轮产生的荷载无法有效传递和分散，于轮隙中心产生了最大值，如图 2-51 所示。下面计算剪应力取值点均为轮胎外侧边缘处力值。

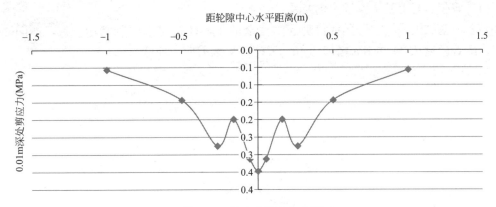

图 2-51 剪应力横向分布图

（2）剪应力与轴载变化关系

随着轴载增大剪应力增大，最大剪应力出现在路表 1cm 处，如图 2-52 所示。随着设计轴载从 100kN 增加到 200kN，最大剪应力增长约 49.8%。

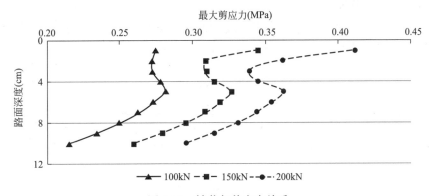

图 2-52 轴载与剪应力关系

（3）剪应力与上基层厚度变化关系

随着上基层厚度增大，同深度剪应力逐渐减小，如图 2-53 所示。随着上基层从 8cm 增加到 15cm，最大剪应力降低约 17.9%。

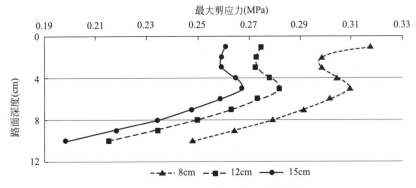

图 2-53 上基层厚度与剪应力关系

(4) 剪应力与上基层模量变化关系

随着上基层模量增大,同深度剪应力逐渐减小,在大约9cm处趋于一致,如图2-54所示。随着模量从2000MPa增加到4000MPa,最大剪应力降低约7.7%。

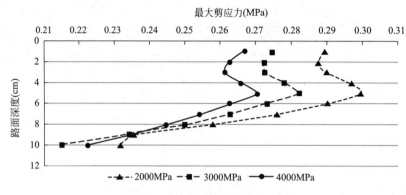

图 2-54　上基层模量与剪应力关系

(5) 剪应力与土基模量变化关系

随着上基层模量增大,同深度剪应力逐渐减小,随着深度增加趋于一致,如图2-55所示。随着土基模量从20MPa增加到40MPa,最大剪应力降低约9%。

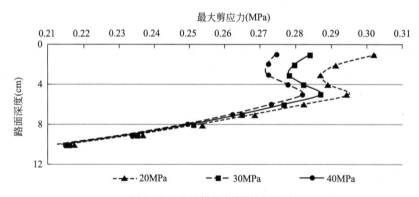

图 2-55　土基模量与剪应力关系

(6) 剪应力与附着力系数变化关系

随着附着系数增大,同深度剪应力逐渐增大,随着深度增大趋于一致,如图2-56所示。随着附着力系数从0增加到0.5,最大剪应力增长约97.6%。

5. 土基顶面压应变影响因素分析

(1) 土基顶面压应变沿 y 轴方向分布

在荷载作用下,土基顶面沿 y 轴方向应变均为压应变,轮隙中心土基顶面压应变最大,如图2-57所示。

(2) 土基顶面压应变与轴载变化关系

随着轴载增大,土基顶面压应变逐渐增大,如图2-58所示。当设计轴载从150kN增长为200kN时,轮隙中心土基顶面压应变增长约76%。

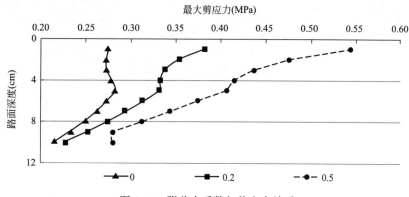

图 2-56 附着力系数与剪应力关系

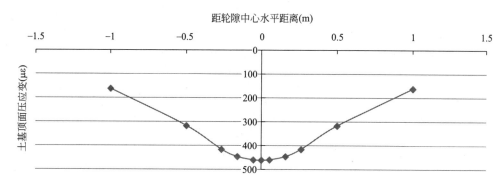

图 2-57 土基顶面压应变横向分布图

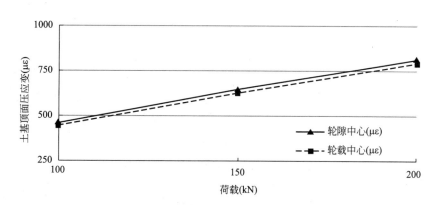

图 2-58 轴载与土基顶面压应变关系

(3) 土基顶面压应变与上基层厚度变化关系

随着基层厚度增大，土基顶面压应变逐渐减小，如图 2-59 所示。当上基层厚度从 8cm 增加到 15cm 时，轮隙中心土基顶面压应变降低约 33.6%。

(4) 土基顶面压应变与上基层模量变化关系

随着上基层模量逐渐增大，土基顶面压应变逐渐减小，如图 2-60 所示。当上基层模量从 2000MPa 增加到 4000MPa 时，轮隙中心土基顶面压应变降低约 14.5%。

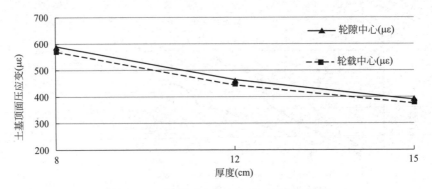

图 2-59　上基层厚度与土基顶面压应变关系

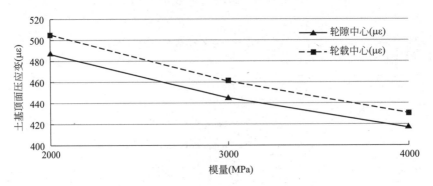

图 2-60　上基层模量与土基顶面压应变关系

（5）土基顶面压应变与土基模量变化关系

随着土基模量逐渐增大，土基顶面压应变逐渐减小，如图 2-61 所示。当土基模量从 20MPa 增加到 40MPa 时，土基顶面压应变降低约 22.8%。

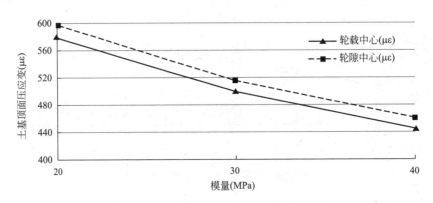

图 2-61　土基模量与土基顶面压应变关系

（6）土基顶面压应变与附着力系数变化关系

随着附着力系数逐渐增大，轮载中心土基顶面压应变略有增大，对轮隙中心压应变无影响，如图 2-62 所示。

根据上文计算结果，得到各个变化参数对路面结构设计控制指标的影响情况，见表 2-13。

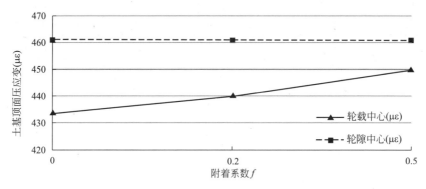

图 2-62 附着力系数与土基顶面压应变关系

参数对路面结构影响　　　　　　　　　　　　表 2-13

计算参数变化范围		路表弯沉(0.01mm)	基层层底拉应力(kN)	基层层底拉应变(μm)	土基顶面压应变(μm)
轴载	100～150kN	↑91.3%	↑62%	↑57.7%	↑76%
上基层厚度	8～15cm	↓19.8%	↓31%	↓30.2%	↓33.6%
上基层模量	2000～4000MPa	↓7.1%	↑58%	↓24.5%	↓14.5%
土基模量	20～40MPa	↓36.9%	↓11%	↓9.1%	↓22.8%
附着力系数	0～0.5	—	—	—	—

由以上分析可以得出，轴载的变化对路面结构力学性能的影响顺序为：路表弯沉＞土基顶面压应力＞基层层底拉应力＞基层层底拉应变；上基层厚度对该道路结构力学性能的影响顺序为：土基顶面压应变＞基层底面拉应力＞基层层底拉应变＞路表弯沉；上基层模量对该道路结构力学性能的影响顺序为：基层底面拉应力＞基层层底拉应变＞土基顶面压应变＞路表弯沉；土基模量对该道路结构力学性能的影响顺序为：路表弯沉＞土基顶面压应变＞基层底面拉应力＞基层层底拉应变＞剪应力。

2.2.4 路面结构力学综合分析

通过综合对比计算各路面结构不同参数变化条件下的力学响应，形成以下结论：

(1) 路面结构路表弯沉影响因素分析

由图 2-63 可见，轮隙中心的路表弯沉值是一个特征点而不是最大值。表透式的路表弯沉最小，全透式路面结构一路面结构最薄且基层全为柔性，故弯沉值最大。故弯沉与路面结构的厚度及材料模量有很直接的关系，路面结构越厚，材料模量越大，路表弯沉越小。

(2) 基层层底拉应力影响因素分析

上述 7 种路面结构层底拉应力均取上下基层中拉应力较大层的值。其中半透式路面结构和全透式路面结构一和二选用的是其上基层路面结构层层底拉应力，其余路面结构均选用的是下基层层底拉应力。这是由于这三组路面结构的上基层模量大于下基层，其余的路

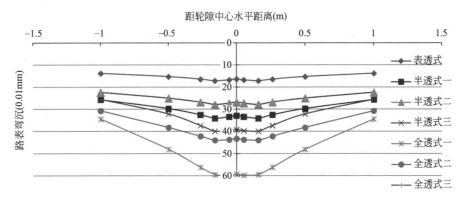

图 2-63　不同路面结构路表弯沉关系图

面结构下基层模量均大于上基层,故而可见,较大的拉应力产生于模量较大基层层底;下基层的层底拉应力位于轮隙中心,上基层的层底拉应力有一定的变化性。

基层层底最大拉应力的排序为:表透式<全透式三<半透式三<半透式二<半透式一<全透式一<全透式二,如图 2-64 所示。可见基层层底最大拉应力除与路面结构厚度、材料模量有关系外,与上下基层之间材料的模量差也有很重要的相关关系。

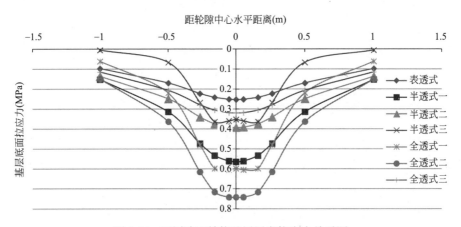

图 2-64　不同路面结构基层层底拉应力关系图

(3) 柔性基层层底拉应变影响因素分析

可见路面结构越厚,材料模量越大,柔性基层层底拉应变越小,如图 2-65 所示。半透结构一的柔性基层为上基层,下基层为半刚性基层,故柔性基层层底出现压应力和压应变。

(4) 土基顶面压应变影响因素分析

由图 2-66 可见,土基顶面压应变最大值产生于轮隙中心的。表透式的路表弯沉最小,全透式路面结构一路面结构最薄且基层全为柔性,故土基顶面压应变最大。土基顶面压应变与路面结构的厚度及材料模量有很直接的关系,路面结构越厚,材料模量越大,土基顶面压应变越小。

(5) 材料与结构参数对各透水路面力学性能的影响分析

试验计算结果如表 2-14 所示。

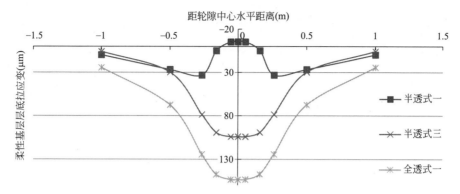

图 2-65　不同路面结构柔性基层层底拉应变关系图

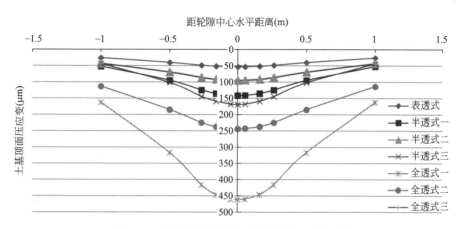

图 2-66　不同路面结构土基顶面压应变关系图

不同路面结构参数对路面力学性能影响　　　表 2-14

计算参数变化范围		设计控制指标变化比例				
		路表弯沉（0.01mm）	基层层底拉应力（kN）	基层层底拉应变（μm）	剪应力（kN）	土基顶面压应变（μm）
表透路面结构一						
轴载	100～150kN	↑96%	↑83.2%	—	↑3.29%	↑89.5%
上面层厚度	2～10cm	↓7%	↓16.7%	—	↓27.3	↓14.8%
上面模量	2000～6000MPa	↓2.2%	↓3.8%	—	↓5.3%	↓4.5%
附着力系数	0～0.5	—	—	—	↑68.5	—
半透路面结构一						
轴载	100～150kN	↑94.4%	↑73%	↑108.4%	↑12.9%	↑84.3%
上基层厚度	8～15cm	↓12.6%	↓21.9%	↓436.5%	↓1.7%	↓22.8%
上基层模量	2000～4000MPa	↓5.4%	↓8.4%	↓24.2%	↓12%	↓10.2%
附着力系数	0～0.5	—	—	—	↑101.7%	—

续表

计算参数变化范围		设计控制指标变化比例				
		路表弯沉(0.01mm)	基层层底拉应力(kN)	基层层底拉应变(μm)	剪应力(kN)	土基顶面压应变(μm)
半透路面结构二						
轴载	100~150kN	↑96.5%	↑79.5%	—	↑2.0%	↑88%
上基层厚度	15~20cm	↓10%	↓17.3%	—	↓0.5%	↓18.6%
上基层模量	7000~11000MPa	↓3.9%	↓4.9%	—	↓1.9%	↓7.2%
附着力系数	0~0.5	—	—	—	↑98%	—
半透路面结构三						
轴载	100~150kN	↑90%	↑50%	↑50.1%	↑17.9%	↑82.9%
上基层厚度	8~15cm	↓14.8%	↓31%	↓28.9%	↓9.5%	↓26%
附着力系数	0~0.5	—	—	—	↑51.3%	—
全透路面结构一						
轴载	100~150kN	↑91.3%	↑62%	↑57.7%	↑49.8%	↑76%
上基层厚度	8~15cm	↓19.8%	↓31%	↓30.2%	↓17.9%	↓33.6%
上基层模量	2000~4000MPa	↓7.1%	**↑58%**	↓24.5%	↓7.7%	↓14.5%
土基模量	20~40MPa	↓36.9%	↓11%	↓9.1%	↓9%	↓22.8%
附着力系数	0~0.5	—	—	—	↑97.6%	—
全透路面结构二						
轴载	100~150kN	↑95.2%	↑65%	—	↑18.8%	↑83.5%
上基层厚度	15~20cm	↓14.7%	↓23%	—	↓6.3%	↓26.4%
上基层模量	7000~11000MPa	↓5.9%	**↑24%**	—	↓4.4%	↓13.2%
土基模量	20~40MPa	↓37.4%	↓10%	—	↓4%	↓21.9%
附着力系数	0~0.5	—	—	—	↑106%	—
全透路面结构三						
轴载	100~150kN	↑96.4%	↑80.6%	—	↑1.9%	↑88.4%
上基层厚度	15~20cm	↓9.6%	↓16.9%	—	—	↓18%
土基模量	20~40MPa	↓9.6%	↓9.7%	—	—	↓19.1%
附着力系数	0~0.5	—	—	—	↑98.1%	—

1) 由表2-14可以看出,设计轴载对路表弯沉、基层层底拉应力、柔性基层层底拉应变、剪应力和土基顶面压应变均有正相关的联系,对设计参数均有明显的影响。

2) 表透式路面面层厚度增加对路表弯沉、基层层底拉应力、剪应力和土基顶面压应变均有降低的作用。

3) 上基层厚度增大可降低路表弯沉、基层层底拉应力、柔性基层层底拉应变、剪应力和土基顶面压应变,其中对剪应力的影响较小,对基层层底拉应力、柔性基层层底拉应变和土基顶面压应变影响较明显。

4) 上基层模量增大可降低路表弯沉、柔性基层层底拉应变、剪应力和土基顶面压应变,其中对柔性基层层底拉应变影响较大;上基层模量提高可增大上基层层底拉应力,降低下基层层底拉应力,这是因为如果最大拉应力产生于上基层,代表上基层模量大于下基层模量,上基层模量继续增大,则拉大了上下基层间的模量差,故上基层层底拉应力增大。

5) 附着力系数、对剪应力有较大的影响,随着附着力系数增大,剪应力增长明显。附着力系数升高对轮隙中心的路表弯沉、基层层底拉应力、柔性基层层底拉应变、剪应力和土基顶面压应变无影响,对位于轮载中心的上述指标略有提高,但影响较小。

6) 土基顶面回弹模量提高可降低路表弯沉、基层层底拉应力和土基顶面压应变,其中对土基顶面压应变有明显的影响。

2.3 透水路面径流控制效能评估

为提高行车的安全性、行人漫步的舒适性及对雨水的径流控制能力,透水路面需以满足在一定暴雨条件下路表不产生径流为设计目标。

本节根据上海降雨条件,建立透水路面渗流计算模型,进行降雨模拟计算,分析不同降雨条件、土壤渗透系数、结构组合与路面厚度对透水路面径流控制效能的影响,建立预测模型,确定各类透水路面海绵功能关键控制指标。

2.3.1 渗流模型建立

1. 降雨参数确定

根据上海市的降雨条件相关参数,降雨历时分别采用 2h、6h、12h、24h,设计暴雨重现期为 1 年、2 年、3 年、4 年、5 年、10 年,采用上海现行暴雨强度公式和采用芝加哥雨型计算每 5min 间隔的降雨量,计算结果见表 2-15。

不同暴雨强度降雨历时 2h 累计雨量及降雨强度分布 表 2-15

历时 t(min)	1 年	2 年	3 年	4 年	5 年	10 年
	累积雨量(mm)	累积雨量(mm)	累积雨量(mm)	累积雨量(mm)	累积雨量(mm)	累积雨量(mm)
5	0.46	0.55	0.61	0.65	0.68	0.77
10	0.97	1.18	1.30	1.39	1.46	1.67
15	1.56	1.91	2.11	2.25	2.37	2.71
20	2.25	2.76	3.07	3.28	3.45	3.98
25	3.08	3.81	4.24	4.55	4.79	5.56
30	4.13	5.14	5.74	6.18	6.52	7.60
35	5.54	6.95	7.80	8.42	8.90	10.45
40	7.67	9.71	10.94	11.84	12.54	14.80

续表

历时 t(min)	1年 累积雨量(mm)	2年 累积雨量(mm)	3年 累积雨量(mm)	4年 累积雨量(mm)	5年 累积雨量(mm)	10年 累积雨量(mm)
45	11.77	14.92	16.83	18.20	19.29	22.77
50	22.03	27.07	30.05	32.20	33.88	39.21
55	28.03	34.56	38.42	41.18	43.65	50.22
60	31.35	38.82	43.25	46.44	49.21	56.86
65	33.58	41.70	46.53	50.00	52.97	61.40
70	35.23	43.82	48.95	52.64	55.74	64.76
75	36.54	45.50	50.85	54.70	57.90	67.37
80	37.61	46.87	52.40	56.38	59.65	69.49
85	38.53	48.03	53.70	57.79	61.12	71.25
90	39.33	49.02	54.82	59.00	62.37	72.75
95	40.03	49.90	55.80	60.05	63.47	74.05
100	40.66	50.68	56.67	60.99	64.43	75.19
105	41.23	51.39	57.45	61.82	65.30	76.21
110	41.76	52.03	58.16	62.58	66.08	77.12
115	42.24	52.61	58.81	63.27	66.79	77.95
120	42.69	53.16	59.41	63.91	67.44	78.70

2. 雨水入渗过程

在建立雨水的渗透模型之前，为了使所建立的模型能反映路面实际的使用状况，必须先对雨水在整个路面结构中入渗的物理过程有所了解。通常来说，路面上的水在进入路面各结构层的过程中，首先是把路面各结构层中的空隙填满。经过一段时间之后，各结构层将处于饱和状态。在饱和状态下，当路表水继续渗入路面结构，理论上讲，水的渗透速率应等于排出速率。但在实际状况下，由于水在结构中的侧向流动，两个速率往往不尽相同。路表水进入路面结构内部的过程，按照时间先后顺序，可以分为以下几个阶段。

（1）路面结构的浸润和饱和

降雨初期，路面结构还处于相对干燥的状态。雨水降落在路面上，在自身重力和毛细管力的作用下流入路面结构内部，由于粗颗粒的表面吸附作用形成薄膜水，路面结构自上而下被浸润，路表颜色也由干燥状态时的浅黑色变成深黑色。由于降雨量还未使各个结构层达到饱和，因此雨水还不会渗入土基或通过排水管排出，更不会产生路表径流，此阶段是属于路面结构的浸润过程。

处于这一阶段中的路面结构，可以根据各层材料的空隙率和厚度，计算得到使路面达到饱和时的临界降雨量。当累积降雨量小于该临界降雨量时，路面结构处于浸润阶段，而当降雨量超过这一临界降雨量时，各结构层饱和，透入水开始渗入路基或通过排水管排出。

（2）路基土的渗透与集水管排水

当透水路面结构内部达到饱和后，路面结构的浸润损失消失。随着降雨量的继续增加，雨水开始从路基顶面渗入路基土或进入集水管。由于路基土具有一定的渗透性，此时可以计算出渗流的速度，如果路表水透入路面结构的速度小于结构内部的水分渗入路基土的速度或集水管排出速度，则在这一过程中不会在路面结构内产生水的蓄积。

（3）降雨在路面结构中的蓄积

当降雨强度开始大于路基土的渗透系数或排水管的最大流量时，即此时渗透到路面结构中的雨量不能及时通过路基土的渗透或排水管排出，于是这一部分未排出的雨量就会在路面结构中蓄积。随着降雨强度的继续增大，路面结构中蓄积的雨水也不断增多，直至降雨强度减弱至与路基土的渗透能力或排水管的排水速度相当时，路面结构中蓄积的水量达到最大值。此时可以计算出在该降雨强度下不出现路表径流的最小结构层厚度，进行验算所拟路面是否满足要求。

（4）蓄积在路面结构中的雨水的排出

当降雨强度降到与路基土的渗透能力或排水管的最大流量相当时，路面结构中蓄积的雨水达到最大量，此时降雨强度继续减小，通过土基的渗透或排水管的疏导，路面结构中的雨水逐渐渗透排出，直至没有蓄积的雨水。

由于降雨过程中空气湿度较大，道路所占面积有限，路面结构中水分的蒸发量不大，因此蒸发效应对渗蓄计算的影响比较小，故计算过程中不考虑雨水的蒸发。

2.3.2 表层排水式透水路面径流控制效能分析

表面排水式路面透水层厚度、空隙率和集水管管径以及降雨强度、降雨时间均会对表层排水式透水路面的径流控制效能产生影响。本节分别计算暴雨重现期为1年、2年、3年、4年、5年、10年，降雨历时为120min、360min、720min、1440min降雨条件下，集水管直径分别取5cm、8cm、10cm，以及不同透水路面厚度和空隙率条件下的（表2-16），不同时段的分段雨量、累积雨量、路面结构水位、路表溢出水量以及集水管的排水量。路面宽度定为20m，出水口间距为20m，排水口顶部与上面层底部齐平。

表层排水式透水路面结构　　表2-16

材料	厚度(mm)	设计空隙率(%)		
PAC-13	20	—	—	20
	40	10	15	20
	60	—	—	20
AC-20	60			
AC-25	80			
半刚性上基层	180			
半刚性下基层	180			
级配碎石垫层	150			

1. 表面层厚度与路表径流的关系

表面层厚度分别取20mm、40mm、60mm，由于上海非中心城区和中心城区的设计暴雨重现期分别为3年和5年，故本次主要计算暴雨重现期分别为3年和5年，降雨历时为

120min，集水管直径为 5cm 条件下路面结构的渗透能力。计算得到在 120min 的整个降雨过程中，路面结构内水位随着降雨强度的变化和降雨历时的推移，呈现出先增大后减小的趋势。

由图 2-67 和图 2-68 可知，在表面层厚度为 40mm 时，降雨历时 120min 的整个降雨过程中，路面结构内水位随着降雨强度的变化和降雨历时的推移，呈现出先增大后减小的趋势。暴雨强度在第 50min 出现峰值，在设计暴雨重现期为 3 年时，第 40min 路表开始有径流产生，70min 后雨水径流停止，径流时长约为 30min，径流雨量为 25.65mm，径流控制比例为 56.8%；在设计暴雨重现期为 5 年时，第 40min 路表开始有径流产生，75min 后雨水径流停止，径流时长约为 35min，径流雨量为 30.77mm，径流控制比例为 54.4%。

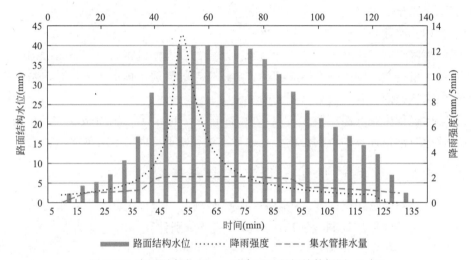

图 2-67　表层厚度为 40mm 时降雨过程相关数据图（3 年）

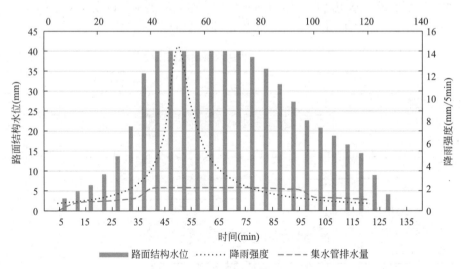

图 2-68　表层厚度为 40mm 时降雨过程相关数据图（5 年）

分别计算不同透水层厚度的表透式路面径流控制效能。

由图 2-69 和图 2-70 可知，在暴雨重现期分别为 3 年和 5 年时，随着表面层厚度的增加,路面径流产生的时长逐渐缩短,路面径流雨量及其所占总降雨量的比例均呈下降趋势。表面层常用厚度为4cm,此时对应3年和5年的路表径流时长约为30min,仍有较长的径流时长。当表面层常用厚度增加到6cm后,此时对应3年和5年的路表径流时长约为20~25min,可见由于表层排水式路面储水层太薄,不能避免表面径流的产生。

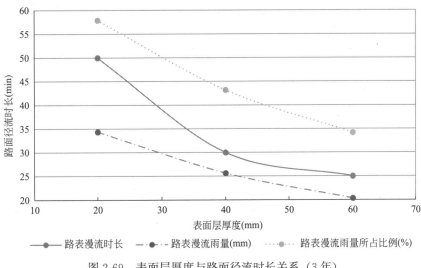

图 2-69 表面层厚度与路面径流时长关系（3 年）

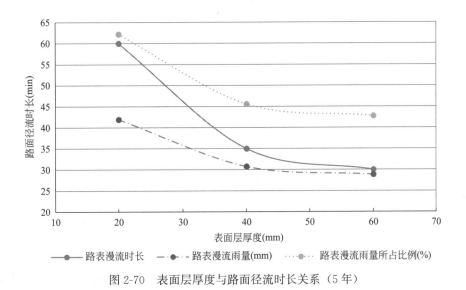

图 2-70 表面层厚度与路面径流时长关系（5 年）

2. 不同空隙率与路面径流的关系

表面层透水混合料空隙率分别取10%、15%、20%,计算得到暴雨重现期分别为3年和5年,降雨历时为120min,集水管直径为5cm,表层厚度为40mm条件下路面结构的径流控制能力如图2-71和图2-72所示。在暴雨重现期分别为3年和5年时,表面层混合料空隙率由10%增加到15%时,路面径流产生的时长逐渐缩短,路面径流雨量及其所占总降雨量的比例均呈下降趋势。表面层混合料空隙率由15%增加到20%时,以上指标均未发生变化。

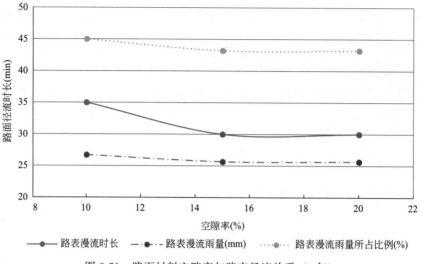

图 2-71 路面材料空隙率与路表径流关系（3 年）

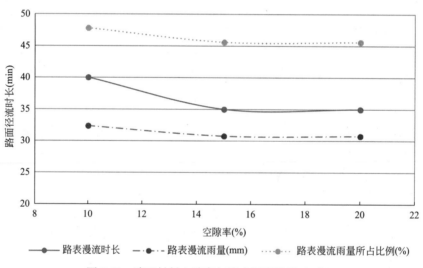

图 2-72 路面材料空隙率与路表径流关系（5 年）

3. 不同暴雨重现期与路面径流的关系

表层透水层厚度取 40mm，表层透水混合料空隙率 20%，集水管直径为 5cm，降雨历时为 120min 条件下的 1 年、2 年、3 年、4 年、5 年、10 年暴雨重现期下的路面结构径流控制能力，计算结果如图 2-73 所示。

暴雨强度在第 50min 出现峰值，在设计暴雨重现期为一年时，第 45min 路表开始有径流产生，65min 后雨水径流停止，径流时长约为 20min。在设计暴雨重现期为 2 年和 3 年时，第 40min 路表开始有径流产生，70min 后雨水径流停止，径流时长约为 30min。在设计暴雨重现期为 4 年和 5 年时，第 40min 路表开始有径流产生，75min 后雨水径流停止，径流时长约为 35min。在设计暴雨重现期为 10 年时，第 35min 路表开始有径流产生，80min 后雨水径流停止，径流时长约为 45min。随着暴雨重现期的增大，无论路表径流雨

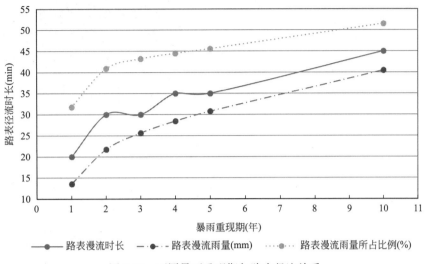

图 2-73 不同暴雨重现期与路表径流关系

水的总量、时长,还是径流雨水占总降雨量的比例均直线增长,径流控制比例下降。

4. 不同降雨历时与路面径流的关系

表层透水层厚度取 40mm、透水沥青混合料空隙率 20%,集水管直径为 5cm,分别计算降雨历时为 120min、360min、720min 和 1440min 条件下 3 年和 5 年暴雨重现期的路面结构径流控制能力,结果如图 2-74 和表 2-75 所示。

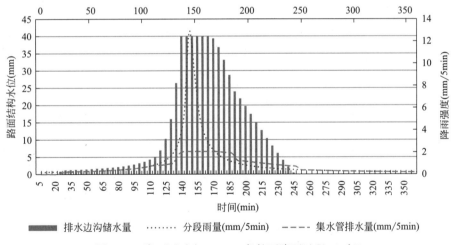

图 2-74 降雨历时为 360min 条件下降雨过程(3 年)

降雨历时 360min 的整个降雨过程中,路面结构内水位随着降雨强度的变化和降雨历时的推移,呈现出先增大后减小的趋势。暴雨强度在第 145min 出现峰值,在设计暴雨重现期为 3 年时,第 135min 路表开始有径流产生,165min 后雨水径流基本停止,径流时长约为 30min,径流雨量为 25.83mm,径流控制比例为 65.1%;在设计暴雨重现期为 5 年时,第 135min 路表开始有径流产生,170min 后雨水径流停止,径流时长约为 35min,径流雨量为 31.03mm,径流控制比例为 62.7%。

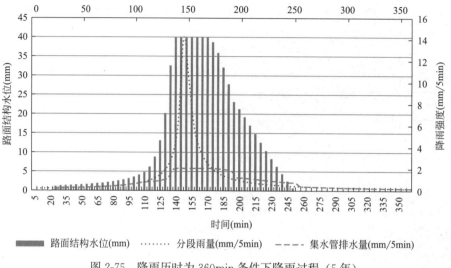

图 2-75　降雨历时为 360min 条件下降雨过程（5 年）

由图 2-76 和图 2-77 可以看出，随着降雨历时的延长，路表径流雨水的总量和时长并无明显变化，但是径流雨水占总降雨量的比例均降低。这是因为随着降雨历时的增长，雨水总量虽然增加，但是高强度雨量并未增加，在排水系统正常运作的前提下，大部分时间雨水均可排出，所以路表径流的时间并未增加。

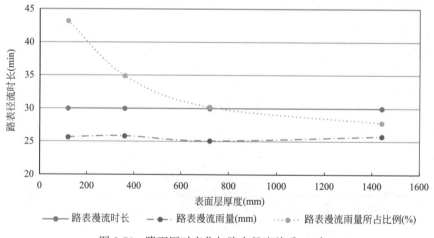

图 2-76　降雨历时变化与路表径流关系（3 年）

5. 不同集水管管径与路面径流的关系

表层透水层厚度取 40mm，透水沥青混合料空隙率 20%，降雨历时取 120min，分别计算集水管管径分别为 5cm、8cm、10cm 条件下 3 年和 5 年暴雨重现期的路面结构径流控制能力，结果如图 2-78 和图 2-79 所示。

随着集水管管径的增大，无论路表径流雨水的总量、时长，还是径流雨水占总降雨量的比例均直线增长。

6. 径流控制情况分析

表层排水式透水路面的主要功能是降噪和小雨天气路表不积水，避免出现雨天出现飞

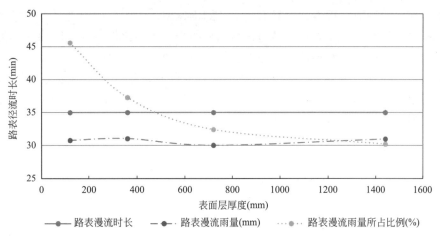

图 2-77 降雨历时变化与路表径流关系（5 年）

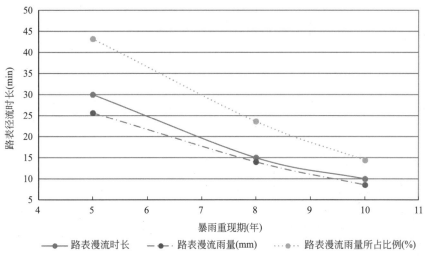

图 2-78 集水管管径变化与路表径流关系（3 年）

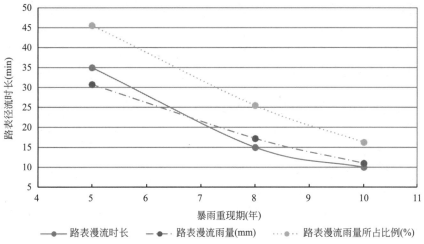

图 2-79 集水管管径变化与路表径流关系（5 年）

溅、眩光、水漂等现象，仅表面层具有透水、储水作用，而表面层厚度又不宜过大，故其对径流的控制效果有限。在设计时需考虑该结构的径流控制比例及在不同的降雨条件下会有多长时间的径流产生。对径流控制比例和径流时长两个指标进行分析。

本研究中上述参数分别用字母来代替。暴雨重现期变化（P）、降雨历时（t）、透水层厚度（h）、空隙率（vv）、集水管管径（d）、径流控制比例（R_r）、径流时长（T_r）。绘制上述因变量与自变量间的散点图。

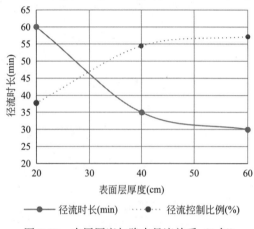

图 2-80　表层厚度与路表径流关系（5 年）

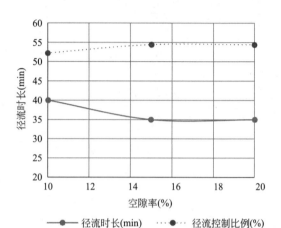

图 2-81　路面材料空隙率与路表径流关系（5 年）

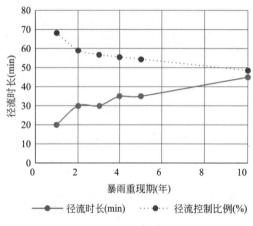

图 2-82　暴雨重现期与路表径流关系

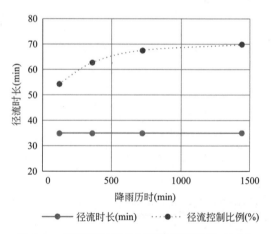

图 2-83　降雨历时变化与路表径流关系（5 年）

由图 2-80～图 2-84 可以得到透水面层厚度、材料空隙率、集水管管径、暴雨重现期与降雨历时变化与径流时长及径流控制比例间的关系呈线性或对数关系趋势。

（1）径流控制比例分析

1）径流控制比例线性分析

利用软件进行线性回归，得到如表 2-17 所示结果。

本例模型的决定系数 0.952，效果较好。在方差分析的结果，P 值小于 0.05，所以模型是有统计意义的，见表 2-18。

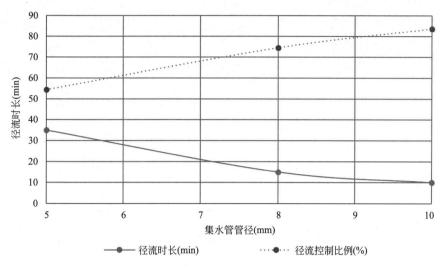

图 2-84 集水管管径变化与路表径流关系（5 年）

相关系数表　　　　　　　　　　　　　　　　　　　　　表 2-17

模型汇总				
模型	R	R^2	调整 R^2	标准估计的误差
1	0.976[a]	0.952	0.950	3.185

a. 预测变量：(常量)，暴雨重现期变化，降雨历时变化，透水层厚度，空隙率，集水管管径变化。

系数确定表　　　　　　　　　　　　　　　　　　　　　表 2-18

系数[a]						
模型		非标准化系数		标准系数	t	Sig.
		回归系数	标准误差	β		
1	(常量)	6.893	2.204	—	3.127	0.002
	透水层厚度	0.483	0.026	0.398	18.417	0.000
	空隙率	0.194	0.083	0.052	2.354	0.020
	集水管管径变化	6.104	0.156	0.920	39.232	0.000
	降雨历时变化	0.014	0.001	0.321	13.407	0.000
	暴雨重现期变化	−1.338	0.103	−0.280	−12.932	0.000

a. 因变量：径流控制比例。

由以上结果可以得到回归模型为：

$$R_r = 6.893 + 0.483 \times h + 0.194 \times vv + 6.104 \times d + 0.014 \times t - 1.338 \times P \quad (2-4)$$

2）径流控制比例对数模型回归：

初拟函数为：$R_r = a + b \times \ln h + c \times \ln vv + d \times \ln d + e \times \ln t + f \times \ln P$ 　　(2-5)

经迭代计算，得到参数见表 2-19。

系数确定表 表 2-19

参数	参数估计值		95%置信区间	
	估计	标准误差	下限	上限
a	−119.162	4.018	−127.131	−111.192
b	17.266	0.621	16.035	18.497
c	4.453	0.810	2.848	6.059
d	45.140	0.748	43.656	46.624
e	6.849	0.330	6.194	7.504
f	−5.845	0.277	−6.393	−5.296

可知本模型的决定系数为 0.979，较线性模型的拟合效果有了改进。所以本次选用的回归模型为：

$$R_r = -119.162 + 17.266 \times \ln h + 4.453 \times \ln vv + 45.140 \times \ln d + 6.849 \times \ln t - 5.845 \times \ln P \tag{2-6}$$

式中　P——暴雨重现期变化；
　　　t——降雨历时；
　　　h——透水层厚度；
　　　vv——空隙率；
　　　d——集水管管径；
　　　R_r——径流控制比例。

(2) 径流时长分析

1) 径流时长线性分析

利用软件进行线性回归，得到如表 2-20 所示结果。

相关系数表 表 2-20

模型汇总				
模型	R	R^2	调整 R^2	标准估计的误差
1	0.949[a]	0.900	0.895	4.284

a. 预测变量：(常量)，暴雨重现期变化，降雨历时变化，透水层厚度，空隙率，集水管管径变化。

本例模型的决定系数 0.90，效果较好。在方差分析的结果，P 值小于 0.05，所以模型是有统计意义的。

由表 2-21 的结果可以得到回归模型为：

$$T_r = 73.809 - 0.452 \times h + 0.149 \times vv - 5.003 \times d - 0.003 \times t + 1.693 \times P \tag{2-7}$$

2) 径流时长对数模型回归

初拟函数为：

$$T_r = a + b \times \ln h + c \times \ln vv + d \times \ln d + e \times \ln t + f \times \ln P \tag{2-8}$$

经迭代计算，得到参数见表 2-22。

可知该模型的决定系数为 0.839，较线性模型的拟合效果略有下降。

系数确定表 表 2-21

模型		系数[a]		标准系数	t	Sig.
		非标准化系数				
		回归系数	标准误差	β		
1	（常量）	73.809	2.965	—	24.895	0.000
	透水层厚度	−0.452	0.035	−0.400	−12.816	0.000
	空隙率	−0.149	0.111	−0.043	−1.340	0.183
	集水管管径变化	−5.003	0.209	−0.810	−23.904	0.000
	降雨历时变化	−0.003	0.001	−0.079	−2.285	0.024
	暴雨重现期变化	1.693	0.139	0.380	12.164	0.000

a. 因变量：径流时长。

系数确定表 表 2-22

参数	参数估计值		95%置信区间	
	估计	标准误差	下限	上限
a	143.816	10.042	123.901	163.731
b	−17.081	1.608	−20.270	−13.892
c	−7.230	2.067	−11.329	−3.131
d	−31.324	1.819	−34.931	−27.718
e	3.624	0.550	2.532	4.716
f	1.000	0.000	1.000	1.000

$$T_r = 143.816 - 17.081 \times \ln h - 7.23 \times \ln vv - 31.324 \times \ln d + 3.624 \times \ln t + \ln P \tag{2-9}$$

经比较，选用的回归模型为：

$$T_r = 73.809 - 0.452 \times h + 0.149 \times vv - 5.003 \times d - 0.003 \times t + 1.693 \times P \tag{2-10}$$

式中　P——暴雨重现期变化；
　　　t——降雨历时；
　　　h——透水层厚度；
　　　vv——空隙率；
　　　d——集水管管径；
　　　T_r——径流时长。

2.3.3　半透式透水路面径流控制效能分析

半透式透水路面不但可以降噪，避免雨天出现飞溅、眩光、水漂等现象，提高道路的行驶安全性。而且具有一定的蓄水和滞水作用，具有降低城市排水管道峰值流量和延缓峰值的作用，对提高城市的排水防洪能力有积极的意义。半透式透水路面材料厚度、空隙率、集水管管径、降雨强度、降雨时间均会对半透式透水路面的径流控制效能产生影响,本节以上海市为例,通过分别计算上海市暴雨重现期为 1 年、2 年、3 年、4 年、5年、10 年,降雨历时为 120min、360min、720min、1440min 降雨条件下,集水管直径分别取 5cm、8cm、10cm,不同透水路面厚度和空隙率(表 2-23)条件下的,不同时段的分段雨量、累积雨量、路面结构水位、路表溢出水量以及集水管的排水量。路面宽度定为20m,出水口间距为 20m,排水口顶部与上面层底部齐平。

半透式透水路面结构　　　　　　　　　　　　表 2-23

材料	厚度(mm)	设计空隙率(%)		
PAC-13	40	10	15	20
PAC-20	60	10	15	20
ATPB-25	80	—	—	20
	100	—	—	20
	120	10	15	20
半刚性上基层	180	—	—	—
半刚性下基层	180	—	—	—
级配碎石垫层	150	—	—	—

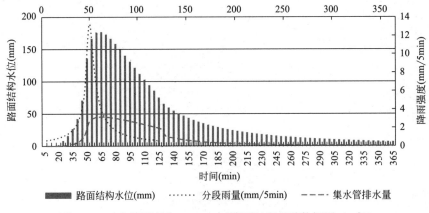

图 2-85　透水层厚度为 180mm 时降雨过程相关数据图(3 年)

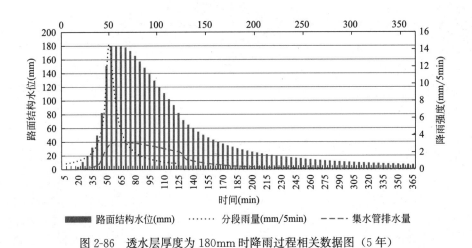

图 2-86　透水层厚度为 180mm 时降雨过程相关数据图(5 年)

由图 2-85 和图 2-86 可知，在表面层厚度为 180mm 时，降雨历时 120min 的整个降雨过程中，路面结构内水位随着降雨强度的变化和降雨历时的推移，呈现出先增大后减小的趋势。暴雨强度在第 50min 出现峰值，在设计暴雨重现期为 3 年时，无径流产生，路面结构中水位最高值出现在第 65min，峰值延后 15min；在设计暴雨重现期为 5 年时，第 50min 路表开始有径流产生，65min 后雨水径流停止，径流时长约为 15min，径流雨量为 9.307mm，径流控制比例为 86.2%，峰值延后 5min。

1. 透水层厚度与路表径流的关系

透水层厚度分别取 180mm、200mm、220mm，计算暴雨重现期分别为 3 年和 5 年，降雨历时为 120min，集水管直径为 5cm 条件下路面结构的渗透能力，结果如图 2-87 和表 2-88 所示。

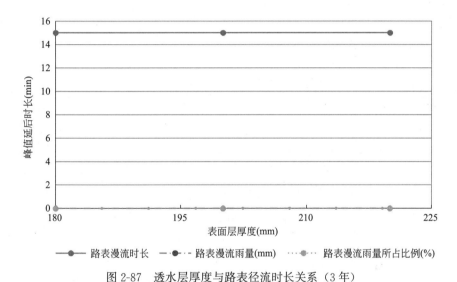

图 2-87 透水层厚度与路表径流时长关系（3 年）

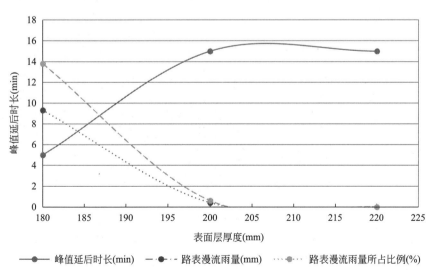

图 2-88 透水层厚度与路表径流时长关系（5 年）

在暴雨重现期为 3 年时，只要透水层厚度大于 180mm，路表就不产生径流，排水管道径流峰值延后 15min。在暴雨重现期为 5 年时，随着透水层厚度的增加，路面径流呈直线下降趋势，路面径流雨量及其所占总降雨量的比例均呈下降趋势，透水层厚度大于 220mm 后，路表不再产生径流。在暴雨重现期为 5 年的条件下，当透水层厚度为 180mm 时，排水管道峰值延后 5min，其余条件下径流峰值均延后 15min。

2. 透水层材料空隙率与路表径流的关系

透水层空隙率分别取 10%、15%、20%，计算暴雨重现期分别为 3 年和 5 年，透水层厚度取 220mm，降雨历时为 120min，集水管直径为 5cm 条件下路面结构的渗透能力，结果如图 2-89 和图 2-90 所示。

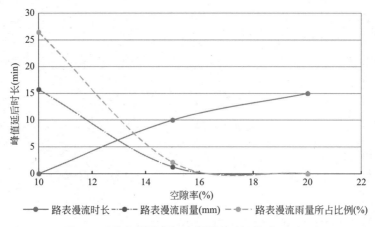

图 2-89　透水层厚度与路表径流时长关系（3 年）

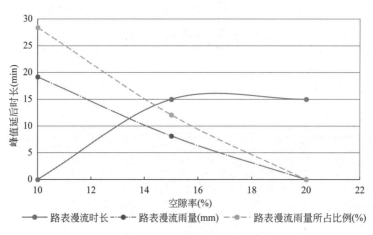

图 2-90　透水层厚度与路表径流时长关系（5 年）

在暴雨重现期为 3 年时，随着空隙率的增大，排水管道峰值延后时长逐步增加，从 5min 增加到 15min，路表径流雨量及其所占比例均逐步减少，空隙率为 20% 时，径流控制率为 100%。在暴雨重现期为 5 年时，随着空隙率增加，排水管道峰值延后时长逐步增加，从 0min 增加到 15min，路表径流雨量及其所占比例均逐步减少，空隙率为 20% 时，径流控制率为 100%。

3. 暴雨重现期与路表径流的关系

透水层材料空隙率取 20%，暴雨重现期分别为 1 年、2 年、3 年、4 年、5 年和 10 年，降雨历时为 120min，集水管直径为 5cm，计算不同暴雨重现期条件下路面结构的渗透能力，结果如图 2-91～图 2-96 所示。

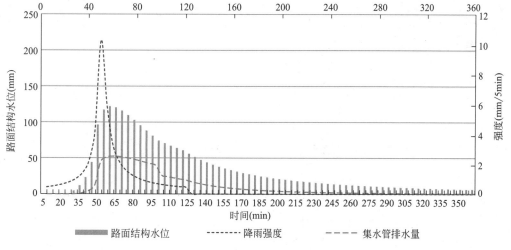

图 2-91 半透式透水路面降雨过程相关数据图（1 年）

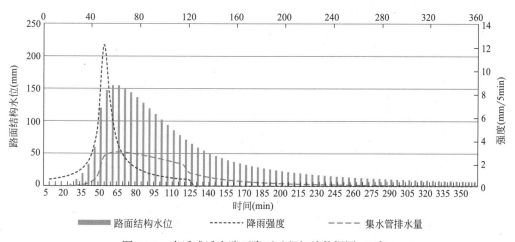

图 2-92 半透式透水路面降雨过程相关数据图（2 年）

在不同设计暴雨重现期，降雨历时 120min 的整个降雨过程中，路面结构内水位随着降雨强度的变化和降雨历时的推移，呈现出先增大后减小的趋势。暴雨强度在第 50min 出现峰值，而透水路面结构中水位达到峰值是在 60～65min。这表明，在降雨过程中，半透式透水路面排水最不利时间具有滞后性。在设计暴雨重现期为一年时，第 60min 路面结构中水位达到峰值，路面结构水位最高值为 121.9mm，未产生路表径流，排水管道径流峰值延后 10min；在设计暴雨重现期为 2 年时，第 60min 路面结构中水位达到峰值，路面结构水位最高值为 155.0mm，未产生路表径流，排水管道径流峰值延后 10min；在设计暴雨重现期为 3 年时，第 65min 路面结构中水位达到峰值，路面结构水位最高值为 175.5mm，

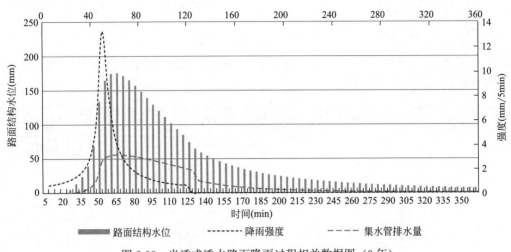

图 2-93 半透式透水路面降雨过程相关数据图（3 年）

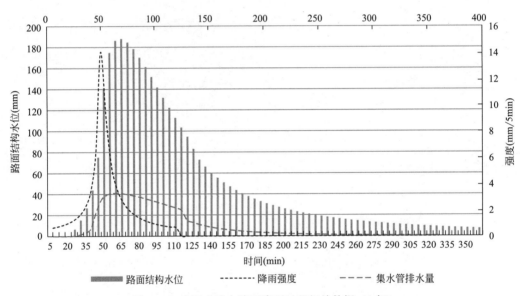

图 2-94 半透式透水路面降雨过程相关数据（4 年）

未产生路表径流，排水管道径流峰值延后 15min；在设计暴雨重现期为 4 年时，第 65min 路面结构中水位达到峰值，路面结构水位最高值为 188.0mm，未产生路表径流，排水管道径流峰值延后 15min；在设计暴雨重现期为 5 年时，第 65min 路面结构中水位达到峰值，路面结构水位最高值为 199.8mm，未产生路表径流，排水管道径流峰值延后 15min。在设计暴雨重现期为 10 年时，第 55min 路表开始径流，第 65min 结束，径流时长 10min，径流量为 4.05mm，占总降雨量的比例为 5.14%，如不受现有路面结构厚度限制，路面结构水位最高值为 237.7mm。以上六种暴雨重现期条件下，暴雨重现期不大于 5 年时，路面结构中水位均未达到路面结构顶部。这表明，该透水结构层在满足暴雨重现期不大于 5 年，降雨历时为 2h 条件下不会发生由于来不及排水而导致路面产生径流产生的情况。

由图 2-97 可知，在降雨过程中，半透式透水路面排水最不利时间具有滞后性。当暴雨重现期不大于 5 年时，路面结构中水位均未达到路面结构顶部，未产生路表径流，表明

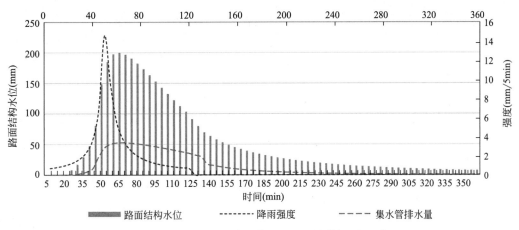

图 2-95 半透式透水路面降雨过程相关数据图（5 年）

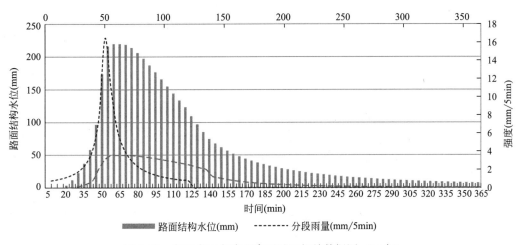

图 2-96 半透式透水路面降雨过程相关数据图（10 年）

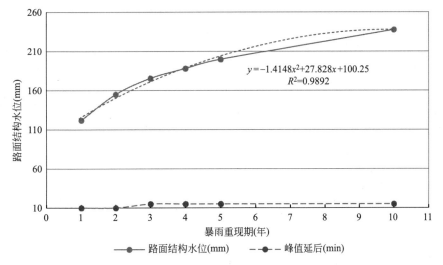

图 2-97 暴雨重现期与道路结构内水位峰值关系

该透水结构层在满足暴雨重现期不大于 5 年,降雨历时为 2h 条件下不会发生由于来不及排水而导致路面产生径流产生的情况。在设计暴雨重现期为 10 年时,第 55min 路表开始径流,第 65min 结束,径流时长 10min,径流量为 4.05mm,占总降雨量的比例为 5.14%,如不受现有路面结构厚度限制,结构水位最高值为 237.7mm。

4. 不同降雨历时与路面径流的关系

取降雨历时分别为 120min、360min、720min 和 1440min,计算暴雨重现期分别为 3 年和 5 年,透水层厚度取 220mm,集水管管径为 8cm,透水层材料为 20% 条件下路面结构的渗透能力。

由图 2-98 和图 2-99 可知,在降雨历时为 360min 时,路面结构内水位随着降雨强度的变化和降雨历时的推移,呈现出先增大后减小的趋势。暴雨强度在第 145min 出现峰值,在设计暴雨重现期为 3 年时,路表无雨水径流,径流控制率为 100%,峰值延后 15min,路面结构最高水位为 186.9mm;在设计暴雨重现期为 5 年时,路表无雨水径流,径流控制率为 100%,峰值延后 15min,路面结构最高水位为 214.1mm。

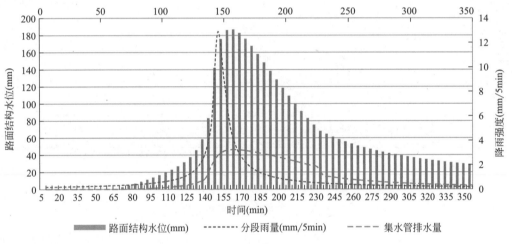

图 2-98　降雨历时为 360min 时降雨过程相关数据图（3 年）

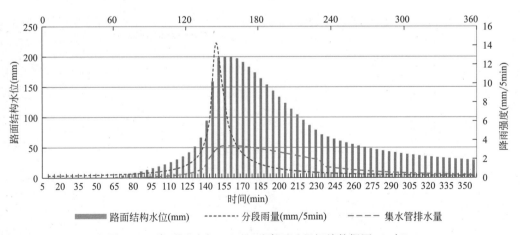

图 2-99　降雨历时为 360min 时降雨过程相关数据图（5 年）

由图 2-100 和图 2-101 可以看出，随着降雨历时的延长，当降雨历时从 120min 增加到 360min 后路面结构水位有较大的增长，降雨历时继续延长，则变化不明显。径流峰值延后时间基本为 10～15min。

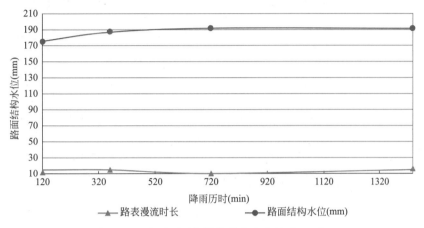

图 2-100　降雨历时与结构最高水位关系（3 年）

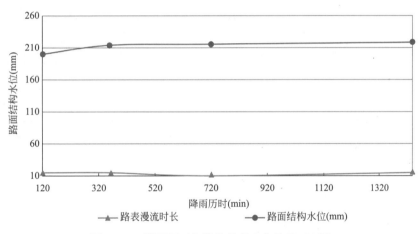

图 2-101　降雨历时与结构最高水位关系（5 年）

5. 集水管管径与路面径流的关系

集水管管径分别取 5cm、8cm、10cm，分别计算暴雨重现期为 3 年和 5 年，透水层厚度取 220mm，降雨历时为 120min，透水层材料为 20% 条件下路面结构的渗透能力，结果如图 2-102 和图 2-103 所示。

排水管直径从 5cm 增至 8cm 后，路面结构内最高水位下降明显，但是从 8cm 增至 10cm 后路面结构内最高水位变化不甚明显。

6. 径流控制情况分析

不透水层厚度（h）、空隙率（vv）、暴雨重现期变化（P）、降雨历时（t）、集水管管径（d）与路表径流控制比例（R_r）和路面结构水位（H_w）的关系如图 2-104～图 2-107 所示。可以得到透水面层厚度、材料空隙率、集水管管径、暴雨重现期与降雨历时变化与径流时长及径流控制比例间的关系呈线性或对数关系趋势。

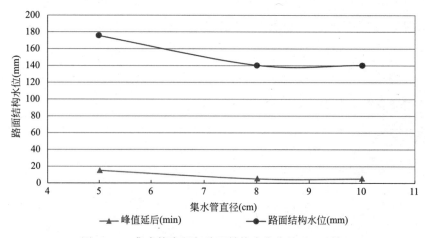

图 2-102　集水管直径与路面结构内水位关系（3 年）

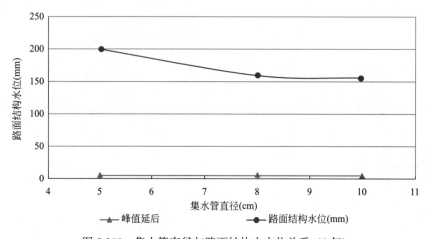

图 2-103　集水管直径与路面结构内水位关系（5 年）

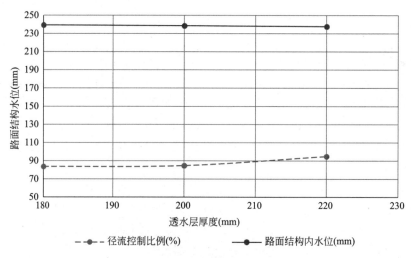

图 2-104　透水层厚度与路表径流关系

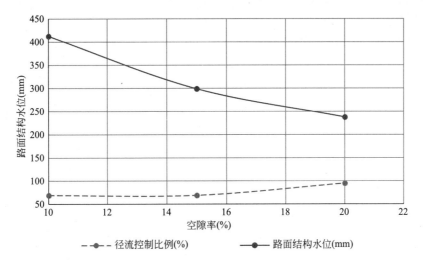

图 2-105　路面材料空隙率与路表径流关系（10 年）

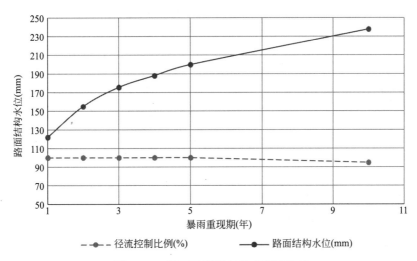

图 2-106　暴雨重现期与路表径流关系

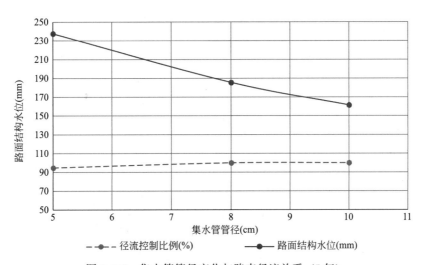

图 2-107　集水管管径变化与路表径流关系（5 年）

(1) 径流控制比例分析

利用进行线性回归,得到如表 2-24 所示结果。

相关系数表　　　　　　　　　　　　　　　　　　　　表 2-24

模型汇总				
模型	R	R^2	调整 R^2	标准估计的误差
1	0.712[a]	0.507	0.483	5.1658563

a. 预测变量:(常量),暴雨重现期变化,降雨历时变化,空隙率变化,集水管管径变化,厚度变化。

本例模型的决定系数 0.507,效果较差,这是由于在很多参数条件下的径流控制比例均为 100%,而数据没有计算更极端条件下的控制比例,故导致在当前参数条件下的回归方程失真。且在方差分析的结果,P 值小于 0.05,所以模型是有统计学意义的。

系数确定表　　　　　　　　　　　　　　　　　　　　表 2-25

模型		非标准化系数		标准系数	t	Sig.
		回归系数	标准误差	β		
1	(常量)	57.947	10.225	—	5.667	0.000
	厚度变化	0.068	0.039	0.146	1.741	0.085
	空隙率变化	0.939	0.157	0.501	5.970	0.000
	集水管管径变化	1.626	0.255	0.483	6.373	0.000
	降雨历时变化	0.002	0.002	0.092	1.122	0.265
	暴雨重现期变化	−0.943	0.171	−0.384	−5.523	0.000

a. 因变量:径流控制比例。

由表 2-25 的结果可以得到回归模型为:
$$R_r = 57.947 + 0.068 \times h + 0.939 \times vv + 1.626 \times d + 0.002 \times t - 0.943 \times P \quad (2\text{-}11)$$

径流控制比例对数模型回归初拟函数为:
$$R_r = a + b \times \ln h + c \times \ln vv + d \times \ln d + e \times \ln t + f \times \ln P \quad (2\text{-}12)$$

经迭代计算,得到参数见表 2-26:

系数确定表　　　　　　　　　　　　　　　　　　　　表 2-26

参数估计值				
参数	估计	标准误差	95%置信区间	
			下限	上限
a	−27.290	45.409	−117.359	62.779
b	11.250	8.018	−4.654	27.154
c	13.312	2.350	8.651	17.973
d	12.128	1.871	8.416	15.840
e	1.418	0.888	−0.344	3.179
f	−3.485	0.695	−4.862	−2.107

方差分析得到模型的决定系数为 0.499，故效果差于线性模型的拟合效果。所以最终选用线性回归模型：

$$R_r = 57.947 + 0.068 \times h + 0.939 \times vv + 1.626 \times d + 0.002 \times t - 0.943 \times P \tag{2-13}$$

式中　P——暴雨重现期变化；
　　　t——降雨历时；
　　　h——透水层厚度；
　　　vv——空隙率；
　　　d——集水管管径；
　　　R_r——径流控制比例。

(2) 路面结构内水位分析

对结构内水位线进行线性回归分析，得到如表 2-27 所示结果。

相关系数表　　　　表 2-27

模型汇总				
模型	R	R^2	调整 R^2	标准估计的误差
1	0.925[a]	0.855	0.848	20.728

a. 预测变量：(常量)，暴雨重现期变化，降雨历时变化，空隙率变化，集水管管径变化，厚度变化。

模型的决定系数 0.85，效果较好。且方差分析的结果 P 值小于 0.05，所以模型是有统计意义的。

系数确定表　　　　表 2-28

系数[a]						
模型		非标准化系数		标准系数	t	Sig.
		回归系数	标准误差	β		
1	(常量)	406.814	41.027	—	9.916	0.000
	厚度变化	−0.107	0.158	−0.031	−0.680	0.498
	空隙率变化	−8.856	0.631	−0.640	−14.028	0.000
	集水管管径变化	−12.382	1.024	−0.497	−12.093	0.000
	降雨历时变化	0.009	0.007	0.057	1.288	0.201
	暴雨重现期变化	9.936	0.685	0.547	14.500	0.000

a. 因变量：路面结构水位。

由表 2-28 的结果可以得到回归模型为：

$$H_w = 406.814 - 0.107 \times h - 8.856 \times vv - 12.382 \times d + 0.009 \times t + 9.936 \times P \tag{2-14}$$

路面结构内水位对数模型回归初拟函数为：

$$H_w = a + b \times \ln h + c \times \ln vv + d \times \ln d + e \times \ln t + f \times \ln P \tag{2-15}$$

经迭代计算，得到参数见表 2-29。

系数确定表　　　　　　　　　　　表 2-29

参数	参数估计值		95%置信区间	
	估计	标准误差	下限	上限
a	744.447	143.671	459.477	1029.418
b	−16.209	25.369	−66.529	34.110
c	−131.087	7.435	−145.834	−116.340
d	−88.443	5.921	−100.188	−76.699
e	3.446	2.810	−2.128	9.019
f	42.622	2.197	38.263	46.980

模型的决定系数为 0.908，较线性模型的拟合效果有所提高，故为本次选用的回归模型，模型结果如式（2-16）所示：

$$H_w = 744.447 - 16.209 \times \ln h - 131.087 \times \ln vv - 88.443 \times \ln d + 3.446 \times \ln t + 42.622 \times \ln P \tag{2-16}$$

式中　P——暴雨重现期变化；
　　　t——降雨历时；
　　　h——透水层厚度；
　　　vv——空隙率；
　　　d——集水管管径；
　　　H_w——路面结构内水位。

半透式路面可以用路面结构内最高水位来验算在设计降雨、路面结构材料空隙率和集水管管径条件下，路面结构厚度是否满足路面不产生径流的要求，可以通过调整以上参数使路面结构的设计满足径流控制目标。

2.3.4　全透式透水路面径流控制效能分析

全透式透水路面不但可以降噪，避免雨天出现飞溅、眩光、水漂等现象，提高道路的行驶安全性。而且具有的蓄水和滞水的功能，具有降低城市排水管道峰值流量和延缓峰值的作用和回补地下水，对水灾害的防治和水资源的利用有积极的意义。全透式透水路面材料厚度、空隙率、渗透系数、降雨强度条件、降雨时间均会对全透式透水路面的径流控制效能产生影响。本节以上海市为例，计算了暴雨重现期为 1 年、2 年、3 年、4 年、5 年、10 年，降雨历时为 120min、360min、720min、1440min 降雨条件下，不同透水路面厚度和空隙率（表 2-30）条件下的，分析不同时段的分段雨量、累积雨量、路面结构水位、路表溢出水量以及集水管的排水量。路面宽度定为 20m，出水口间距为 20m，排水口顶部与上面层底部齐平。

全透式透水路面结构　　　　　　表 2-30

材料	厚度(mm)	设计空隙率(%)		
PAC-13	40	10	15	20
PAC-16	60	10	15	20

续表

材料	厚度(mm)	设计空隙率(%)		
骨架孔隙水泥稳定碎石	180	10	15	20
级配碎石	100	—	—	20
	150	—	—	20
	200	10	15	20
土基	渗透速率(1×10^{-3}mm/s、2×10^{-3}mm/s、3×10^{-3}mm/s)			

1. 透水层厚度与路面径流的关系

透水层厚度分别取 380mm、430mm、480mm，计算暴雨重现期分别为 3 年和 5 年，降雨历时为 120min，集水管直径为 5cm 条件下路面结构的渗透能力。

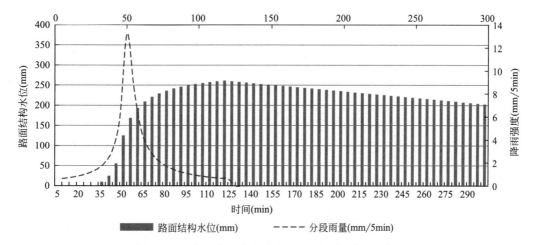

图 2-108 全透式透水路面降雨过程相关数据（3 年）

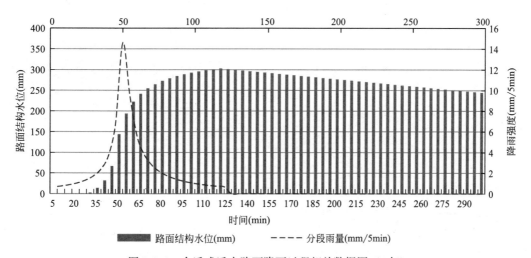

图 2-109 全透式透水路面降雨过程相关数据图（5 年）

由图 2-108 和图 2-109 可知，在结构层厚度为 430mm 时，降雨历时 120min 的整个降雨过程中，路面结构内水位随着降雨强度的变化和降雨历时的推移，呈现出先增大后减小的趋势。暴雨强度在第 50min 出现峰值，在设计暴雨重现期为 3 年时，路面结构内最高水位为 257.1mm，无路表径流产生，径流控制率为 100%，路面结构内所蓄雨水需 910min 全部排干；在设计暴雨重现期为 5 年时，路面结构内最高水位为 300.5mm，无路表径流产生，径流控制率为 100%，路面结构内所蓄雨水需 1045min 全部排干。

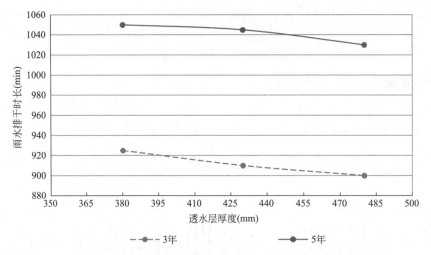

图 2-110　不同透水层厚度与结构内雨水排干时间关系图

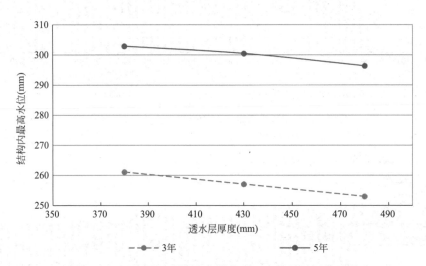

图 2-111　不同透水层厚度与结构内雨水排干时间关系图

由图 2-110 和图 2-111 可知，上述三种厚度的全透式透水路面均不产生路表径流，随着透水层厚度的增加，道路结构内雨水排水时间更短。

2. 透水材料空隙率与路面径流的关系

透水层空隙率分别取 10%、15%、20%，计算暴雨重现期分别为 3 年和 5 年，透水层厚度取 430mm，降雨历时为 120min，土基渗透系数为 1×10^{-3} mm/s 条件下路面结构的渗透能力。

由图 2-112 和图 2-113 可知，空隙率为 10% 时，两种降雨条件下均产生路表径流，所以其过量雨水通过径流排出，需存储下渗的雨量相同，所以路面结构内雨水排出时间是一

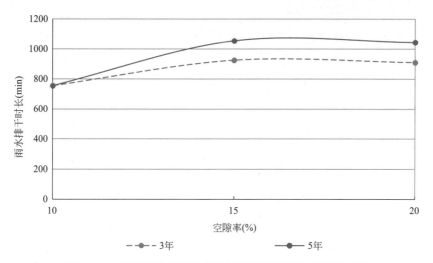

图 2-112 不同透水层空隙率与结构内雨水排干时间关系图

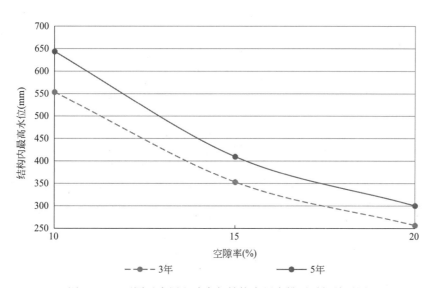

图 2-113 不同透水层空隙率与结构内雨水排干时间关系图

致的。其余两种空隙率条件下对雨水排干时间影响不大。随着透水层空隙率的增加，道路结构内水位高度直线下降短。

3. 不同暴雨重现期与路面径流的关系

透水层材料空隙率取 20%，计算暴雨重现期分别为 1 年、2 年、3 年、4 年、5 年和 10 年，降雨历时为 120min，透水层厚度为 430mm，路基渗透系数为 2×10^{-3} mm/s 条件下路面结构的渗透能力，计算结果如图 2-114～图 2-119 所示。

在不同设计暴雨重现期，降雨历时 120min 的整个降雨过程中，路面结构内水位随着降雨强度的变化和降雨历时的推移，呈现出先增大后减小的趋势。暴雨强度在第 50min 出现峰值，而透水路面结构中水位达到峰值是在第 100～120min。在设计暴雨重现期为一年时，第 100min 路面结构中水位达到峰值，路面结构水位最高值为 142.8mm，未产生路表径流，路面结构内雨水排出时间为 335min；在设计暴雨重现期为 2 年时，第 110min 路面

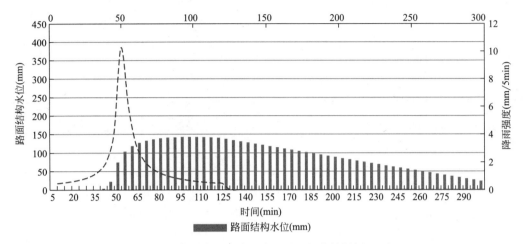

图 2-114　全透式透水路面降雨过程相关数据图（1 年）

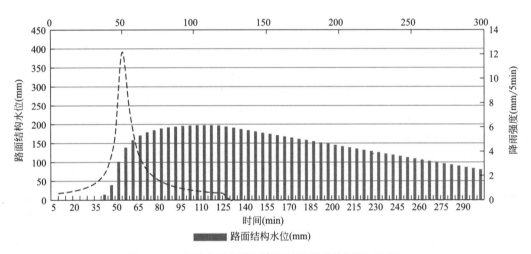

图 2-115　全透式透水路面降雨过程相关数据图（2 年）

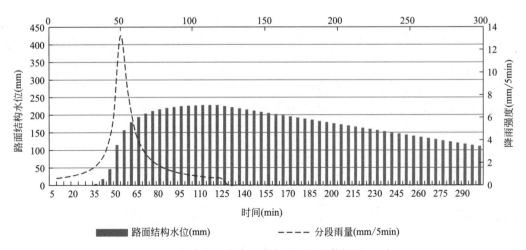

图 2-116　全透式透水路面降雨过程相关数据图（3 年）

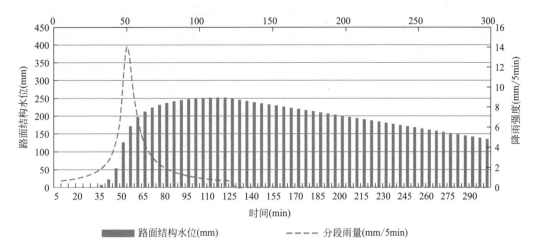

图 2-117 全透式透水路面降雨过程相关数据（4 年）

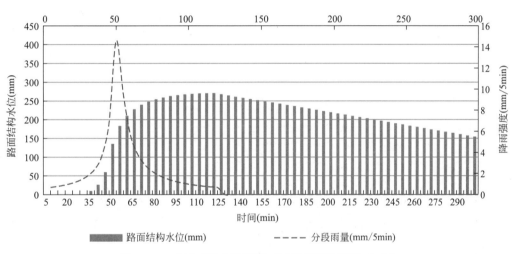

图 2-118 半透式透水路面降雨过程相关数据图（5 年）

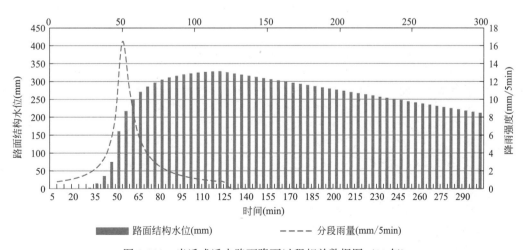

图 2-119 半透式透水路面降雨过程相关数据图（10 年）

结构中水位达到峰值，路面结构水位最高值为197.7mm，未产生路表径流，路面结构内雨水排出时间为420min；在设计暴雨重现期为3年时，第115min路面结构中水位达到峰值，路面结构水位最高值为227.9mm，未产生路表径流，路面结构内雨水排出时间为470min；在设计暴雨重现期为4年时，第120min路面结构中水位达到峰值，路面结构水位最高值为252.2mm，未产生路表径流，路面结构内雨水排出时间为505min；在设计暴雨重现期为5年时第120min路面结构中水位达到峰值，路面结构水位最高值为271.3mm，路面结构内雨水排出时间为535min；在设计暴雨重现期为10年时第120min路面结构中水位达到峰值，路面结构水位最高值为328.9mm，路面结构内雨水排出时间为625min。以上六种暴雨重现期条件下，路面结构中水位均未达到路面结构顶部，路面结构内最高水位为328.9mm。这表明，在透水层材料空隙率为20%，路基渗透速率为2×10^{-3}mm/s时，透水结构层只要大于350mm，即可满足暴雨重现期不大于10年，降雨历时为2h条件下的透水和排水功能，不会发生由于来不及排水而导致路面产生径流的情况。

4. 路基渗透系数与路面径流的关系

路基渗透系数分别取1×10^{-3}mm/s、2×10^{-3}mm/s和3×10^{-3}mm/s，计算暴雨重现期分别为3年和5年，透水层厚度取430mm，降雨历时为120min，透水层材料空隙率为20%条件下路面结构的渗透能力，如图2-120～图2-122所示。

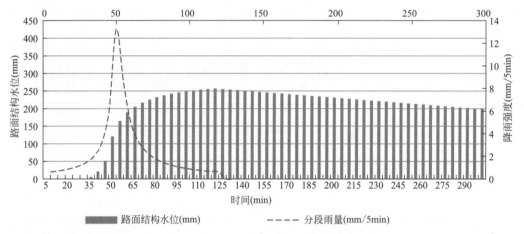

图2-120 全透式路面降雨过程相关数据（3年）

当路基渗透系数为1×10^{-3}mm/s，在设计暴雨重现期为3年时，路面结构内最高水位为257.1mm，无路表径流产生，径流控制率为100%，路面结构内所蓄雨水仅需910min全部排干；在设计暴雨重现期为5年时，路面结构内最高水位为300.5mm，无路表径流产生，径流控制率为100%，路面结构内所蓄雨水需1045min全部排干。随着土壤渗透系数的增加，路面结构内雨水排干时间和路面结构内最高水位均直线下降。路基渗透系数为3×10^{-3}mm/s，在设计暴雨重现期为5年时，路面结构内最高水位为257.1mm，路面结构厚度大于260mm即可满足路表不产生径流。

5. 径流控制情况分析

全透式路面结构除具备半透式路面结构所应具备的所有功能外，还可使雨水通过土基

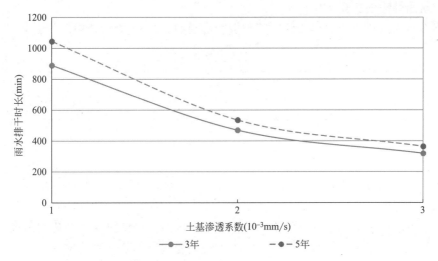

图 2-121　不同土基渗透系数与结构内雨水排干时间关系图

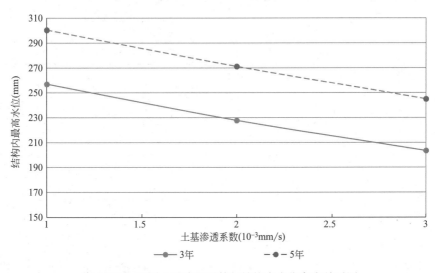

图 2-122　不同土基渗透系数与结构内水位高度关系图

下渗，补充地下水。不同全透式透水路面材料厚度和材料空隙率在不同降雨强度、降雨时间条件下的径流控制情况如何，同时需考虑路基在有水条件下工作时长不宜过长。对径流控制比例和路面结构内最高水位和路面结构内雨水排干时间三个指标进行分析，确定透水层厚度（h）、空隙率（vv）、暴雨重现期变化（P）、降雨历时（t）、土基渗透速率（SL）与径流控制比例（R_r）、路面结构水位（H_w）和路面结构内雨水排干时间（T_d）的关系。

(1) 径流控制比例分析

通过对不同结构厚度、空隙率、土基渗透系数、降雨历时和暴雨重现期等参数变化时的 108 种条件下径流控制计算，由于全透式路面结构透水层厚度较大，除在空隙率为 10% 时的大部分暴雨条件下会产生径流外，空隙率为 15% 时仅在 10 年一遇的暴雨条件下部分道路结构参数组合条件下产生径流，空隙率为 20% 时基本不产生径流。在道路设计时，目标空隙率设计为 18%~25%，故全透式路面结构厚度超过 38cm 时不考虑径流产生情况。

(2) 路面结构内最高水位分析

对路面结构内水位线进行线性回归分析，得到如表 2-31 所示结果。

相关关系表　　　　　　　　　　　　　　　表 2-31

模型汇总				
模型	R	R^2	调整 R^2	标准估计的误差
1	0.953[a]	0.907	0.903	39.610

a. 预测变量：(常量)，P，t，SL，h，vv。

本例模型的决定系数 0.907，效果较好。在方差分析的结果，P 值小于 0.05，所以模型是有统计意义的。

线条上下顺序是按照自变量的重要性大小降序排列，可见对路面结构内最高水位影响效果最大的三个因素为，材料空隙率＞暴雨重现期变化＞土基渗透速率。

系数确定表　　　　　　　　　　　　　　　表 2-32

系数[a]						
模型		非标准化系数		标准系数	t	Sig.
		回归系数	标准误差	β		
1	(常量)	742.397	60.657	—	12.239	0.000
	vv	−25.855	1.029	−0.780	−25.137	0.000
	h	−0.060	0.132	−0.014	−0.457	0.649
	SL	−34.322	5.114	−0.202	−6.712	0.000
	t	0.046	0.012	0.118	3.813	0.000
	P	23.349	1.309	0.537	17.831	0.000

a. 因变量：H_w。

由表 2-32 结果可以得到回归模型为：

$$H_w = 742.397 - 0.06 \times h - 25.855 \times vv - 34.322 \times SL + 0.046 \times t + 23.349 \times P \tag{2-17}$$

路面结构内水位对数模型回归初拟函数为：

$$H_w = a + b \times \ln h + c \times \ln vv + d \times \ln SL + e \times \ln t + f \times \ln P \tag{2-18}$$

经迭代计算，得到参数如表 2-33 所示。

系数确定表　　　　　　　　　　　　　　　表 2-33

参数估计值				
参数	估计	标准误差	95%置信区间	
			下限	上限
a	1366.148	238.712	892.663	1839.633
b	−27.738	38.976	−105.047	49.570
c	−386.639	10.536	−407.536	−365.742

续表

参数	参数估计值			
	估计	标准误差	95%置信区间	
			下限	上限
d	−61.619	6.350	−74.213	−49.024
e	23.719	3.875	16.033	31.405
f	99.778	3.646	92.547	107.009

由下表可知，本模型的决定系数为 0.956，较线性模型的拟合效果有所提高。

$$H_w = 1366.148 - 27.738 \times \ln h - 386.639 \times \ln vv - 61.619 \times \ln SL + 23.719 \times \ln t + 99.778 \times \ln P \tag{2-19}$$

路面结构内水位混合模型回归初拟函数如下：

$$H_w = a + b \times h + c \times \ln vv + d \times \ln SL + e \times t + f \times P \tag{2-20}$$

经迭代计算，得到参数如表 2-34 所示。

系数确定表　　　　　　　　　　表 2-34

参数	参数估计值			
	估计	标准误差	95%置信区间	
			下限	上限
a	1344.741	66.349	1213.138	1476.344
b	−0.060	0.123	−0.304	0.184
c	−383.713	14.081	−411.643	−355.783
d	−61.138	8.559	−78.116	−44.161
e	0.049	0.011	0.027	0.072
f	23.349	1.219	20.931	25.767

本模型的决定系数为 0.92，较线性模型的拟合效果有所提高，但是仍然小于对数函数的决定系数。

经比较，本次选用的回归模型为：

$$H_w = 1366.148 - 27.738 \times \ln h - 386.639 \times \ln vv - 61.619 \times \ln SL + 23.719 \times \ln t + 99.778 \times \ln P \tag{2-21}$$

式中　P——暴雨重现期变化；
　　　t——降雨历时；
　　　h——透水层厚度；
　　　vv——空隙率；
　　　H_w——路面结构水位；
　　　SL——土基渗透速率。

(3) 路面结构内雨水排干时间分析

对路面结构内水位线进行线性回归分析，得到结果见表 2-35：

相关关系表 表 2-35

模型汇总

模型	R	R^2	调整 R^2	标准估计的误差
1	0.957[a]	0.915	0.911	93.174

a. 预测变量：（常量），P，t，SL，h，vv。

本例模型的决定系数 0.957，效果较好。在方差分析的结果，P 值小于 0.05，所以模型是有统计意义的。

线条上下顺序是按照自变量的重要性大小降序排列，可见对路面结构内雨水排干时间影响效果最大的三个因素为，土基渗透速率＞降雨历时＞暴雨重现期变化。

系数确定表 表 2-36

系数[a]

模型		非标准化系数		标准系数	t	Sig.
		回归系数	标准误差	β		
1	（常量）	1066.923	142.686	—	7.477	0.000
	vv	−1.656	2.420	−0.020	−0.684	0.495
	h	−0.119	0.311	−0.011	−0.385	0.701
	SL	−305.333	12.029	−0.733	−25.384	0.000
	t	0.495	0.028	0.518	17.417	0.000
	P	35.999	3.080	0.337	11.687	0.000

a. 因变量：T_r。

由表 2-36 结果可以得到回归模型为：

$$T_d = 1066.923 - 0.119 \times h - 1.656 \times vv - 305.333 \times SL + 0.495 \times t + 35.999 \times P \tag{2-22}$$

路面结构内水位对数模型回归初拟函数如下：

$$T_d = a + b \times \ln h + c \times \ln vv + d \times \ln SL + e \times \ln t + f \times \ln P \tag{2-23}$$

经迭代计算，得到参数见表 2-37：

系数确定表 表 2-37

参数估计值

参数	估计	标准误差	95%置信区间	
			下限	上限
a	−0.908	635.675	−1261.767	1259.950
b	−55.465	103.790	−261.332	150.402
c	−36.934	28.055	−92.581	18.714
d	−569.754	16.909	−603.292	−536.216
e	246.414	10.318	225.947	266.880
f	154.516	9.708	135.260	173.772

本模型的决定系数为 0.948，较线性模型的拟合效果有所提高。
$$T_d = -0.908 - 55.465 \times \ln h - 36.934 \times \ln vv - 569.754 \times \\ \ln SL + 246.414 \times \ln t + 154.516 \times \ln P \tag{2-24}$$

经比较，本次选用的回归模型为：
$$T_d = 1066.923 - 0.119 \times h - 1.656 \times vv - 305.333 \times SL + 0.495 \times t + 35.999 \times P \tag{2-25}$$

式中　P——暴雨重现期变化；

　　　t——降雨历时；

　　　h——透水层厚度；

　　　vv——空隙率；

　　　T_d——路面结构内雨水排干时间；

　　　SL——土基渗透速率。

全透式路面可以用路面结构内最高水位来验算在设计降雨、路面结构材料空隙率和土基渗透系数条件下，路面结构厚度是否满足路面不产生径流的要求。

2.3.5 透水路面渗流足尺试验

针对四种透水路面结构，对其开展渗流能力足尺试验研究，设计并建设室外多功能、多结构透水路面足尺试验系统，通过不同雨量的模拟，分析不同透水路面结构的渗蓄能力。研究成果将深刻理解透水路面的"渗蓄"规律，准确构建面向实际路面的透水路面的渗透方程。

透水路面足尺试验系统是研究透水路面"渗蓄"能力的基础测试平台，其主要具备的功能：①可模拟不同条件的自然降水；②可连续测试透水路面渗-蓄水能力；③具有与实际路面相同的多种路面结构。利用已有降水模拟装置，根据现场条件设计并铺装 4 种透水路面结构，构建多功能、多结构透水路面足尺试验系统。

通过测试不同降水量、不同路面结构组合的透水路面渗蓄水测试结果，分析影响透水路面渗蓄水的关键因素，分析不同透水路面结构组合对雨水的调控能力，验证并优化理论分析和室内试验所建立的理论模型。

1. 足尺试验介绍

目前，常用的降雨试验分为室内降雨模拟试验、室外降雨模拟试验以及实际路面降雨试验。室内降雨模拟试验模型轻便易操作，但是由于尺寸效应影响，不能很好地模拟真实的降雨条件下对路面结构的影响。实际路面降雨试验虽然可以很好地探究降雨在真实的透水路面的蓄水-渗水规律、温度场分布、孔隙堵塞情况及净水能力，可以很好的反应客观实际，试验结果更加准确、有说服力，但是由于其参数的不可控性、试验的不可重复性以及在有限的时间不能得出一定数量、对比更丰富的数据，因此实际路面降雨试验可行性较差。针对室内降雨模拟试验和实际路面降雨试验存在的不足，本试验利用室外人工降雨装置开展室外足尺透水沥青路面渗透实验，分析不同路面形式的透水路面蓄水-渗水规律研究；验证透水路面结构的透水模型；探究透水路面堵塞及维护；评价透水路面净水能力。该室外人工降雨装置如图 2-123 所示，该装置由水箱、电动水泵、降雨控制系统、降雨喷头、试验路面、排水管道和数据收集器等部分组成。其基本测试原理为：试验路面主要用于模拟不同类型的透水路面结构，实现对真实透水路面的足尺寸的还原，在装置中可以完成不同透水形式、不同路面结构和不同路面类型的透水路面的模拟；降雨喷头和控制系统可实现对不同降雨量、降雨强度和降雨时间的模拟。

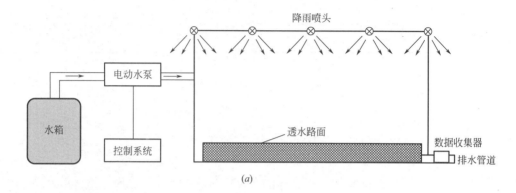

图 2-123　室外人工降雨装置
（a）室外人工降雨装置示意图；（b）室外人工降雨装置实物图

(1) 试验场地

本次试验试验场地尺寸为：790cm（长）×490cm（宽），并且将试验场地均匀划分为四块，分别铺筑四种不同类型的透水路面，如图 2-124 所示。

(2) 降雨喷头

本次实验设计的人工降雨模拟系统采用钢支架搭建，在顶部设置每组 3 个喷头，共 15 组，排列方式如图 2-125 所示：

图 2-124　试验场地规划

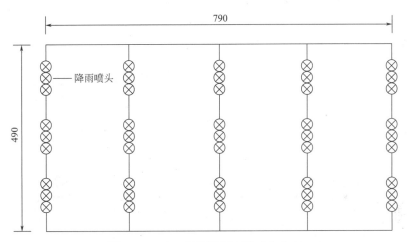

图 2-125　人工模拟降雨系统喷头分布

(3) 降雨控制系统

本次实验采用的降雨模拟设备可以通过调节顶部喷头阀门开闭大小调节降雨量的大小，在进行实验之前需要对不同降雨量大小进行标定，明确其不同档位的降水量对应的降雨强度。本次实验所采用的人工降雨模拟系统为南京南林电子科技有限公司生产的 NLJY-10 型人工模拟降雨控制系统，控制面板如图 2-126 所示。

(4) 水箱与电动水泵

室外人工降雨装置包含两个蓄水箱和一个电动水泵，蓄水量完全满足室外人工降雨试验条件要求，如图 2-127 所示。

2. 足尺试验设计与施工

(1) 透水砖结构布置方案

试验场地分为 4 种透水路面形式（图 2-128 和图 2-129）：

A：新型透水砖面层透水结构；

B：传统透水砖面层透水结构；

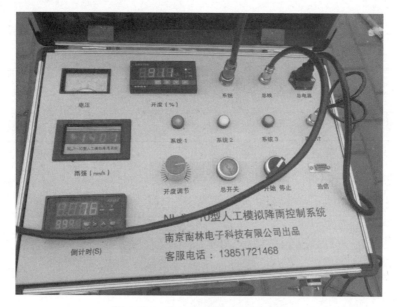

图 2-126 人工降雨模拟控制面板

图 2-127 水箱与电动水泵

C：新型透水砖基层透水结构；

D：传统透水砖基层透水结构。

A、B 区结构为透水路面面层透水结构，该结构的面层为透水装（面透和缝透），如图 2-129 所示。该路面结构从上到下依次是：5cm 的透水砖面层、3cm 级配碎石找平层、防水土工布、17cm 水泥稳定碎石基层。雨水渗透进透水路面结构后，由软式透水管排出。

该结构的特点在于，只靠面层透水，排水速率可快速到达峰值，储水量较小。

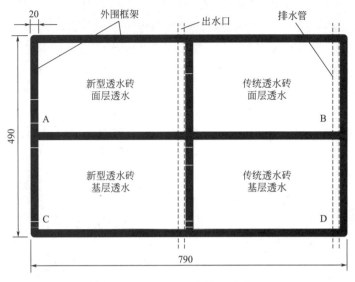

图 2-128　四种透水路面形式

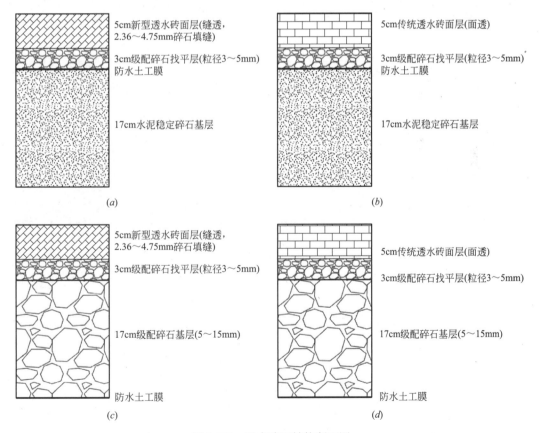

图 2-129　透水路面结构断面图

（a）新型透水砖面层透水结构；（b）传统透水砖面层透水结构；
（c）新型透水砖基层透水结构；（d）传统透水砖基层透水结构

C、D区结构为透水路面基层透水结构,该结构面层与基层都具有透水能力,可以排水,如图 2-129 所示。该路面结构从上到下依次是:5cm 的透水砖面层、3cm 级配碎石找平层、17cm 级配碎石基层、防水土工布。雨水渗透进透水路面结构后,经透水砖向级配碎石基层渗透,最后由软式透水管排出。该结构的特点在于靠面层与基层排水,排水速率到达峰值的响应时间较长,储水量大。

(2) 施工准备

首先将原硬化地面进行清扫干净,并且搭建雨棚,防止雨水对场地建设造成影响,然后将试验场地均匀划分成 4 个独立空间。最后在每个独立空间的地面及侧面铺上一层防水土工布,确保每个独立空间之间相互隔离,如图 2-130 所示。

图 2-130 施工前准备

(a) 清扫试验场地;(b) 搭建雨棚;(c) 试验场地划分;(d) 铺设防水土工布

(3) 路面铺筑

本次试验采用的透水路面结构为表透式和半透式装配透水路面结构,其铺筑过程如图 2-131 所示。

3. 降雨方案

按苏州市暴雨强度公式计算 2 年一遇,持续降雨 60min 条件下降雨强度为 50.45mm/h,通过 NLJY-10 型人工模拟降雨控制系统按计算值进行模拟,并观测其径流控制情况。

根据《江苏省海绵城市建设导则》,苏州市按 85% 年径流控制总量控制率的日降雨量为 30.9mm,考虑不利降雨条件且为便于试验观测,试验将该降雨量在 1h 内完成,并且通过调节出水口阀门开闭调节降雨强度,将降雨过程分为两个阶段:降雨阶段 1(50mm/h

图 2-131 透水路面铺设过程
(a) 铺设防水层；(b) 底基层找平；(c) 基层铺装及填缝；(d) 铺设完成

下持续 30min)、降雨阶段 2（11.8mm/h 下持续 30min）。观测器径流控制情况及集水管的出水流量，由于集水管出水时间较长，本次试验观测到停雨后 20min 的数据。

4. 数据采集与分析

（1）暴雨天气下透水路面径流控制效果分析

由图 2-132 可见，缝隙透水砖半透式和普通透水砖半透式路面结构在两年一遇 60min 暴雨条件下，路表均无径流产生；而两种类型表透式路面结构在两年一遇 60min 暴雨条件下，路表在降雨 40min 左右有径流产生，直至降雨停止 5min 左右路表径流消失。

根据试验可以得到如下结论，表层透水式路面结构由于渗蓄空间限制，无法满足两年一遇降雨 60min 条件下路表不产生径流的目标。半透式路面结构可以满足该条件下路表不产生径流的要求，故为提高苏州地区的径流控制水平，应优先推广半透式路面的应用。

（2）目标年径流总量控制率降雨条件下透水路面径流控制效果分析

通过现场观测，在该降雨条件下四种类型透水路面结构均无表面径流产生，如图 2-133 所示。

在第二种试验条件下观测了集水管的流量变化情况，得到集水管流量变化随降雨强度和时间变化的趋势，进而分析透水路面对降水的调峰作用。

从图 2-134（a）中可以看到，缝隙透水砖半透式路面结构的集水管流量在降雨持续 15min 后流量明显增加。从图 2-134（b）中可以看到，缝隙透水砖表透式路面结构的集水

图 2-132　暴雨条件下不同类型透水路面径流情况

图 2-133　降雨条件下透水路面无径流

管流量在降雨持续 7min 后流量明显增加。由此可见更厚的透水路面结构有更多的雨水蓄存空间，对雨水的滞留效果更佳，即对径流峰值的削减有更好的效果。

从图 2-135（a）中可以看到，普通透水砖半透式路面结构集水管流量在降雨持续 12.5min 后流量明显增加；从图 2-135（b）中可以看到，普通透水砖表透式路面结构集水管在降雨持续 5min 后流量明显增加。与缝隙透水砖路面结构有相同的规律，更厚的透水路面结构有更多的雨水蓄存空间，即对径流峰值的削减有更好的效果。同透水层厚度条件下，对比缝隙透水砖路面与普通透水砖路面的集水管流量可以得到，缝隙透水砖路面由于具有更多的开口孔隙，故其具有更好的渗蓄效果。

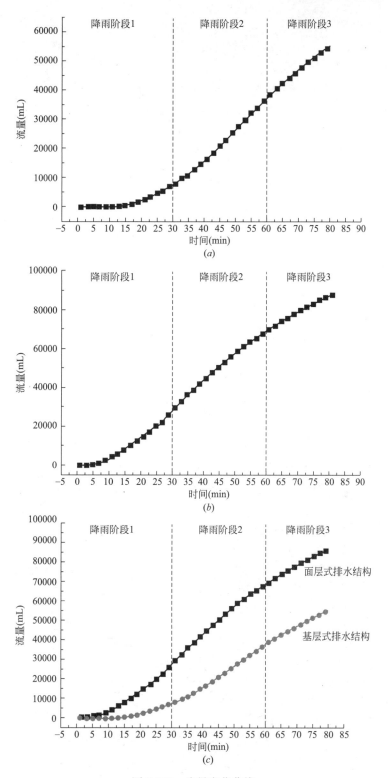

图 2-134 流量变化曲线

(a) 缝隙透水砖半透式路面结构；(b) 缝隙透水砖表透式路面结构；
(c) 不同类型缝隙透水砖路面集水管流量变化曲线

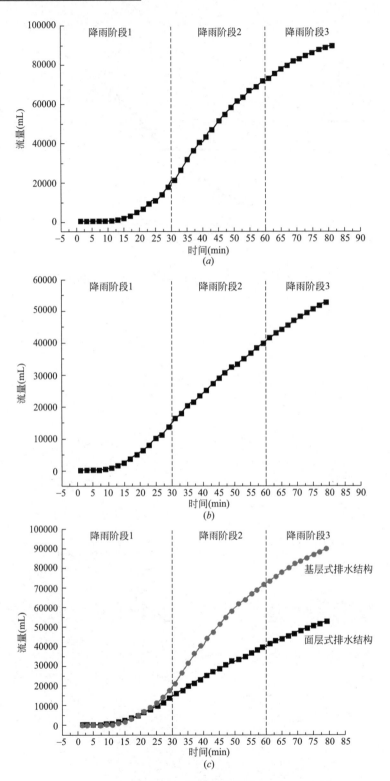

图 2-135 流量变化曲线

（a）普通透水砖半透式路面结构；（b）普通透水砖表透式路面结构；
（c）不同类型普通透水砖路面集水管流量变化曲线

2.4 动水耦合作用下透水路面有限元分析

透水路面因其易受到交通荷载的作用和路表污染物的堵塞作用的影响,使得透水路面的有效孔隙率降低,在降雨天气路面中会存在大量的自由水,行车荷载的循环作用可能使得路面内部产生高孔隙水压力,致使结合料与骨料剥离,发生材料的剥落与内部松散现象;同时水压力的撕裂作用会造成路面的裂缝进一步扩展。因此,需对透水路面在含水条件下的动荷载破坏行为进行研究。

2.4.1 有限元模型的建立

1. 模型边界

将饱和沥青路面结构视为矩形垂直均布荷载作用下的层状轴对称弹性体系,层间接触条件为完全连续。固相为沥青混合料的骨架结构以及基层材料(大孔隙沥青稳定碎石、级配碎石)和土基;液相为充满沥青混合料骨架间隙的水,且为不可压缩流体。模型 X、Y 方向取 3m,Z 方向取到路基厚度 2.4m,采用八节点立方体单元进行离散。模型的边界条件为:固态相——四面为竖向自由移动,垂直面的方向固定;下边界为三向固定;上边界为三向自由。液态相——荷载作用为不透水条件,其他边界皆为透水条件。

2. 轮载模型

采用单个半正弦瞬态荷载来模拟实际路面承受动态荷载的作用,仅考虑垂直方向荷载(双矩形)。均布荷载的峰值定义为 P_{max},荷载持续的时间为 T,整个分析时段为 0.2s 受到的均布荷载为:

$$p = \begin{cases} p\sin\left(\dfrac{\pi t}{T}\right) & 0 \leqslant t \leqslant T \\ 0 & T \leqslant t \leqslant 0.2 \end{cases} \quad (2-26)$$

不同的轴重和车速所对应的均布应力峰值以及荷载作用时间见表 2-38 和表 2-39:

不同轴重及相应的均布荷载峰值 表 2-38

轴重(kN)	100	128	125
荷载作用峰值(kPa)	700	900	1100

不同车速及其作用时间 表 2-39

车速(km/h)	60	90	120
荷载作用时间(s)	0.076	0.052	0.038

模型与网格划分如图 2-136 所示,荷载作用随时间变化如图 2-137 所示。

2.4.2 全透式透水路面动水压力研究

以往对沥青路面结构进行力学响应分析时,国内学者大多分析的是静力状态下的,而实际路面受力状态是动态的,因此本文借助有限元对沥青路面进行力学响应分析时考虑动态模量参数,计算中采用了典型的全透式透水路面结构,渗透系数采用各向同性,具体参

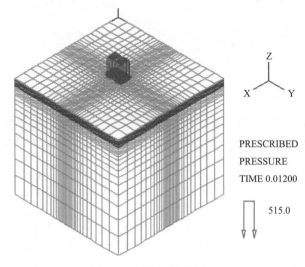

图 2-136　模型与网格划分

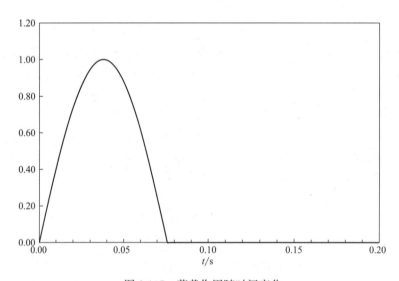

图 2-137　荷载作用随时间变化

数见表 2-40。

路面结构及材料参数　　　　　　　　表 2-40

结构层材料	层厚(cm)	泊松比	密度(t/m³)	动态模量(kPa)	渗透系数(m/s)
PAC-13	4	0.4	2.1	4000000	0.00025
PAC-16	6	0.4	2.0	4000000	0.0003
ATPB-25	10	0.4	2.4	3000000	0.002
级配碎石	20	0.35	2.2	300000	0.004
土基	240	0.4	1.9	40000	5.0E-05

1. 孔隙堵塞条件下孔隙水压力分析

在对于沥青路面渗水性的研究中发现，沥青混合料的孔隙是影响沥青路面渗水性的重要因素，沥青混合料的空隙率越大，沥青路面结构的渗水性就越大。然而随着路面水、粉尘等容易进入路面结构中，并填充在混合料的空隙中，造成空隙的堵塞，减小了路面有效空隙率，进而使得路面结构的渗水性能变差。

选取四种不同渗水系数的多孔隙沥青路面结构来模拟路面中孔隙被堵塞的情况，四种孔隙结构的渗水系数见表2-41，不同孔隙结构的在不同位置的孔隙水压力时程曲线分析结果如图2-138～图2-140所示，计算中均布荷载峰值 P_{max} 取 700kPa；作用时间 T 取 0.076s。

路面结构及材料参数　　　　表 2-41

渗透系数(m/s)	孔隙 1	孔隙 2	孔隙 3	孔隙 4
PAC-13	2.5 E-04	2.5 E-05	2.5 E-06	2.5 E-07
PAC-16	3 E-04	3 E-05	3 E-06	3 E-07
ATPB-25	2 E-03	2 E-04	2 E-05	2 E-06
级配碎石	4 E-03	4 E-04	4 E-05	4 E-06
土基	5.0E-05	5.0E-06	5.0E-07	5.0E-08

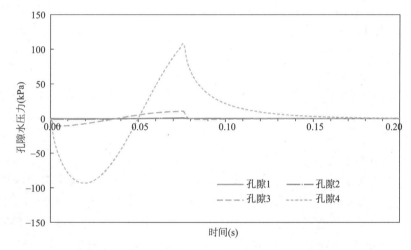

图 2-138　不同孔隙结构在 -2cm 处的孔隙水压力时程分析曲线

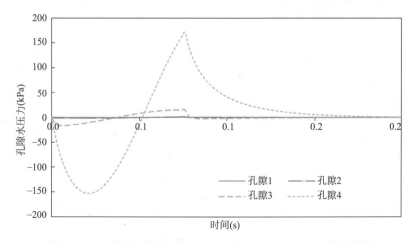

图 2-139　不同孔隙结构在 -4cm 处的孔隙水压力时程分析曲线

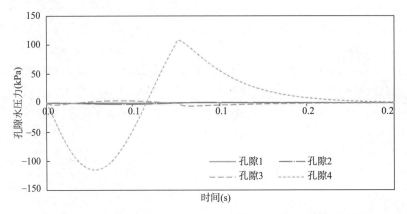

图 2-140 不同孔隙结构在－10cm 处的孔隙水压力时程分析曲线

动荷载作用下沥青路面结构内部的孔隙水压力具有一定的波动性,且由于水具有抑制作用,因此荷载传递出现延迟。在荷载作用初期,孔隙受压,水分向外排除,靠近路表处负向孔隙水压力迅速增加且最先达峰值,而后随路面深度的增加,孔隙水压力峰值出现时间滞后,而且这种滞后性随着有效孔隙率的减小会逐渐消失;另外,随着有效孔隙率的减小,沥青路面结构内部的孔隙水压力会逐渐增大,在上面层底部位置(－4cm),当渗透系数从 $2.5×10^{-4}$ m/s 减小为 $2.5×10^{-5}$ m/s、$2.5×10^{-6}$ m/s 和 $2.5×10^{-7}$ m/s 时,孔隙水压力分别从 0.57kPa 增加为 1.6kPa、16.5kPa 和 152.8kPa,分别为最初孔隙率下的 2.8 倍、29 倍和 268 倍,说明随着沥青混合料中孔隙的堵塞,孔隙水压力会急剧增大,从而造成结构的进一步破坏。

2. 不同边界条件下孔隙水压力分析

当处于大规模降雨天气,沥青路面由于不能及时将水分排出会处于饱和水状态,这种情况下,将液态相(除了上边界非荷载作用位置)的边界设为不透水条件。将原边界条件定义为边界条件Ⅰ,将更改后的边界条件定义为边界条件Ⅱ。不同边界条件下孔隙水压力在对称轴深度－2cm、－4cm、－6cm 和－10cm 处的时程分析曲线如图 2-141~图 2-144 所示。本计算中均布荷载峰值 P_{max} 取 700kPa,作用时间 T 取 0.076s。

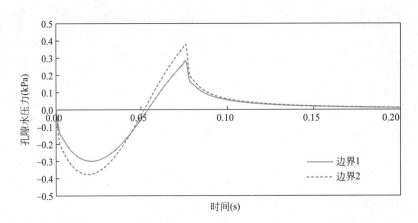

图 2-141 不同边界条件情况下－2cm 处孔隙水压力时程曲线

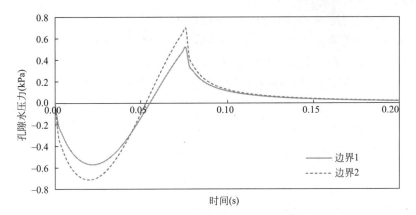

图 2-142　不同边界条件情况下 −4cm 处孔隙水压力时程曲线

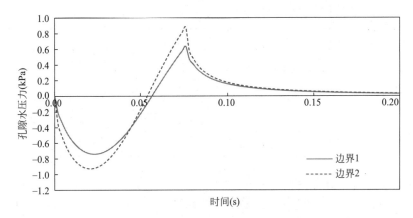

图 2-143　不同边界条件情况下 −6cm 处孔隙水压力时程曲线

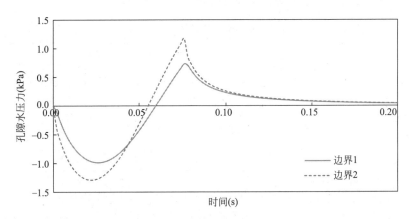

图 2-144　不同边界条件情况下 −10cm 处孔隙水压力时程曲线

当沥青路面处于饱水状态时，沥青路面由于不能及时将水分排出，导致孔隙水压力会增大。在上面层底部（−4cm），边界条件Ⅱ时的孔隙水压力相对边界条件Ⅰ提升了25%，但总体绝对值只增加了 0.14kPa。说明不同边界条件对孔隙水压力有影响，但影响不大，可忽略不计。

3. 全透式透水路面动水耦合作用下破坏分析

当全透式透水沥青路面孔隙率较大（沥青路面未被堵塞）时，动荷载作用下的孔隙水压力峰值是比较小的，即使是处于饱水状态（边界条件Ⅱ），孔隙水压力会增大，但几乎可以忽略不计。而当沥青路面被堵塞时，动荷载作用下的孔隙水压力会急剧增大，当渗透系数从 $2.5×10^{-4}$ m/s 分别减小为 $2.5×10^{-5}$ m/s、$2.5×10^{-6}$ m/s 和 $2.5×10^{-7}$ m/s 时，孔隙水压力会变为原来的 2.8 倍、29 倍和 268 倍，进而对路面造成破坏，即孔隙被堵塞是全透水沥青路面的主要破坏因素。

2.4.3 表层排水路面孔隙水压力研究

计算中采用了典型的表层排水沥青路面结构，渗透系数采用各向同性，具体参数见表 2-42。

路面结构及材料参数　　　　　　　表 2-42

结构层材料	层厚(cm)	泊松比	密度(t/m³)	动态模量(kPa)	渗透系数(m/s)
PAC-13	4	0.4	2.1	4000000	0.00025
PAC-16	6	0.4	2.0	4000000	0.0003
基层	10	0.2	2.1	1600000	—
底基层	20	0.3	1.9	600000	—
土基	240	0.4	1.9	40000	—

1. 孔隙堵塞条件下孔隙水压力分析

本节选取 4 种不同渗水系数的多孔隙沥青路面结构来模拟路面中孔隙被堵塞的情况，四种孔隙结构的渗水系数见表 2-43，不同孔隙结构的在不同位置的孔隙水压力时程曲线分析结果见图 2-145～图 2-147，计算中均布荷载峰值 P_{max} 取 700kPa；作用时间 T 取 0.076s。

路面结构及材料参数　　　　　　　表 2-43

渗透系数(m/s)	孔隙 1	孔隙 2	孔隙 3	孔隙 4
PAC-13	2.5 E-04	2.5 E-05	2.5 E-06	2.5 E-07
PAC-16	3 E-04	3 E-05	3 E-06	3 E-07
基层	—	—	—	—
底基层	—	—	—	—
土基	—	—	—	—

排水路面结构的孔隙水压力在动荷载作用下内部同样具有一定的波动性，由于水具有抑制作用，荷载传递会出现延迟，而且这种滞后性随着有效孔隙率的减小会逐渐消失；另外，随着有效孔隙率的减小，沥青路面结构内部的孔隙水压力会逐渐增大，在上面层底部位置（-4cm），当渗透系数从 $2.5×10^{-4}$ m/s 减小为 $2.5×10^{-5}$ m/s、$2.5×10^{-6}$ m/s 和 $2.5×10^{-7}$ m/s 时，孔隙水压力分别从 0.36kPa 增加为 3.58kPa、32.8kPa 和 172.2kPa，分别为最初孔隙率下的 10 倍、91 倍和 478 倍，说明随着沥青混合料中孔隙的堵塞，排水路面空隙中的孔隙水压力会急剧增大，增幅比全透水路面更大。

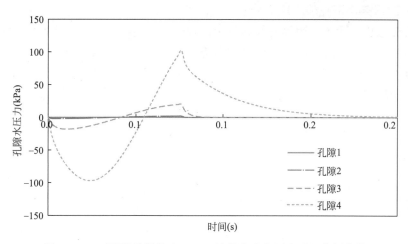

图 2-145　不同孔隙结构在-2cm 处的孔隙水压力时程分析曲线

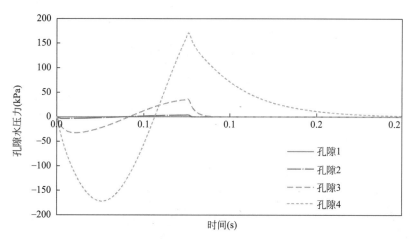

图 2-146　不同孔隙结构在-4cm 处的孔隙水压力时程分析

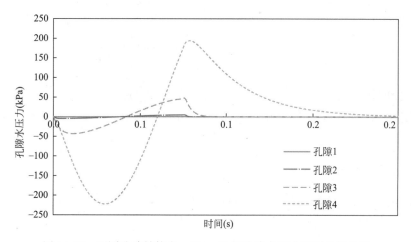

图 2-147　不同孔隙结构在-10cm 处的孔隙水压力时程分析曲线

2. 不同边界条件下孔隙水压力分析

同样将液态相（除了上边界非荷载作用位置）的边界设为不透水条件。原边界条件定义为边界条件Ⅰ，将更改后的边界条件定义为边界条件Ⅱ。不同边界条件下孔隙水压力在对称轴深度－2cm、－4cm、－6cm、－10cm 处的时程分析曲线如图 2-148 和图 2-149 所示。本计算中均布荷载峰值 P_{max} 取 700kPa；作用时间 T 取 0.076s。

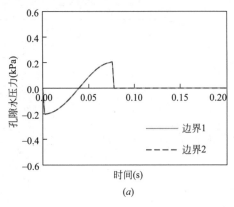
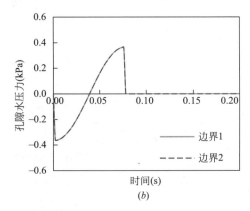

图 2-148 不同边界条件情况下孔隙水压力时程曲线
(a) －2cm；(b) －4cm

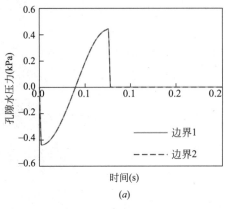
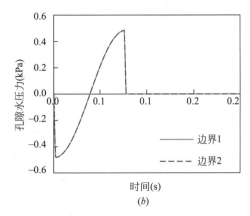

图 2-149 不同边界条件情况下孔隙水压力时程曲线
(a) －6cm；(b) －10cm

透水路面的各个深度位置在两种边界条件下，孔隙水压力变化几乎是一致的，这是因为透水路面在受到动态荷载的瞬间，孔隙中的水分主要是由路表面排出，所以受到边界条件的影响几乎为零。

2.4.4 动水耦合作用对比分析

全透水路面与排水路面均为最常用的两种透水路面，两种沥青路面在不同孔隙率情况时的孔隙水压力时程变化曲线分别见图 2-150、图 2-151、图 2-152、图 2-153。

在未被堵塞（孔隙 1 结构）时，全透水路面中的孔隙水压力峰值要大于排水路面，而且压力变化更滞后，这是因为全透水路面在受到动荷载作用时，孔隙中的水分可以向四面

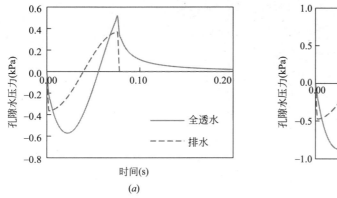 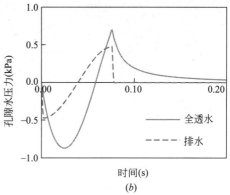

图 2-150　孔隙 1 结构对应的两种路面孔隙水压力时程曲线

（a）－4cm；（b）－8cm

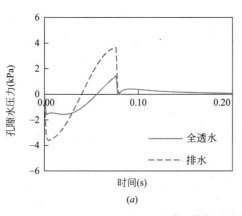 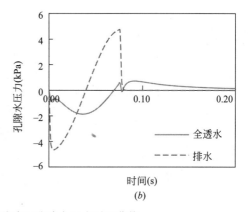

图 2-151　孔隙 2 结构对应的两种路面孔隙水压力时程曲线

（a）－4cm；（b）－8cm

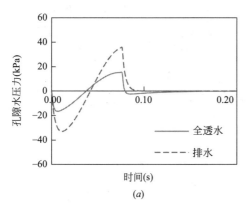 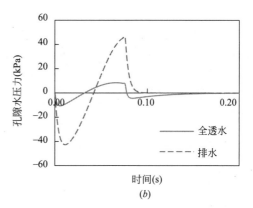

图 2-152　孔隙 3 结构对应的两种路面孔隙水压力时程曲线

（a）－4cm；（b）－8cm

迁移，所以压力消散较慢；而排水路面中的水分只能从上表面排出，在动荷载作用下，水分会收到下面层底部的反力作用，迅速向上迁移，使得水分消散，且压力峰值较小。随着孔隙的逐渐堵塞，两种路面结构的孔隙水压力峰值会迅速增加，这时，排水路面中的孔隙

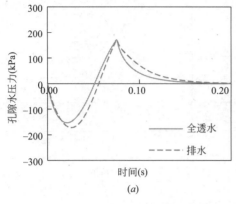 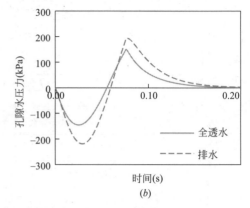

图 2-153 孔隙 4 结构对应的两种路面的孔隙水压力时程曲线

(a) —4cm；(b) —8cm

水压力会大于全透水沥青路面，这是因为在孔隙堵塞情况，受到动荷载作用，空隙中的水分是不能够及时排除的，而排水路面相当于下面层底面为不透水条件，使得水分少了一个迁移的方向，所以孔隙水压力会大于全透水路面。而且在处于孔隙 2 结构时，全透水路面中的孔隙水会出现反复正负波动的情况，这种孔隙水压力会对沥青路面造成剧烈伤害。

通过建立三维有限元模型，考虑多种因素条件下透水路面在动水冲刷条件下的受力情况，得到结论如下：

(1) 孔隙率较大时，孔隙水压力的峰值随着距离路表面距离递增不断增大；当孔隙率较小时，孔隙水压力的峰值随着距离路表面距离递增不断减小。

(2) 随着透水路面的孔隙堵塞（有效空隙率降低），结构内的孔隙水压力峰值会急剧增大，对路面造成伤害。

(3) 改变边界条件（路面处于饱和水状态）对全透水沥青路面中的孔隙水压力峰值有影响，但影响较小，对排水路面没有影响。

(4) 通过研究发现，对于全透式和排水式两种透水路面结构，空隙的堵塞都将会是产生较大孔隙水压力的主要原因，对于透水路面，空隙堵塞后的动水压力几乎是新建透水路面的两倍，故透水路面一定要注重透水功能的养护，以提高其使用寿命。

2.5 基于力学与渗流性能的透水路面结构设计方法

2.5.1 透水沥青路面的力学设计

透水沥青路面结构主要控制基层疲劳破坏、沥青层剪切破坏和整体沉陷破坏，以基层层底拉应变、沥青层剪应力和动态弯沉（路基顶面压应变）作为关键控制指标。

(1) 轮隙中心处路表计算的弯沉值应小于或等于路表的设计弯沉值，应满足下式要求：

$$l_s \leqslant l_d \tag{2-27}$$

式中　l_s——轮隙中心处路表计算的弯沉值（0.01mm）；

l_d——路表的设计弯沉值（0.01mm）。

(2) 柔性基层沥青层层底计算的最大拉应变应小于或等于材料的容许拉应变，应满足下式要求：

$$\varepsilon_t \leqslant [\varepsilon_R] \tag{2-28}$$

式中 ε_t——柔性基层沥青层层底计算的最大拉应变；
　　ε_R——沥青层材料的容许拉应变。

(3) 半刚性材料基层层底计算的最大拉应力应小于或等于材料的容许抗拉强度，应满足下式要求：

$$\sigma_m \leqslant [\sigma_R] \tag{2-29}$$

式中 σ_m——半刚性材料基层层底计算的最大拉应力（MPa）；
　　σ_R——半刚性材料的容许抗拉强度（MPa）。

(4) 土基顶面计算的最大压应变应小于或等于土基顶面容许压应变，应满足下式要求：

$$\varepsilon_Z \leqslant [\varepsilon_R] \tag{2-30}$$

式中 ε_Z——柔性基层沥青层层底土基计算的最大拉应变；
　　ε_R——基顶面的容许拉应变。

(5) 沥青面层计算的最大剪应力应小于或等于材料的容许抗剪强度，应满足下式要求：

$$\tau_m \leqslant [\tau_R] \tag{2-31}$$

式中 τ_m——沥青面层计算的最大剪应力（MPa）；
　　τ_R——沥青面层材料的容许抗剪强度（MPa）。

(6) 路表设计弯沉 l_d 应根据设计路面结构，采用弹性层状体系理论进行计算。路基顶面回弹模量应采用平衡湿度状态下路基顶面回弹模量乘以模量调整系数 k_1。

$$l_d = p \overline{l_d} \tag{2-32}$$

$$\overline{l_d} = f\left(\frac{h_1}{\delta}, \frac{h_2}{\delta}, \cdots, \frac{h_{n-1}}{\delta}; \frac{E_2}{E_1}, \frac{E_3}{E_2}, \cdots, \frac{k_1 E_0}{E_{n-1}}\right) \tag{2-33}$$

式中 $\overline{l_d}$——理论弯沉系数；
　　p——标准轴载的轮胎接地压强（MPa）；
　　δ——标准轴载的轮胎当量圆半径（mm）；
$h_1, h_2, \cdots, h_{n-1}$——各结构层厚度（mm）；
　　k_1——土基顶面回弹模量调整系数，无机结合料稳定类基层沥青路面和水泥混凝土基层沥青路面，取 0.5；粒料类基层沥青路面和沥青结合料类基层沥青路面，当采用无机结合料稳定底基层时，取 0.5，否则取 1.0；
　　E_0——平衡湿度状态下路基顶面回弹模量（MPa）；
$E_1, E_2, \cdots, E_{n-1}$——各结构层模量（MPa）。

(7) 沥青路面材料的容许拉应变 $[\varepsilon_R]$ 应按下列公式计算确定：

$$[\varepsilon_R] = 0.15 E_m^{-1/3} 10^{M/4} N_e^{-1/4} \tag{2-34}$$

$$M = 4.84\left(\frac{v_b}{v_b + v_a} - 0.69\right) \tag{2-35}$$

式中 M——沥青混合料空隙率与有效沥青含量的函数；
　　E_m——沥青混合料 20℃ 动态回弹模量（MPa）；

v_b——有效沥青含量,以体积比计(%);

v_a——空隙率(%)。

(8) 无机结合料稳定层的容许抗拉强度,按式2-36计算。

$$[\sigma_R] = \left(a + k_c - 0.57\beta + \lg\frac{k_a}{k_{T2} \times N_e}\right) \times \frac{\sigma_s}{b} \tag{2-36}$$

式中 a,b——疲劳试验回归参数,按表2-44取值;

k_c——现场综合修正系数,按式$k_c = c_1 e^{c_2(h_a+h_b)} + c_3$确定,$c_1$,$c_2$,$c_3$按表2-45取值;

β——目标可靠指数,根据公路等级按表2-46取值;

k_a——季节性冻土地区调整系数,按表2-47确定;

k_{T2}——温度调整系数;

N_e——设计基准期内设计车道上的累计当量轴次;

σ_s——无机结合料稳定类材料的弯拉强度(MPa)。

无机结合料稳定层疲劳破坏模型参数　　　　　　　表2-44

材料类型	a	b
无机结合料稳定粒料	13.24	12.52
无机结合料稳定土	12.18	12.79

现场综合修正系数k_c相关参数　　　　　　　表2-45

材料类型	无机结合料稳定粒料	无机结合料稳定土
c_1	14	35
c_2	−0.0076	−0.0156
c_3	−1.47	−0.83

目标可靠度和目标可靠指标　　　　　　　表2-46

道路等级	高速公路、快速路	一级公路、主干路	二级公路、次干路	三级公路	四级公路、支路
目标可靠度(%)	95	90	85	80	70
目标可靠指标β	1.65	1.28	1.04	0.84	0.52

季节性冻土地区调整系数k_a　　　　　　　表2-47

冻区	重冻区	中冻区	轻冻区	其他地区
冻结指数F(℃·d)	≥2000	2000～800	800～50	≤50
k_a	0.6～0.7	0.7～0.8	0.8～1.0	1.0

(9) 路基顶面的容许竖向压应变应按式2-37计算确定。

$$[\varepsilon_R] = 1.25 \times 10^{4-0.1\beta}(k_{T3}N_{e4})^{-0.21} \tag{2-37}$$

式中 $[\varepsilon_R]$——路基顶面容许压应变(10^{-6});

β——目标可靠度指标;

N_e——设计基准期内设计车道上的累计当量轴次；

k_{T3}——温度调整系数。

（10）沥青面层材料的容许抗剪强度应按下式计算：

$$[\tau_R] = \frac{\tau_s}{K_r} \tag{2-38}$$

式中 τ_s——沥青面层材料的60℃抗剪强度（MPa）；

K_r——抗剪强度结构系数，对一般行驶路段$K_r = 1.2/A_c$；对交叉口和公交车停车站缓慢制动路段$K_r = 0.39 N_p^{0.15}/A_c$；

N_p——交叉口或公交车停车站设计基准期内同一位置停车的累计当量轴次。

2.5.2 透水混凝土路面的力学设计

透水混凝土面层是具有很高弹性模量和力学强度的板体，能够利用自身刚度很好的起到扩散车辆荷载的作用，而所产生的弯曲变形相对较小。因此，采用常规水泥混凝土路面荷载应力分析理论——弹性地基板理论为基础对透水混凝土类路面进行应力应变分析，且在其理论模型中采用弹性层状地基。

（1）透水水泥混凝土路面设计模式和公式

按基层和面层类型和组合的不同，路面结构分析可分别采用下述力学模型：

1）弹性地基单层板模型——适用于粒料基层上混凝土面层，旧沥青路面加铺混凝土面层；面层板底面以下部分按弹性地基处理。

2）弹性地基双层板模型——适用于无机结合料类基层或沥青类基层上混凝土面层，旧混凝土路面上加铺分离式混凝土面层；面层和基层或者新旧面层作为双层板，基层底面以下或者旧面层底面以下部分按弹性地基处理。

3）复合板模型——适用于两层不同性能材料组成的面层或基层复合板。旧混凝土路面上加铺结合式混凝土面层，两层不同性能材料组成的层间黏结的面层，作为弹性地基上的单层板或者弹性地基上双层板的上层板；无机结合料类基层或沥青类基层与无机结合料类底基层组成的基层，作为弹性地基上双层板的下层板。

透水水泥混凝土面层板的临界荷位位于纵缝边缘中部。基层板的临界荷位与面层板相同。

（2）透水水泥混凝土路面结构设计应以行车荷载和温度梯度综合作用产生的疲劳断裂作为设计的极限状态，并以最重轴载和最大温度梯度综合作用下，不产生极限断裂作为验算标准。其极限状态设计表达式可分别采用式（2-39）和式（2-40）。

$$\gamma_r(\sigma_{pr} + \sigma_{tr}) \leqslant f_r \tag{2-39}$$

$$\gamma_r(\sigma_{p,\max} + \sigma_{t,\max}) \leqslant f_r \tag{2-40}$$

式中 σ_{pr}——面层板在临界荷位处产生的行车荷载疲劳应力（MPa）；

σ_{tr}——面层板在临界荷位处产生的温度梯度疲劳应力（MPa）；

$\sigma_{p,\max}$——最重的轴载在临界荷位处产生的最大荷载应力（MPa）；

$\sigma_{t,\max}$——所在地区最大温度梯度在临界荷位处产生的最大温度翘曲应力（MPa）；

γ_r——可靠度系数，依据所选目标可靠度、变异水平等级及变异系数通过计算确定；

f_r——水泥混凝土弯拉强度标准值（MPa）。

(3) 透水水泥混凝土基层应以设计基准期内行车荷载不产生疲劳断裂作为设计标准。其极限状态设计表达式可采用式（2-41）。

$$\gamma_r \sigma_{bpr} \leqslant f_{br} \quad (2-41)$$

式中 σ_{bpr}——基层内产生的行车荷载疲劳应力（MPa）；

f_{br}——基层材料的弯拉强度标准值（MPa）。

(4) 按疲劳断裂设计标准进行结构分析时，以100kN单轴—双轮组荷载作为设计轴载，对极重交通荷载等级的水泥混凝土路面，宜选用货车中占主要份额特重车型的轴载作为设计轴载。各级轴载作用次数 N，可按式（2-42）换算为设计轴载的作用次数 N_a。

$$N_s = \sum_{i=1}^{n} N_i \left(\frac{P_i}{P_s}\right)^{16} \quad (2-42)$$

式中 P_i——第 i 级轴载重（kN），联轴按每一根轴载单独计；

P_s——设计轴载重（kN）；

n——各种轴型的轴载级位数；

N_i——i 级轴载的作用次数；

N_s——设计轴载的作用次数。

(5) 设计轴载在面层板临界荷位处产生的荷载疲劳应力应按式（2-43）确定。

$$\sigma_{pr} = k_r k_f k_c \sigma_{ps} \quad (2-43)$$

式中 σ_{pr}——设计轴载在面层板临界荷位处产生的荷载疲劳应力（MPa）；

σ_{ps}——设计轴载在四边自由板临界荷位处产生的荷载应力（MPa）；

k_r——考虑接缝传荷能力的应力折减系数，采用混凝土路肩时，$k_r=0.87\sim0.92$（路肩面层与路面面层等厚时取低值，减薄时取高值）；采用柔性路肩或土路肩时，$k_r=1$；

k_f——考虑设计基准期内荷载应力累计疲劳作用的疲劳应力系数；

k_c——考虑计算理论与实际差异以及动载等因素影响的综合系数，按公路等级查表 2-48 确定。

综合系数 k_c 表 2-48

公路等级	高速公路	一级公路	二级公路	三、四级公路
k_c	1.15	1.10	1.05	1.00

(6) 设计轴载在四边自由板临界荷位处产生的荷载应力 σ_{ps} 应按式（2-44）计算。

$$\sigma_{ps} = 1.47 \times 10^{-3} r^{0.70} h_c^{-2} P_s^{0.94} \quad (2-44)$$

$$r = 1.21(D_c/E_t)^{1/3} \quad (2-45)$$

$$D_c = \frac{E_c h_c^3}{12(1-\nu_c^2)} \quad (2-46)$$

式中 P_s——设计轴载的单轴重（kN）；

h_c、E_c、ν_c——混凝土面层板的厚度（m）、弯拉弹性模量（MPa）和泊松比；

r——混凝土面层板的相对刚度半径（m）；

D_c——混凝土面层板的截面弯曲刚度（MN·m）；

E_t——板底地基当量回弹模量（MPa）。

设计基准期内的荷载疲劳应力系数 k_f 应按式（2-47）计算。

$$k_f = 0.74 \frac{0.74}{A_c} N_e^{0.049} \tag{2-47}$$

式中　N_e——设计基准期内设计轴载累计作用次数；

　　　A_c——道路等级系数，对于高速公路、一级公路、快速路、主干路取 1.0，二级公路、次干路取 1.1，三四级公路、支路取 1.2。

（7）在面层板临界荷位处产生的温度疲劳应力应按式（2-48）计算。

$$\sigma_{tr} = k_t \sigma_{t,\text{max}} \tag{2-48}$$

式中　σ_{tr}——面层板临界荷位处的温度疲劳应力（MPa）；

　　　$\sigma_{t,\text{max}}$——最大温度梯度时面层板产生的最大温度应力（MPa）；

　　　k_t——考虑温度应力累计疲劳作用的温度疲劳应力系数。

（8）透水水泥混凝土板厚度计算流程

1）进行行车道路面结构的组合设计，初拟路面结构，包括路床、垫层、基层和面层的材料类型和厚度，依据交通等级、公路等级和所选变异水平等级初选混凝土板厚度。

2）按照初拟路面结构的组合情况，选择相应的结构分析模型。

3）分别计算混凝土面层板（单层板或双层板的面层板）的最重轴载产生的最大荷载应力、设计轴载产生的荷载疲劳应力、最大温度梯度产生的最大温度应力及温度疲劳应力。

4）当荷载疲劳应力与温度疲劳应力之和与可靠度系数的乘积，小于且接近于混凝土弯拉强度标准值，同时，最大荷载应力与最大温度应力之和与可靠度系数的乘积，小于混凝土弯拉强度标准值，即满足式（2-39）和式（2-40）时，初选厚度可作为混凝土板的计算厚度。

5）若不能同时满足式（2-39）~式（2-41），则应改选混凝土面层板厚度或（和）调整基层类型或（和）厚度，重新计算，直到同时满足式（2-39）~式（2-41）。

2.5.3　透水砖路面结构设计

1. 等效厚度法

透水砖路面属于砌块路面，其结构计算可采用等效厚度法，根据基层材料的不同按照沥青路面或水泥路面设计方法进行修正后计算。

对于半刚性基层和柔性基层的透水砖路面，采用沥青路面设计方法，以设计弯沉值为路面整体强度的设计指标，并核算基层的弯拉应力。对于反复荷载应考虑疲劳应力，对于静止荷载应考虑容许应力。在确定沥青混合料层厚度后，考虑换算系数按下式进行计算：

$$h_s = h_1 \times a \tag{2-49}$$

式中　h_s——透水砖路面块体厚度（mm）；

　　　h_1——沥青混合料面层厚度（mm）；a 为换算系数，可取 0.7~0.9，道路等级较高、交通量较大、砌块面积尺寸较大时取高值，砌块抗压强度较高、砌块面积尺寸较小时取低值。

对于刚性（水泥混凝土）基层的透水砖路面，运用水泥混凝土路面设计方法，在确定水泥混凝土板厚度后，考虑换算系数按下式进行计算：

$$h_s = h_h \times b \tag{2-50}$$

式中 h_s——透水砖路面块体厚度（mm）；

　　　h_h——水泥混凝土板厚度（mm）；

　　　b——换算系数可取 0.50～0.65，采用砌块面积尺寸较小时取低值，采用砌块面积尺寸较大时取高值。

2. 缝隙透水砖联锁结构设计

近些年欧洲、北美等地区在步行街、停车场等区域也建设了大量的透水砖路面，其采用的面层材料砖体不透水，雨水通过砖体间联锁支撑结构形成的缝隙向下渗透。由于缝隙较大，透水有保证，而且缝隙堵塞容易清理。同时由于砖体本身没有孔隙存在，强度高、耐久性好，故而是一种值得推广的新型缝隙透水路面。

缝隙透水路面面层采用路面砖拼接而成，路面砖之间通过砖体形状或砖体设置的联锁支撑构造拼接形成结构稳定的拼接缝隙或透水孔等透水构造。联锁支撑构造可单侧设置也可双侧设置，根据实践经验，双侧设置的路面稳定性更好。为保证缝隙透水路面的缝隙率满足要求，所采用的路面砖平面尺寸不宜过大，常用的路面砖砖型为 200mm×200mm 和 100mm×200mm。缝隙透水路面采用公称最大粒径为 4.75mm 的级配碎石作为填缝料，为保证填缝材料填缝的有效性，缝隙宽度不宜小于 5mm。同时应保证自行车和残疾人使用轮椅行驶时的舒适性，缝隙宽度不宜超过 10mm。双侧联锁、单侧联锁结构如图 2-154～图 2-156 所示。

图 2-154　双侧联锁支撑结构缝隙透水路面

图 2-155　单侧联锁支撑结构缝隙透水路面

图 2-156　双侧联锁支撑结构缝隙透水路面（含透水孔）

缝隙透水路面应按轻型荷载和人群荷载的不同使用要求进行设计：人群荷载路面应按人群荷载 5kPa 或 1.5kN 的竖向集中力作用在一块砌块上分别计算，取其不利者；轻型荷载路面应按 40kN 的轴载控制。缝隙透水路面面层由具有联锁支撑结构的路面砖拼接而成，缝隙透水路面拼接缝隙宽度不应小于 5mm，宜为 5～10mm，缝隙率不宜小于 7%，并应保证面层的整体强度与稳定性，路面透水系数应大于 4mm/s。

缝隙宽度是该类型路面的重要设计参数，砖体之间联锁结构拼接而成的缝隙宽度不应小于5mm，并应根据面层砖尺寸的不同设计缝隙宽度，以满足渗流要求。同时，路面砖之间的缝隙不能留空，缝隙采用填缝料均匀、饱满的填充。填缝料应采用细骨料碎石，碎石级配应符合表2-49要求。不能用砂子代替碎石，难以保证透水路面的整体渗流需求，且易随雨水径流迁移到找平层及透水基层，造成其他层透水材料的堵塞。与传统的透水路面采用孔隙率作为关键设计指标控制透水功能不同，该类型路面采用缝隙率作为关键设计指标。缝隙透水型路面砖铺砌完成后单位面积内缝隙所占比例即为缝隙率，其值宜在7‰~13‰之间。

填缝料与找平层骨料级配　　　　表2-49

筛孔尺寸(mm)	9.5	4.75	2.36	1.18	0.3
通过质量百分率(%)	100	85~100	10~40	0~10	0~5

按荷载强度计算结构厚度时，应根据现行行业标准《城镇道路路面设计规范》CJJ 169采用等效厚度法计算确定。全透式路面按透水功能计算结构厚度时，应根据工程所在地的降雨强度、降雨持续时间、土基平均渗透系数、透水路面结构层平均有效孔隙率进行计算。路面结构厚度的计算应按下式进行计算。

$$H_w = \frac{(i - 3600q)t}{60000v} \tag{2-51}$$

式中　H_w——透水路面结构总厚度（m）；
　　　i——设计降雨强度（mm/h，2年一遇持续60min）；
　　　q——土基的平均渗透系数（mm/s）；
　　　t——降雨持续时间（min）；
　　　v——路面结构层平均有效孔隙率（%）。

路面结构总厚度应同时满足荷载强度和透水功能对路面结构厚度的要求，路面结构总厚度应取用两者的最大值。

3. 缝隙透水路面透水系数测试方法

透水功能是透水路面最重要的技术指标之一，国内常采用《透水砖路面技术规程》CJJ/T 188—2012及《透水水泥混凝土路面技术规程》CJJ/T 135—2009规定的方法进行测试。但《透水水泥混凝土路面技术规程》CJJ/T 135—2009规定的方法主要用于透水水泥混凝土在试验室的测试，无法实现在透水路面现场进行快速、直观检测。美国材料与试验协会提出的《连锁混凝土路面结构系统的渗透率测试方法》ASTM C1781/1787M是一种单环定水头测试方法，适用于透水路面现场进行透水系数测试，操作简单、数据准确，其具体测试方法如图2-157所示。

检测时应随机选择测试位置，测量点之间的间隔应不小于1m。受检测透水路面表面有积水存在时不应进行测试，应在积水下渗完毕24h后进行测试。

将测试仪的圆心应放置于以路面砖的两条缝交叉处。测试仪与路表面接触处的砖缝处应向下剔除深度不大于10mm的填缝材料，应用密封材料对环状区域进行密封处理，同时应将剔除填缝材料处的凹陷点进行密封。密封材料进入内圈时，应用刮刀将其刮走。

将3.6kg的水倒入渗透环内进行预湿，倒入的速度应保证水位在测试仪内两个刻度之

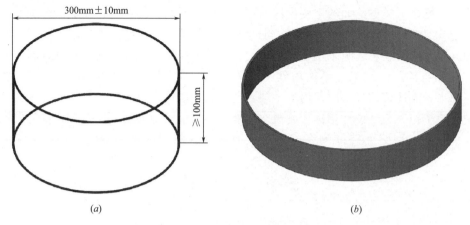

图 2-157 路面透水系数测试仪

间,倒水时应将水冲落于砖块表面,出水口的高度应为 150mm。从水接触路表面开始计时,路表无水时停止计时,时间精确到 0.1s。在完成预湿后 2 分钟内进行正式测试。当预湿时间小于 30s 时,容器内应加入 18.0kg 的水;当预湿时间不小于 30s 时,容器内应加入 3.6kg 的水。倒入的速度应保证水位在测试仪内两个刻度之间,倒水时应将水冲落于砖块表面,出水口的高度应为 150mm。从水接触路表面开始计时,路表无水时停止计时,时间精确到 0.1s。测试工作完成后应将密封材料从缝隙和路表面清理干净,重新回填缝隙内被剔除的填缝料。

透水系数的计算应按式(2-52)计算:

$$I=\frac{KM}{D^2 t} \tag{2-52}$$

式中 I——透水系数(mm/s);
M——测试用水量(kg);
D——测试仪内径(mm);
t——时间(s)。
K——常数,取 1273240。

7 种不同平面尺寸路面砖和缝隙宽度的缝隙透水路面见表 2-50,现采用不同测试方法对不同缝隙率缝隙透水路面的透水功能进行测试。

缝隙透水路面设计参数 表 2-50

编号	1	2	3	4	5	6	7
路面砖平面尺寸(mm)	300×300	300×300	200×200	125×125	200×200	200×100	200×100
缝隙宽度(mm)	8	10	8	6	10	8	10
缝隙率(%)	5.1	6.3	7.5	8.9	9.2	10.9	13.3

采用 T0971-2019 试验方法测试了多种缝隙透水路面的渗水系数,数据见图 2-158,不同缝隙率的透水路面渗水系数无明显差异。由于渗水仪下水细管的管径仅为 10mm,故渗水仪所测渗水系数存在上限,所测缝隙透水路面的渗水系数为渗水仪所能测试范围的最大值,而非路面的真实渗水系数。

 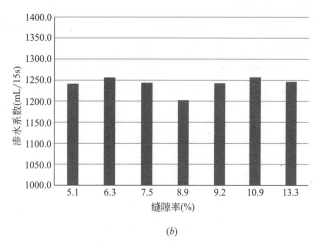

图 2-158 渗水系数测试

采用 ASTM C1781/1787M 对块材透水路面透水系数测试方法对缝隙透水路面的透水系数进行测试，数据见图 2-159，可见该测试方法简单且能很好地反映路面的透水功能，因此宜采用此测试方法。

 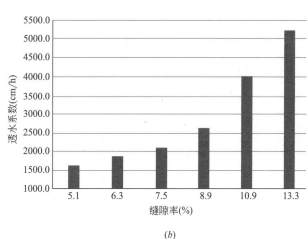

图 2-159 透水系数测试

2.5.4 透水路面结构设计指标

透水路面结构设计时，需要进行两方面的分析：第一方面，力学分析，在设计使用年限内，满足强度和承载力的要求。第二方面，径流分析，有足够的透水（排水）能力满足径流控制目标的要求。其中，优先考虑第一方面，满足交通荷载的条件下，以检验透水功能要求。

1. 力学计算指标

在车辆行驶过程中，道路路面不仅受垂直方向的振动冲击，而且还受水平方向的推移，静力弹性体系的分析中没有考虑惯性、阻尼和共振等动态因素影响。所以，采用动态设计参数更接近于实际的受力状态，更为合理。

采用动态设计参数进行力学计算，通过实际调研分析各类透水路面典型破坏，分析了不同工况下透水路面结构力学响应。

路表弯沉是透水路面结构层和路基在标准轴载作用下产生的总位移，它代表着路基路面结构的整体刚度，反映了路面和路基的承载能力大小，是车辆荷载作用下弹性层状体系理论计算的一个指标，控制半刚性基层沥青路面整体刚度。

路基顶面竖向压应变是粒料类基层和垫层为粒料的沥青结合料类基层沥青路面的重要设计指标，以控制路基产生过大永久变形。

对于沥青结合料基层沥青路面，沥青层层底在车辆荷载作用下产生拉应变或拉应力，在轮荷载反复作用下导致路面疲劳开裂，沥青层底拉应变对柔性基层沥青路面起控制作用，以沥青层底的拉应变指标来控制柔性基层疲劳破坏。

对于半刚性基层沥青路面，半刚性基层底在车辆荷载作用下产生拉应变或拉应力，在轮荷载反复作用下导致路面疲劳开裂，拉应力对沥青路面起控制作用，以基层层底拉应力指标来控制半刚性基层疲劳破坏。

在夏季持续高温季节道路交叉口进口道、公交车停靠站、弯道、匝道等路段上易出现车辙。剪切指标与沥青混合料的热稳定性密切相关，高温时沥青混合料的黏结力和内摩阻力有明显变化。

因此透水沥青路面结构主要控制基层疲劳破坏、沥青层剪切破坏和整体沉陷破坏，以基层层底拉应变、沥青层剪应力和动态弯沉（路基顶面压应变）作为关键控制指标。

透水水泥混凝土路面结构主要控制疲劳开裂破坏、极限开裂破坏，以荷载疲劳应力、温度疲劳应力、荷载最大应力、温度最大应力作为关键控制指标。

透水砖路面属于砌块路面，其结构计算可采用等效厚度法，根据基层材料的不同按照沥青路面或水泥路面设计方法进行修正后计算。对于半刚性基层和柔性基层的砌块路面，采用沥青路面设计方法，以设计弯沉值为路面整体强度的设计指标，并核算基层的弯拉应力。对于刚性（水泥混凝土）基层的砌块路面，运用水泥混凝土路面设计方法。

根据不同透水路面结构组合，选择不同的设计指标，见表2-51。

透水路面结构力学性能设计指标　　　　表2-51

面层类型	基层类型	设计指标
透水沥青面层	半刚性基层	路表弯沉、沥青层剪应力、基层层底拉应力
	沥青稳定类型基层	沥青层剪应力、沥青层底拉应变、土基顶面压应变
	粒料类	沥青层剪应力、沥青层底拉应变、土基顶面压应变
	水泥混凝土基层	沥青层剪应力、水泥混凝土拉应力
透水水泥混凝土面层	—	水泥混凝土弯拉应力
透水砖面层	半刚性基层	路表弯沉、基层层底拉应力
	柔性基层	沥青层底拉应变、土基顶面压应变
	水泥混凝土基层	水泥混凝土拉应力

2. 渗流计算指标

年径流总量控制率为海绵城市建设中一个重要的控制指标。按照住房和城乡建设部《海绵城市建设技术指南——低影响开发雨水系统构建（试行）》中规定，上海位于年径流总量控制率分区的Ⅲ区，年径流总量控制率范围为75%～85%。《上海市海绵城市建设指标体系（试行）》中提出新建项目年径流总量控制率不低于80%、改建项目年径流总量控制率不低于75%的要求。

对于透水路面的设计，为提高行车的安全性和行人漫步的舒适性，道路需以满足在一定暴雨条件下路表不产生径流为目标。也即为了满足透水功能要求的标准，设计厚度以小于设计降雨条件下不在路表产生径流为目标。进行渗流计算时，首先需要确定暴雨强度公式和降雨雨型，计算出降雨过程线；其次通过相关试验和计算方法确定透水路面材料的空隙率、水附着率、土基渗透速率，结合确定的集水管管径，计算透水路面内部水位高度、径流产流时长、径流控制比例及路面结构内雨水排干时长。

在降雨条件、路面结构厚度、路面材料参数、集水管管径等参数变化时，表层透水式路面结构径流控制比例范围约在35%～80%之间，半透式透水路面的径流控制比例为85%～100%，土基渗透系数大于1×10^{-3}mm/s的全透式透水路面径流控制比例为75%～100%。根据计算的结果，当土基渗透系数大于1×10^{-3}mm/s时，全透式路面结构内雨水可在20h内排干，避免路面结构在有水条件下工作时间过长，且可避免连续降雨时节的渗流不畅。根据美国的AASHTO（1993）给出了柔性路面和刚性路面的排水设计评价标准，见表2-52，路面结构排水优良。

排水质量的分级规定（AASHTO 1993）   表2-52

排水质量	极好	优	良	差	很差
排水时间	2h	1d	1星期	1个月	水排不掉

排水式透水路面的主要功能是降噪和小雨天气路表不积水，避免出现雨天出现飞溅、眩光、水漂等现象，仅表面层具有透水、储水作用，采用径流控制比例和径流时长两个指标。

半透式透水路面不但可以降噪，避免出现雨天出现飞溅、眩光、水漂等现象，提高道路的行驶安全性。而且具有一定的蓄水和滞水作用，具有降低城市排水管道峰值流量和延缓峰值的作用，采用径流控制比例和路面结构内水位两个指标。

全透式路面结构除具备半透式路面结构所应具备的所有功能外，还可使雨水通过土基下渗，补充地下水。不同全透式透水路面材料厚度和材料空隙率在不同降雨强度、降雨时间条件下的径流控制情况如何，同时需考虑路基在有水条件下工作时长不宜过长。采用径流控制比例、路面结构内最高水位和路面结构内雨水排干时间三个指标。

透水路面渗流计算控制指标见表2-53。

透水路面渗流计算控制指标   表2-53

透水路面结构形式	渗流控制指标
表层排水式	径流控制比例、径流时长
半透式	径流控制比例、路面结构内最高水位
全透式	径流控制比例、路面结构内最高水位和路面结构内雨水排干时间

在透水路面设计时，影响透水设计的主要因素包括：①降雨特性；②透水结构层厚度；③透水路面材料特性；④集水管管径；⑤土基渗透性。实际设计中，在保证结构承载力的前提下，通过调整各层的渗透系数（空隙率）、厚度和集水管管径来达到预期目的。

（1）降雨特性

降雨特性主要包括暴雨强度公式，重现期、降雨历时三个因素。降雨重现期指某一强度的降雨重现的平均周期。在路面设计时，应根据道路性质、区域特征、安全性及经济性等因素综合考虑降雨重现期。

（2）透水结构层厚度

透水路面各结构层主要包括面层、基层、垫层以及土基。根据所选择的透水路面类型及不同的应用区域，透水层厚度各不相同。在满足道路结构力学性能的基础上，结合经济性确定透水层厚度。

（3）透水路面材料特性

为了保证整个结构的透水性，对各结构层的材料参数有特殊要求，特别是渗透系数，关系到透水设计能否有效。

面层渗透系数的大小关系到透入路面结构内部的水量，也关系到路表面是否出现径流。为保证路表面无径流，面层渗透系数应大于设计降雨强度。基层渗透系数应大于等于面层渗透系数，透水基层的渗透系数依据材料组成其值差别较大。透水面层和基层的渗透系数推荐采用试验确定。

综合现行《公路排水设计规范》JTG/T D33 和美国对透水基层的研究成果，推荐透水基层渗透系数至少应大于 1mm/s，如果透水基层还要发挥储水层的作用，其渗透系数应更大，一般不小于 4mm/s。

由于透水路面面层、基层、垫层材料的不同，空隙率各不相同，进行渗流计算时可采用各层的加权平均有效空隙率。

（4）集水管管径

表透式和半透式透水路面必需设置集水管，全透式路面可根据需要设置集水管。集水管管径应根据道路宽度和集水井的距离计算确定，避免集水管成为排水的瓶颈，集水管管径一般大于 5cm。

（5）土基渗透性

全透式透水路面土基的渗透性能是透水路面设计的最大瓶颈，要想达到良好的整体渗透效果，土基的渗透能力是设计的关键因素。如果当地经济条件好，土基的渗透性能很好解决，可使用渗透性较大的碎石换填渗透性较小的土基，既能保证透水能力又能满足强度设计；如果考虑经济因素，建议土基渗透系数 $>10^{-3}$ mm/s。

土基渗透性的大小主要由土基渗透系数反映。土基渗透系数受土质类型影响很大，有研究表明：其值随砂含量的增大而增大，当砂含量大于 25% 时，土的渗透系数均满足规范要求的 $1.16\times10^{-2}\sim5.79\times10^{-2}$ mm/s；当砂含量小于 15% 时，土的渗透系数很小。在实际工程中，通常经过现场采样，如果含砂量达到该值，可考虑修建全透式透水路面；如果含砂量较小，原则上不能修建全透式透水路面，如果区域经济较好，可换填为渗透系数较大的土，但会增大工程造价。因此，土基渗透性大小是决定修建何种类型透水路面的前提条件之一，也间接影响了基层厚度以及是否使用路面内部排水系统。而路基土质类型的选择应根据区域特点、基层储水量、当地经济条件、渗透要求以及设计降雨量来确定。

路基土在饱水状态下的承载力应该良好，并有较强的透水能力，可使用砾石、质土、砂土等，土基的渗透系数应不小于 10^{-3} mm/s；如果水文条件偏干可扩大到粉性土，不建议使用粉质黏土以上的黏土，全透式路面不得用于湿陷性黄土、膨胀土、盐渍土路段。

《公路排水设计规范》JTG/T D33 中给出了各类代表性岩土渗透系数取值的经验范围，见表 2-54，不同类型的土壤渗透系数相差很大。

各类土质的渗透系数范围　　　　　　　　表 2-54

土的类别	渗透系数(mm/s)	土的类别	渗透系数(mm/s)
黏土	$<6\times10^{-5}$	中砂	$6\times10^{-2}\sim0.2$
粉质黏土	$6\times10^{-5}\sim1\times10^{-3}$	粗砂	$0.2\sim0.6$
粉土	$1\times10^{-3}\sim6\times10^{-3}$	砾石	$0.6\sim1$
粉砂	$6\times10^{-3}\sim1\times10^{-2}$	卵石	$1\sim6$
细砂	$1\times10^{-2}\sim6\times10^{-2}$	漂石	$6\sim1000$

从表中可以看出，黏土和粉土的渗透系数较小，砂土的渗透系数较大，黏土和粉土的透水性要差于砂土。因此，为了提高路面结构的渗透功能时，透水路面的路基土最理想的材料为砂土，在设计时应优先考虑砂土，全透式路面土壤透水系数不应小于 10^{-3} mm/s。当地基条件不满足渗透性的要求，有条件可根据渗透性能的要求改良土基，增大渗透系数。

3. 透水路面设计流程

透水路面结构可参照图 2-160 进行设计。

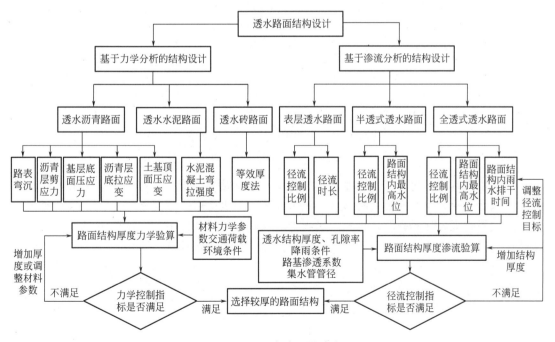

图 2-160　透水路面设计流程

2.6 透水路面典型结构

根据力学与径流计算及实际应用情况的总结分析，提出典型透水路面结构。

2.6.1 表层排水式透水路面

表层透水式路面通过调整中下面层及基层厚度可以用于各种等级道路，典型结构如图 2-161 所示。

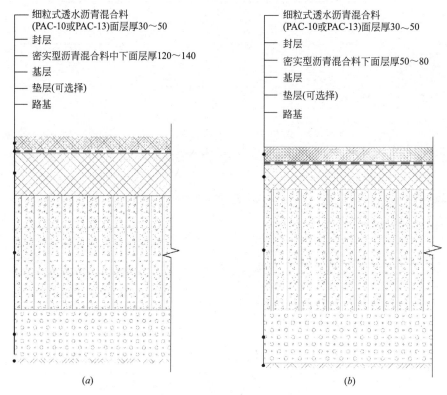

图 2-161 典型表层排水式路面结构

注：厚度单位为 mm。

表层排水式透水路面主要功能是降噪和小雨天气路表不积水，避免雨天出现飞溅、眩光、水漂等现象，仅表面层具有透水、储水作用，而表面层厚度又不宜过大，故其对径流的控制效果有限，在研究的几种不同暴雨强度和降雨历时条件下均产生路表径流。表层透水路面的径流控制比例和路表产流时长，通过以下公式进行计算。

$$R_r = -119.162 + 17.266 \times \ln h + 4.453 \times \ln vv + 45.140 \times \ln d + 6.849 \times \ln t - 5.845 \times \ln P \tag{2-53}$$

$$T_r = 143.816 - 17.081 \times \ln h - 7.23 \times \ln vv - 31.324 \times \ln d + 3.624 \times \ln t + \ln P \tag{2-54}$$

式中 P——暴雨重现期变化；

t——降雨历时；

h —— 透水层厚度;
vv —— 空隙率;
d —— 集水管管径;
R_r —— 径流控制比例。

2.6.2 半透式透水路面

半透式路面结构主要用于轻交通的支路、非机动车道、停车场、广场、人行道等区域,典型结构如图 2-162、图 2-163 所示。

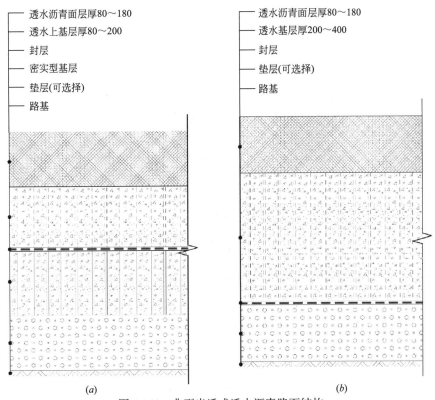

图 2-162 典型半透式透水沥青路面结构
注:厚度单位为 mm。

半透式透水路面不但可以降噪,避免雨天出现飞溅、眩光、水漂等现象,提高道路的行驶安全性。而且具有一定的蓄水和滞水作用,对径流控制和提高城市的排水防洪能力有积极的意义。半透式透水路面结构厚度、材料空隙率和集水管管径在不同降雨强度、降雨时间条件下的径流控制效果及路面结构内最高水位的关系可通过下式确定。

$$R_r = 57.947 + 0.068 \times h + 0.939 \times vv + 1.626 \times d + 0.002 \times t - 0.943 \times P \tag{2-55}$$

$$H_w = 744.447 - 16.209 \times \ln h - 131.087 \times \ln vv - 88.443 \times \ln d + 3.446 \times \ln t + 42.622 \times \ln P \tag{2-56}$$

式中 P —— 暴雨重现期变化;
t —— 降雨历时;

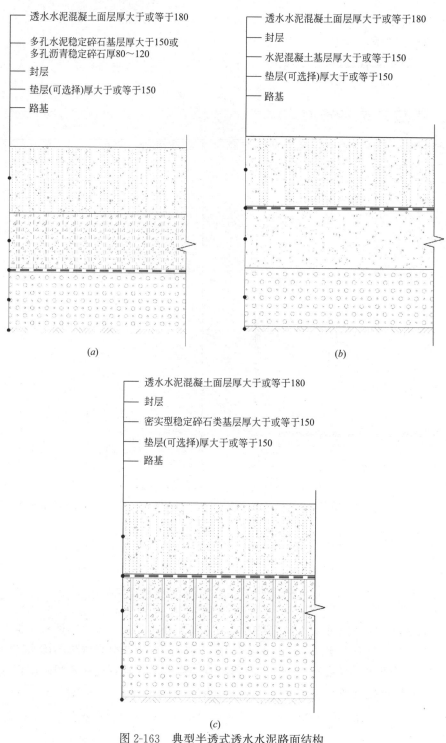

图 2-163　典型半透式透水水泥路面结构

注：厚度单位为 mm。

h——透水层厚度；

vv——空隙率；

d——集水管管径；

R_r——径流控制比例;

H_w——路面结构水位。

2.6.3 全透式透水路面

全透式路面结构主要用于非机动车道、人行道、停车场和广场,典型结构如图 2-164～图 2-166 所示。

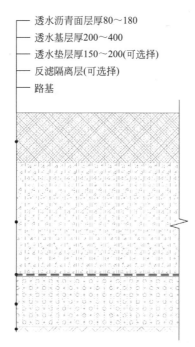

图 2-164 典型全透式透水沥青路面结构

注:厚度单位为 mm。

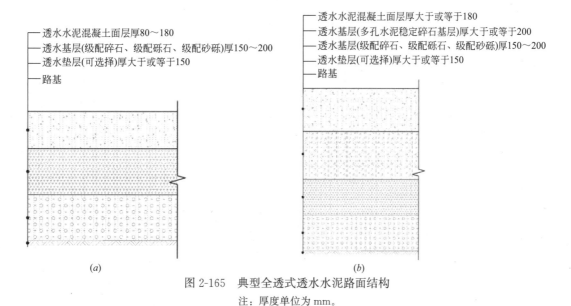

图 2-165 典型全透式透水水泥路面结构

注:厚度单位为 mm。

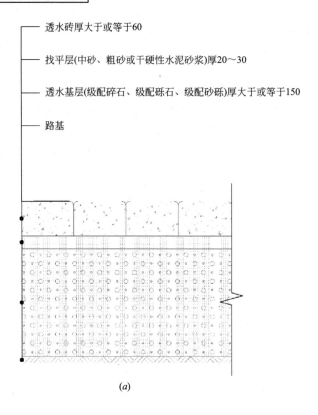

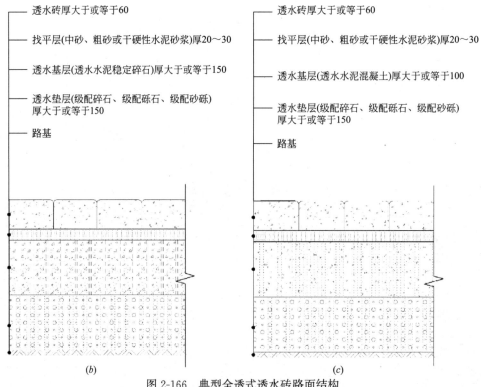

图 2-166 典型全透式透水砖路面结构

注：厚度单位为 mm。

全透式路面结构除具备半透式路面结构所应具备的所有功能外，还可使雨水通过土基下渗，补充地下水。

由于全透式路面结构透水层厚度较大，除在道路结构材料空隙率为10%时的大部分暴雨条件下会产生径流外，空隙率为15%时仅在10年一遇的暴雨条件下部分道路结构参数组合条件下产生径流，空隙率为20%时基本不产生径流。在道路设计时，目标空隙率设计为18%~25%，故全透式路面结构厚度超过38cm时基本不会产生路表径流。

道路结构在有水条件下工作时长不宜过长。全透式透水路面结构厚度、材料空隙率和集水管管径在不同降雨强度、降雨时间条件下路面结构内雨水排空时间及路面结构内最高水位的关系可通过下式确定。

$$H_w = 1366.148 - 27.738 \times \ln h - 386.639 \times \ln vv - 61.619 \times \ln SL + 23.719 \times \ln t + 99.778 \times \ln P \tag{2-57}$$

$$T_d = 1066.923 - 0.119 \times h - 1.656 \times vv - 305.333 \times SL + 0.495 \times t + 35.999 \times P \tag{2-58}$$

式中 P ——暴雨重现期变化；
t ——降雨历时；
h ——透水层厚度；
vv ——空隙率；
H_w ——路面结构水位；
T_d ——路面结构内雨水排干时间；
SL ——土基渗透速率。

2.7 透水路面边缘排水系统设计

2.7.1 表层排水式路面和半透式路面排水系统设计

表层排水式路面仅路表沥青层作为透水功能层，其主要功能是排除路面积水、降低噪声、提高路面抗滑性能和行车安全性能；半透式路面除应具备表层排水式路面的功能外，另外一个重要功能是在暴雨期间具备储水功能，减轻暴雨时排水系统的负担。因此表层排水式和半透式路面应设置路面边缘排水系统，边缘排水系统宜由透水性填料集水沟、软式透水管组成，集水沟宽度不宜小于300mm，软式透水管管径应通过排水计算确定，宜大于50mm，纵向坡度宜与路线纵坡相同，但不得小于0.25%，并宜于城市排水管网相接，排水系统设置如图2-167和图2-168所示。软式透水管材料要求应符合现行《软式透水管》JC 937 的规定。

道路横坡宜为1.5%~2.0%。透水结构层下部应设置封层，封层材料的渗透系数不应大于80mL/min，且应与上下结构层粘结良好。

2.7.2 全透式路面排水系统设计

全透式路面除了具备表层排水式和半透式路面的功能外，还要补充城市地下水资源，雨水通过路面各结构层后，下渗至路基中。因此全透式路面的土基应具有一定的透水性

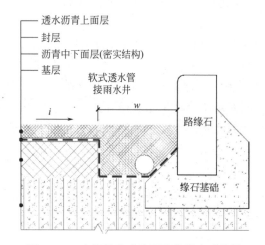

图 2-167 表层排水式路面边缘排水系统图

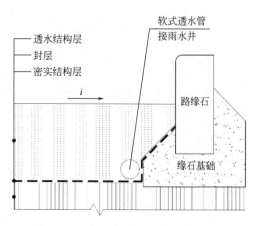

图 2-168 半透式路面边缘排水系统图

能，土壤透水系数不应小于 10^{-3}mm/s，且土基顶面距离季节性最高地下水位应大于 1m。当土基、土壤透水系数和地下水位高程等条件不满足要求时，应增加路面排水设施，如图 2-169 所示。全透式路面的路基顶面应设置反滤隔离层，可选用粒料类材料或土工织物。

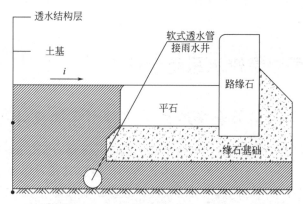

图 2-169 全透式路面边缘排水系统图

2.7.3 高架道路透水沥青路面边缘排水系统设计

桥面（高架道路）上铺筑透水沥青面层时，应进行桥面（高架道路）铺装防、排水设计。透水沥青面层下应设置防水层，桥面板上应设置防水粘结层，防水粘结层材料应符合现行《城市桥梁桥面防水工程技术规程》CJJ 139 的相关规定。

透水沥青面层应设置边缘排水系统，边缘排水系统由透水性填料集水沟、开孔纵向排水管组成。集水沟宽度不宜小于 300mm，开孔纵向排水管管径宜为 20mm，管底与防水粘结层顶面齐平，纵向坡度宜与路线纵坡相同，但不得小于 0.25%，并于桥梁泄水孔相接，如图 2-170 所示。

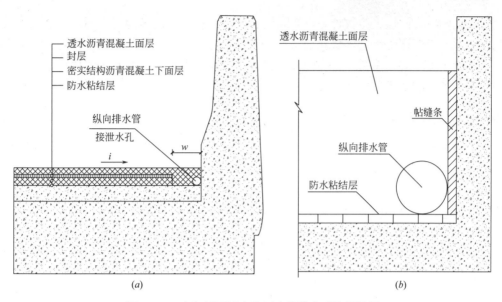

图 2-170　高架桥面透水路面边缘排水系统设置图

2.8　透水路面的适用条件

透水路面适用条件分析是透水路面设计的首要步骤，在进行道路透水路面建设工程选址与工程条件分析时，可在常规工程选址调查的基础上，根据工程需求：如工程目标是为了保证交通安全，则建设表面排水式透水路面即可；如需考虑储水对径流控制，可选择半透水路面；如为了兼具避免路面积水与直接补给地下水的功能，则应选全透水路面。并综合考察地质条件、降雨条件、环境特征、交通条件等，合理做出是否采用透水路面与采取何种结构透水路面的决策。

2.8.1　地质条件

地质条件主要指原地基土的性质，调查地质条件可确定两大问题：其一，原地基是否适合建设透水路面；其二，若可建设，宜建何种类型的透水路面。

全透式路面的土基不但要承担雨水渗透的任务，而且要为其上的铺面结构提供一定承载力的支撑平台。因此，对透水路面的土基提出了更高的要求：

（1）具有足够的渗透性；

（2）饱水状态下土基承载力损失较小；

（3）水分渗透作用下土基稳定，颗粒流失少、冻胀小；

（4）不适用于湿陷性黄土地区、盐渍土地区、膨胀土地区的道路。

鉴于透水路面对土基的性能要求苛刻，有必要对各类土壤的渗透性能以及饱水状态下的强度特性进行研究，分析各种土基的适用性，为透水路面的选址、设计及施工处理提供参考依据。

土基的渗透系数，因土质的不同而差别很大。不同类型的土，其土壤颗粒的大小不同，造成土壤的比表面积相差很大，其对水分的吸附力不同。另外，不同土壤的孔隙比以及作为水分渗透路径的有效孔隙率亦有很大不同。一般来讲，粗粒土渗透系数要大于细粒土；对于细粒土，砂性土渗透性要优于粉土及黏土。上海地区多为黏土与粉质黏土，海岸带与岛屿地区为砂性土。全透式路面土壤透水系数不应小于 10^{-3} mm/s，因此上海很多区域雨水难以下渗，采用全透式路面时，需要考虑设置排水系统。同时，若建设全透式透水路面，土基顶面距离季节性最高地下水位应大于1m。

2.8.2 降雨条件

当遭遇可能出现的特大降雨时，透水路面应能保证雨水顺利下渗、路面不致出现壅水现象，故在透水路面工程选址与类型选择时，应充分考虑当地的气候条件，发达国家大多利用"设计雨型"的概念来考察建设透水路面的气候条件，设计雨型理解为当地较有可能出现的典型暴雨的设计降雨量在时间上的分布情况。

设计雨型对透水路面建设的作用在于：根据设计雨型可推算典型降雨强度，进而估算某地透水路面所需适应的雨水流量，以便选择透水路面的类型。研究表明，透水路面蓄水量与面层空隙率、厚度、透水路面类型等有关。面层材料空隙率大者，透水性较大；若不考虑渗水对土基强度的影响，全透水路面由于渗水路径长、蓄水量大，较不易产生路面滞水现象；而表面排水性透水路面因竖向透水路径仅为面层厚度，雨量较大时易出现路面壅水。因此，就气候条件而言，降雨强度较大的地区宜选择空隙率较大的面层材料、全透水型路面；反之，降雨强度小的地区宜选择空隙率较小的面层材料、表面排水型透水路面。

上海采用的暴雨强度公式为：

$$q = \frac{5544 \times (P^{0.3} - 0.42)}{(t + 10 + 7 \lg P)^{0.82 + 0.07 \lg P}} \tag{2-59}$$

上海市年径流总量控制率于海绵城市设计降雨量的关系见表2-55。

上海市年径流总量控制率与海绵城市设计降雨量的关系　　表 2-55

年径流总量控制率(%)	60	70	75	80	85
海绵城市设计降雨量(mm)	13.4	18.7	22.2	26.7	33.0

2.8.3 环境条件

城市按区域功能的不同可分为工业区、商业区、文教区、住宅区和观光区等，不同功能区的空气环境不同。透水路面城市区域条件是指不同城市功能区对透水路面建设条件的限制。在透水路面设计阶段应充分考虑不同城市功能区对透水路面空隙特征的影响。比如重工业区、新建城区附近空气中悬浮物多，尘土富集易造成透水路面的加速堵塞，从而影响透水性能；并且通行车辆轴载较大会对透水路面造成早期破坏，对整体结构强度要求较高，提高建养成本，不建议修建透水路面。透水路面最适宜建在空气质量与环境卫生较好的文教区、住宅区和观光区。城市各功能区域空气特征及建设透水路面的适宜程度列于表 2-56。

城市功能区对建设透水路面的适用性　　表 2-56

功能区域	空气特征	交通特征	建设透水路面的适宜性	适用场合
重工业区	空气悬浮物多	交通量大，车辆轴载大	不适合	—

续表

功能区域	空气特征	交通特征	建设透水路面的适宜性	适用场合
轻工业区、科学园区	空气悬浮物较多	交通量较大,车辆荷载较大	较适合	人行道、非机动车道等
商业区	空气悬浮物较少	交通量大,车辆轴载小	较适合	人行道、非机动车道、停车场等
文教区、住宅区、观光区	空气悬浮物少	交通量小,车辆轴载小	适合	人行道、非机动车道、机动车道、停车场等

2.8.4 交通荷载条件

表层排水式透水路面具有降噪、抗滑和小雨路表不积水等优势,仅面层采用透水材料,故其路面结构力学强度可以满足各交通等级道路和广场。

半透式透水路面除具备降噪和提高道路行驶安全性的功能外,而且具有一定的蓄水和滞水作用,对径流控制和提高城市的排水防洪能力有积极的意义。但由于半透式路面结构的主要持力层-基层采用力学强度较低的透水材料,故其主要用于轻交通的机动车道、非机动车道、停车场、广场、人行道等区域。

全透式路面除具备半透式路面具备的所有功能外,还可补充地下水。由于雨水需要渗入土基,且需在一段时间后才能缓慢排出路基工作区,故全透式路面结构主要用于非机动车道、人行道、停车场和广场。

2.8.5 其他工程条件

由于透水路面特殊的渗透要求,选择地点的同时应考虑生态的敏感性。透水路面不能修建于有过量油、油脂或者化学沉积物存在的地方,这些物质有可能会污染地下水,如汽车修理站、加油站、石油的装载、卸载以及存储区。鉴于机动车潜在的污染,透水路面不能修建于邻近地下水供给的区域,修建透水路面的地点与饮用水供给区至少相距 25m。同时滑坡灾害地区不能修建透水路面,也必须远离建筑物的桩基以防水的渗漏。

第3章 透水路面材料设计

透水路面由于存在渗流的需求，路面材料一般需要采用大孔隙结构或缝隙结构，因此其材料的选用和配合比设计与传统路面有一定的区别。本章分别对透水沥青路面、透水混凝土路面和透水砖路面的材料设计进行论述。其中，透水沥青路面的材料设计要点包括高黏度沥青性能评价、抗车辙性能评价、抗松散性能和水稳定性评价等，透水混凝土材料设计主要介绍透水混凝土的配合比设计和再生骨料的应用情况，透水砖设计主要介绍材料设计要求。

3.1 透水沥青路面材料设计

透水沥青路面可以迅速排除路表积水，防止雨天驾驶易产生的飞溅、眩光、水漂等现象，提高雨天驾驶的安全性。同时，还可以有效降低交通噪声，调节环境温度，提高人们出行的舒适性。近年来，透水沥青路面以其良好的排水、降噪、抗滑、调节环境温度等功能特性，在我国北京、浙江、上海、湖北等地的高等级公路、城市快速路上得以应用、推广。

3.1.1 透水沥青混合料试验材料与试验方案

1. 原材料

（1）沥青

共选用12种黏度特性不同的沥青结合料，其中1号、2号为A-70基质沥青，3号为SBS改性沥青，4号为高强度改性沥青，5号～12号为高黏度类改性沥青。对上述沥青结合料进行了针入度、软化点、5℃延度等常规指标试验，计算了沥青的当量脆点，各种沥青常规指标如表3-1所示。

沥青结合料常规性能指标　　　　表3-1

标号	沥青品种	针入度(0.1mm)	软化点(℃)	5℃延度(cm)	当量脆点(℃)
1	A-70	59.1	46.0	—	−8.0
2	A-70	56.4	46.8	—	−7.8
3	SBS沥青	51.8	76.0	24.0	−17.1
4	高强度沥青	25.6	66.8	0.30	−10.3
5	高黏度沥青	41.4	78.8	46.0	−22.4
6	高黏度沥青	37.4	87.8	48.9	−23.0
7	高黏度沥青	46.2	84.9	40.2	−22.1
8	高黏度沥青	52.3	75.1	48.4	−15.7

续表

标号	沥青品种	针入度(0.1mm)	软化点(℃)	5℃延度(cm)	当量脆点(℃)
9	高黏度沥青	45.3	86.5	32.9	−15.0
10	高黏度沥青	61.6	82.5	26.6	−18.0
11	高黏度沥青	47.0	95.6	29.3	−23.3
12	高黏度沥青	51.0	85.1	33.2	−23.1

（2）骨料

粗骨料选用公称粒径范围 10～15mm 和 5～10mm 的辉绿岩，细骨料选用公称粒径范围 0～5mm 的石灰岩，填料选用细磨石灰岩矿粉，矿料各项指标均满足我国施工技术规范要求，测试指标见表 3-2～表 3-4。

粗骨料技术指标 表 3-2

技术指标	单位	技术要求	试验结果	试验方法
骨料压碎值，不大于	%	26	15.2	T 0316
洛杉矶磨耗值，不大于	%	28	13.5	T 0317
表观相对密度，不小于	—	2.60	2.747	T 0304
吸水率，不大于	%	2.0	0.40	T 0304
坚固性，不大于	%	12	0.8	T 0314
针片状颗粒含量，不大于	%	15	9.5	T 0312
水洗法＜0.075mm 颗粒含量，不大于	%	1	0.1	T 0310
软石含量，不大于	%	3	0.3	T 0320

细骨料技术指标 表 3-3

技术指标	单位	技术要求	试验结果	试验方法
表观相对密度，不小于	—	2.50	2.748	T 0328
坚固性(＞0.3mm 部分)，不大于	%	12	1.0	T 0340
含泥量(＜0.075mm 含量)，不大于	%	3	1.8	T 0333
砂当量，不小于	%	60	89.8	T 0334
棱角性(流动时间)，不小于	s	30	36.8	T 0345

填料技术指标 表 3-4

技术指标		单位	技术要求	试验结果	试验方法
表观密度，不小于		t/m³	2.50	2.705	T 0352
含水量，不大于		%	1	0.2	T 0103 烘干法
粒度范围	小于 0.6mm	%	100	100	T 0351
	小于 0.15mm	%	90～100	99.4	
	小于 0.075mm	%	75～100	97.0	
外观		—	无团粒结块	—	—

技术指标	单位	技术要求	试验结果	试验方法
亲水系数,不大于	%	1	0.83	T 0353
塑性指数,不大于	%	4	0	T 0354

(3) 混合料

本文选用目标空隙率18%、20%、23%的3种透水沥青混合料级配,最大公称粒径13mm。级配组成见表3-5,级配曲线见图3-1。

试验混合料的级配组成 表3-5

编号	级配种类	目标空隙率(%)	下列筛孔(mm)的通过百分率(%)								
			16	13.2	9.5	4.75	2.36	1.18	0.6	0.3	0.15	0.075
1	透水-13	18	100	95.2	74	26.8	18.2	12.7	9.8	6.6	5.0	4.0
2	透水-13	20	100	94.6	70.9	23.2	15.6	11.1	8.7	6.2	4.9	4.0
3	透水-13	23	100	93.9	67.2	16.5	10.6	8.1	6.7	5.3	4.5	4.0

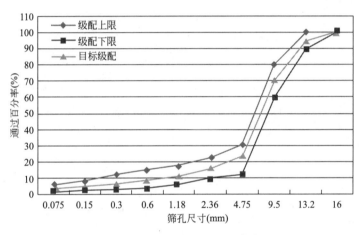

图3-1 透水混合料的级配曲线

2. 透水沥青混合料配合比设计

(1) 矿质混合料配合比设计

对于表3-5中3种透水混合料级配,选择沥青膜厚度为13μm,利用7号高黏度改性沥青成型马歇尔试件,混合料拌和温度185℃。经测量与计算得级配2.36mm通过率与空隙率关系,见图3-2。

由2.36mm筛孔通过率与空隙率关系图可知,上述3级配对应空隙率分别为17.7%,20.3%,22.7%,均符合目标空隙率±1%的要求,故选定上述3级配分别作为目标空隙率18%,20%,23%的设计级配。

(2) 最佳沥青用量的确定

按照《公路沥青路面施工技术规范》JTG F40—2004中相应方法进行透水混合料最佳沥青用量确定。以沥青膜厚度13μm对应的油石比作为设计油石比。A-70基质沥青,SBS

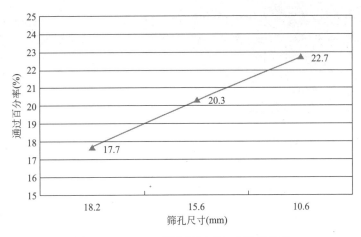

图 3-2 2.36mm 筛孔通过率与空隙率关系

改性沥青，高强度、高黏度改性沥青对应的最佳沥青用量、拌和温度等配合比设计参数见表 3-6。

透水混合料的最佳沥青用量　　　　　　　　　　　　表 3-6

沥青种类	目标空隙率(%)	沥青用量(%)	拌和温度(℃)	空隙率(%)	析漏损失(%)
7 号高黏度	18	4.5	185	17.7	0.11
7 号高黏度	20	4.4	185	20.3	0.11
7 号高黏度	23	4.0	185	22.7	0.23
1 号基质	20	4.4	155	19.6	0.26
3 号 SBS	20	4.4	175	20.3	0.19
4 号高强度	20	4.4	175	19.8	0.21

3. 沥青与沥青混合料试验方法

（1）剪切速率扫描试验

利用动态剪切流变仪（图 3-3）进行剪切速率扫描试验，测得沥青的黏度-剪切速率关系，借助流变学模型进行拟合分析可以获取沥青材料的零剪切黏度。

(a)

(b)

图 3-3 动态剪切流变仪

剪切速率扫描试验通过测量扭矩和圆板旋转速度获得黏度，通过连续施加不同的扭矩可以获得不同剪切速率下的黏度，即获得沥青的流动曲线。动态剪切试验原理图见图3-4，计算公式见式（3-1）、式（3-2）。

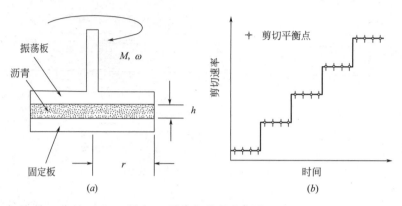

图3-4 零剪切黏度试验原理

$$\eta = \frac{2hM}{\pi r^4 \omega} \tag{3-1}$$

$$D = \frac{r\omega}{h} \tag{3-2}$$

式中　η——实测黏度，Pa·s；
　　　D——剪切速率，s^{-1}；
　　　h——两圆板间隙，m；
　　　r——圆板半径，m；
　　　ω——上圆板边缘转速，rad/s；
　　　M——上圆板扭矩，N·m。

利用圆板法进行剪切速率扫描试验，测得沥青的黏度-剪切速率关系，采用Carreau模型对实测关系进行拟合可得零剪切黏度。Carreau模型见式3-3。

$$\frac{(\eta - \eta_\infty)}{(\eta_0 - \eta_\infty)} = \frac{1}{[1+(KD)^2]^{n/2}} \tag{3-3}$$

式中　η_0——零剪切黏度，Pa·s；
　　　η_∞——无穷剪切速率黏度，Pa·s；
　　　K——剪切速率系数，s；
　　　n——Carreau模型速率指数，无量纲。

剪切速率扫描试验具体条件为，试样厚度$1000\mu m$，夹具直径25mm，试验温度60℃，剪切速率范围1.25×10^{-6}～$1.25\times10^{3}s^{-1}$，每个数量级测量10个黏度值。

（2）毛细管黏度试验

真空减压毛细管法可以通过测量不同压力下流体单位时间的流量，得到流体的黏度-剪切速率流动曲线，用于测定非牛顿流体的黏度。但是，采用毛细管法测量沥青流动曲线的方法较为烦琐，且拟合精度较低，目前各国试验规程均不采用毛细管法测量沥青的流动曲线，而是将沥青按牛顿流体处理进行黏度测量。测试原理遵循哈根-泊肃叶定律，毛细管黏度与沥青流经毛细管段所需的时间成正比，比例系数即为 K，利用黏度已知的流体对毛细管的进行标定，得出毛细管的黏度计常数 K，即可对沥青进行黏度测量。

《公路工程沥青及沥青混合料试验规程》JTG E20 中 T 0620-2000 规定试验温度 60℃，真空度 40kPa，试验设备见图 3-5，计算公式见式（3-4）。

$$\eta_c = K \times t \tag{3-4}$$

式中　η_c——毛细管黏度，Pa·s；
　　　K——毛细管黏度计管段常数，Pa·s/s；
　　　t——沥青流经毛细管段所用时间，s。

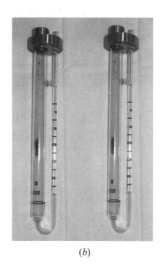

图 3-5　真空减压毛细管及水浴装置

（3）沥青性能指标试验

性能评价指标车辙因子 $G^*/\sin\delta$ 与改进型车辙因子 $G^*/(\sin\delta)^9$ 利用动态剪切流变仪进行试验，试验原理见图 3-6。动态剪切流变仪属于平板式的流变仪，沥青结合料被夹在平板之间，一块板固定，一块板围绕着中心轴来回摆动。摆动板上的点 A 转动到点 B，由 B 往回转动经过 A，转回到 C 点，再返回转动到 A 点，完成一个周期。

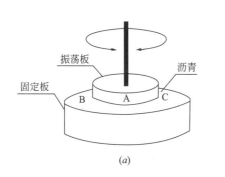
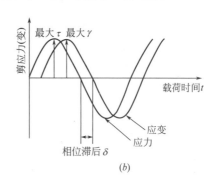

图 3-6　车辙因子加载方式与试验原理

原理图中列出了试验得出的正弦变化的剪切应变及应力。由原理图可以知道：用动态剪切流变仪测定沥青结合料在特定应力条件下的应变以及应变相对于应力的延迟时间，并根据这些数据算出复数剪切模量 G^* 和相位角 δ，从而确定沥青结合料的黏弹性质。计算公式如下：

$$\tau = \frac{2T}{\pi r^3} \tag{3-5}$$

$$\gamma = \frac{\theta \cdot r}{h} \tag{3-6}$$

$$G^* = \frac{\tau_{max} - \tau_{min}}{\gamma_{max} - \gamma_{min}} = G' + iG'' \tag{3-7}$$

$$\delta = 2\pi f \cdot \Delta t \tag{3-8}$$

式中　　　　　　　T——流变仪施加的扭矩；

　　　　　　　　　r——摆动板的半径；

　　　　　　　　　h——试件高度；

　　　　　　　　　θ——摆动板的旋转角；

τ_{max}、τ_{min}、γ_{max}、γ_{min}——试件承受的最大或最小剪应力、剪应变；

　　　　　　　　　f——振动荷载频率；

　　　　　　　　　Δt——滞后时间。

复数剪切模量 G^* 由实数 G' 和虚数 G'' 两部分组成：G' 表示振动弹性模量，由于它反映了变形过程中的能量的储存和释放，所以又叫储存弹性模量；G'' 相当于黏性抵抗部分由动黏度产生的损失弹性模量，它反映了变形过程中由于内部摩擦产生的以热的形式散失的能量，所以也叫损失弹性模量。

复数剪切模量的倒数称为复数剪切柔量，其虚数部分称为损失剪切柔量，车辙因子为剪切损失柔量的倒数，车辙因子越大，表示剪切损失柔量越小，即材料由于能量耗散产生的永久变形较小，抗车辙能力越强，故 SHRP 规范将其定义为车辙因子，作为反映沥青结合料的永久变形能力，即高温性能的指标，相关公式推导见式（3-9）、式（3-10）。

$$J^* = \frac{1}{G^*} = J' - iJ'' \tag{3-9}$$

$$\frac{G^*}{\sin\delta} = \frac{1}{J''} \tag{3-10}$$

式中　J^*——动态剪切复数柔量；

　　　J'——剪切储存柔量，表示沥青结合料变形过程中能量储存的柔量部分；

　　　J''——剪切损失柔量，表示沥青结合料变形过程中的能量损失的柔量部分；

　　　$G^*/\sin\delta$——车辙因子。

车辙因子存在对某些沥青包括改性沥青无法有效地进行分级的不足，Shenoy 等人认为主要原因是车辙因子对相位角的变化不敏感，因此通过对流变模型的进一步改造，应增大评价指标中相位角所占的比重。Shenoy 等人根据经验性力学模型，提出参数 $G^*/(1-1/\tan\delta\sin\delta)$，成立条件为 $1-1/\tan\delta\sin\delta>0$，即需要 $\delta \geqslant 51.8°$，对于 $\delta \leqslant 51.8°$ 的情况上述评价方法是无法拟合的。此后根据试验结果进行拟合，发现相位角正弦函数的 9 次方可以得到较好的拟合效果，故将改进车辙因子定义为 $G^*/(\sin\delta)^9$。

与车辙因子相比，改进车辙因子不仅可以更好地区分出各种改性沥青的性能差异，还可以利用原有试验设备,试验方法也与车辙因子测试完全相同。参照 AASHTO T312-08 中的方法,车辙因子测试采用应变进行试验控制,最大应变为 12%,振动加载频率为 1.59Hz,试验温度 60℃,平行板夹具 $\Phi25mm$,间距为 $1000\mu m$。

(4) 沥青混合料路用性能试验

1) 抗松散性能试验

参照《公路工程沥青及沥青混合料试验规程》JTG E20 中 T 0733—2000 试验方法对试件进行养护,具体处理方法为:5℃水浴浸水 20h,20℃水浴浸水 20h,以及 -18℃冷冻 20h,取出试件后立即在室温 20℃条件下进行肯塔堡飞散试验,试验条件为 30～33 转/min 转动 300 次,测试指标分别为不同试件处理温度对应的飞散损失 ΔS_{20}、ΔS_5、ΔS_{-18}。

2) 水稳定性能试验

按照《公路工程沥青及沥青混合料试验规程》JTG E20 中 T 0709—2000、T 0729—2000、T 0733—2000 方法进行试验混合料的浸水马歇尔试验、冻融劈裂强度试验,浸水飞散试验。

美国 ASTM D4867-04 规定,冻融劈裂试验中饱水率 S_w 为马歇尔试件真空饱水的体积占马歇尔试件孔隙体积的百分比,见式(3-11)。

$$S_w = \frac{4\frac{(m_f - m_a)}{\rho_w}}{vv \times \pi d^2 h} \times 100 \tag{3-11}$$

式中 S_w——试件饱水率(%);

m_a——干燥试件在空气中的质量(g);

m_f——真空饱水后表干试件在空气中质量(g);

ρ_w——水的密度(g/cm³);

vv——透水混合料空隙率(%);

h——马歇尔试件高度(cm);

d——马歇尔试件直径(cm)。

3) 高温稳定性能试验

采用科研型车辙仪。试验仪可通过增减配载压力块的方法改变车辙仪压强,压强增减范围 0.7～0.9MPa,可变温度范围 40～80℃。利用 QCZ-2 科研型车辙仪参照《公路工程沥青及沥青混合料试验规程》JTJ 052-2000 中 T 0719-1993 规定的方法,进行不同温度、轮压条件下的车辙试验。

3.1.2 高黏度改性沥青性能评价

在透水混合料应用过程中,高黏度沥青性能的评价指标和技术要求备受关注。本章分析沥青材料的黏度特性以及沥青在路面结构中受力状态,探讨以零剪切黏度作为高黏度改性沥青评价指标的合理性,对零剪切黏度与沥青其他性能评价指标的相关性进行比较分析,提出高黏度沥青黏度的有效评价指标。

1. 沥青黏度特征与受力分析

(1) 沥青材料黏度特征

一般认为,沥青在工作条件下属于伪塑性流体,伪塑性流体无剪切屈服应力,其黏

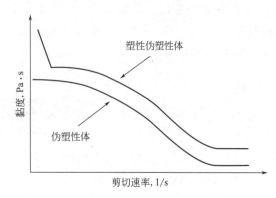

图 3-7 塑性流体与塑性伪塑性流体区别

度-剪切速率流动曲线如图 3-7 所示。塑性伪塑性体存在屈服应力，但当屈服应力极小时，二者黏度-剪切速率流动曲线差异不大，仅在剪切速率极小处存在差异，塑性伪塑性体在剪切速率极小时，黏度随着剪切速率减小迅速增大。

(2) 高黏度改性沥青定义

沥青黏度与剪切速率、温度相关，应根据沥青在路面结构中的工作状态定义高黏度改性沥青。将高黏度改性沥青定义为，使用高黏度改性剂改性，在路面结构对应的温度与剪切速率水平条件下，动力黏度高于一般基质沥青和聚合物改性沥青道路改性沥青。

(3) 沥青路面受力状态

1) 沥青路面上面层剪切应力分析

在路面结构中，沥青材料黏度的大小主要取决于所受剪切速率的大小，而沥青材料所承受的剪切速率水平与路面的受力条件有关。

采用 BISAR 软件对路面结构进行力学分析。取透水路面典型结构，荷载为双圆均布荷载，荷载半径为 10.65cm，荷载大小为 0.7MPa，对以双圆荷载连线中点"O"为中心，边长 2m 的正方形范围进行计算，计算透水上面层不同深度和位置的剪应力大小。加载模式和计算参数见图 3-8。计算结果为：4cm 上面层中剪切应力分布范围为 $3.58 \times 10^2 \sim 2.28 \times 10^5$ Pa。

2) 沥青材料的性能参数

在分析沥青路面的剪切速率时，沥青材料性能参数可以采用"四单元、五参数"蠕变模型参数表征，"四单元、五参数"蠕变模型见图 3-9，该模型的本构方程由式（3-12）表示，经求导可得剪切速率-剪应力关系，见式（3-13）。

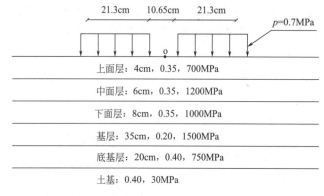

图 3-8 透水沥青路面结构及加载模式

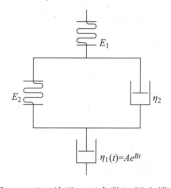

图 3-9 "四单元、五参数"蠕变模型

$$\gamma(t)=\tau_0\left[\frac{1}{E_1}+\frac{t}{A\cdot e^{B\cdot t}}+\frac{1}{E_2}(1-e^{-\frac{tE_2}{\eta_2}})\right] \tag{3-12}$$

$$\gamma'(t)=\frac{\tau_0}{A\cdot e^{B\cdot t}}(1-B\cdot t)+\frac{\tau_0}{\eta_2}e^{-\frac{tE_2}{\eta_2}} \tag{3-13}$$

式中 τ_0——模型所受剪应力（Pa）；

γ——模型的剪应变响应；

γ'——模型的剪切速率响应（s^{-1}）；

E_1、η_1——串联部分麦克斯韦模型弹性模量、黏性系数，$\eta_1(t)=Ae^{B\cdot t}$；

E_2、η_2——并联部分开尔文模型弹性模量、黏性系数。

徐世法等根据透水混合料蠕变恢复试验，得出了20~50℃温度范围内"四单元、五参数"模型参数的回归结果，见表3-7。

沥青路面上面层剪切速率计算表 表3-7

温度 （℃）	剪应力 （Pa）	加载时间 （s）	$E_1\times 10^{-3}$ （Pa）	$E_2\times 10^{-2}$ （Pa）	$A\times 10^{-5}$ （Pa·s）	$B\times 10^3$	$\eta_2\times 10^{-5}$ （Pa·s）	剪切速率 （s^{-1}）
20	$3.58\times 10^2\sim$ 2.28×10^5	0~0.012	3.50	8.29	7.68	2	3.92	$1.38\times 10^{-3}\sim 0.88$
35		0~0.012	3.00	7.44	1.61	4	2.27	$3.80\times 10^{-3}\sim 2.42$
50		0~0.012	1.20	11.30	0.73	6	1.49	$7.28\times 10^{-3}\sim 4.64$

3）沥青路面上面层剪切速率分布范围

一般情况下行车速度为60km/h，经过直径21.3cm圆形均布荷载所用时间为0.012s，故取加载时间为0~0.012s。根据剪应力范围、"四单元、五参数"模型参数、加载时间，利用式（3-13）计算路面结构上面层内剪切速率，计算结果汇总于表3-7。由表中数据可知，4cm上面层在行车荷载作用下的剪切速率在$1.38\times 10^{-3}\sim 4.64s^{-1}$范围内变化，说明剪切速率范围$1.38\times 10^{-3}\sim 4.64s^{-1}$对应的黏度可以更好地表征沥青材料在路面结构中的粘结特性。

2. 沥青材料零剪切黏度

（1）剪切速率扫描试验

12种试验沥青材料的实测黏度结果见表3-8。采用Carreau模型对表3-8中的数据进行拟合，得到试验沥青材料的零剪切黏度以及相应的第一牛顿区的剪切频率范围，结果见图3-10。

零剪切黏度拟合结果 表3-8

标号	沥青品种	屈服应力 （Pa）	稀化点应力 （Pa）	第一牛顿区 （s^{-1}）	η_0 （Pa·s）	相关系数
1	A-70	0.287	21.30	$1.0\times 10^{-3}\sim 62.3$	182.1	0.928
2	A-70	0.054	1.890	$1.8\times 10^{-4}\sim 31.4$	268.5	0.990
3	SBS沥青	0.415	1346	$3.2\times 10^{-5}\sim 3.14$	15620	0.952

续表

标号	沥青品种	屈服应力（Pa）	稀化点应力（Pa）	第一牛顿区（s^{-1}）	η_0（Pa·s）	相关系数
4	高强度沥青	0.120	677.0	$1.7\times10^{-5}\sim33.5$	8827	0.985
5	高黏度沥青	1.309	56.22	$1.3\times10^{-4}\sim2.49$	10250	0.993
6	高黏度沥青	0.799	206.1	$3.7\times10^{-5}\sim2.49$	22590	0.955
7	高黏度沥青	1.678	628.7	$3.7\times10^{-5}\sim2.47$	38300	0.967
8	高黏度沥青	0.527	172.7	$4.7\times10^{-5}\sim3.14$	12090	0.987
9	高黏度沥青	1.683	496.7	$4.5\times10^{-5}\sim1.25$	43130	0.994
10	高黏度沥青	2.033	3956	$4.6\times10^{-5}\sim1.98$	49360	0.905
11	高黏度沥青	1.278	296.2	$2.9\times10^{-5}\sim1.98$	41630	0.967
12	高黏度沥青	0.437	870.2	$5.1\times10^{-6}\sim1.25$	72580	0.999

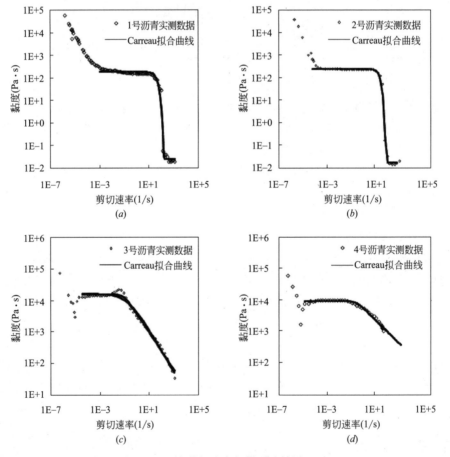

图 3-10 沥青剪切速率扫描试验结果（一）

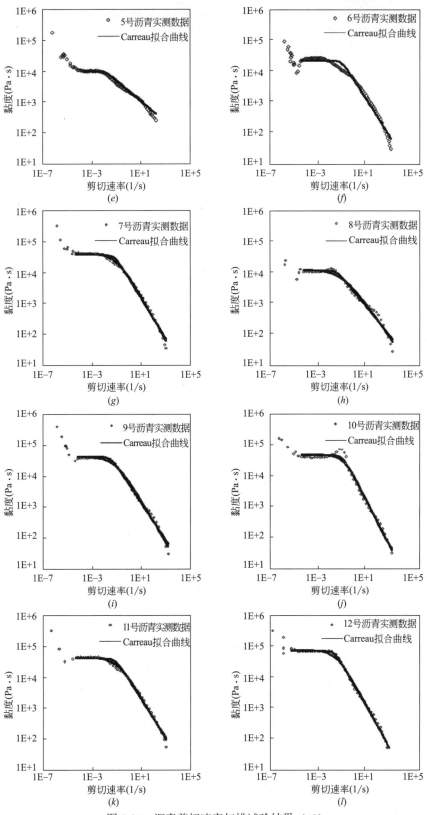

图 3-10 沥青剪切速率扫描试验结果（二）

对图 3-10 进行分析，可以得出沥青结合料在剪切速率扫描试验下的典型流动曲线，见图 3-11。沥青结合料流动曲线包括 3 个特征点，4 个特征区域。

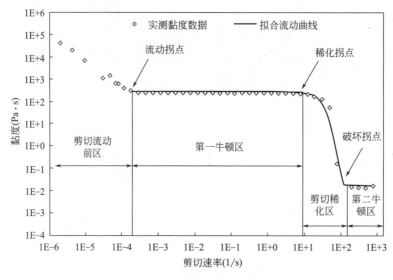

图 3-11　沥青流动特征曲线

流动曲线第一个特征点为流动拐点，流动拐点为剪应力等于沥青材料屈服应力的特征点。当剪切速率极小，剪应力小于沥青材料屈服应力时，沥青黏度随着剪切速率的减小迅速增大，说明沥青在静止状态下是具有一定劲度的结构，若初始剪切速率极小，沥青的流动异常困难，黏度迅速增大。将剪切速率极小，剪切应力小于沥青屈服应力的区域命名为剪切流动前区，简称为流动前区，流动前区位于流动拐点左侧。

流动曲线第二个特征点为稀化拐点，稀化拐点为沥青稳态流动平衡被打破，黏度随着剪切速率增大开始迅速衰减的特征点。沥青为烃类、非烃类等多种成分组成的混合物，含有大量缠绕着的不对称长链分子。静止时沥青内部分子杂乱地彼此纠缠在一起，受剪切时则逐渐地沿流动方向定向、伸展、变形及分散，使排列有序化，其主轴逐渐平行于流动方向。剪切速率较小时，处于杂乱分布状态的分子平衡是非常巩固的，沥青内部分子仍处于随机状态，故表现出牛顿流动，黏度趋于恒定常数值。本文将剪切速率对应剪应力大于屈服应力，并且黏度趋于恒定常数值的区域称之为第一牛顿区，常数黏度值称之为零剪切黏度，第一牛顿区域位于流动拐点与稀化拐点之间。

流动曲线第三个特征点为破坏拐点，破坏拐点为沥青黏度不再随着剪切速率增大而衰减，黏度开始趋于恒定常数值的特征点。本文将流动曲线位于稀化拐点与破坏拐点之间的区域称之为剪切稀化区域。将位于破坏拐点右侧的区域称之为第二牛顿区域。在剪切稀化区域内，沥青内部粒子的有序化的程度随着剪切速率的增加而增大，黏度迅速变小。当剪切速率增大至沥青内部分子完全有序化时，沥青黏度不再减小，趋于恒定常数值，为无穷剪切速率黏度。

综上所述，60℃条件下沥青流动曲线存在剪切流动前区，此时沥青为塑性伪塑性流体，并非一般认为的伪塑性流体。结合表 3-8 知，沥青屈服应力远小于稀化点应力，屈服应力不足稀化点应力的 5%，当剪切速率增大，剪应力大于屈服应力时，沥青黏度-剪切速率流动曲线与伪塑性流体极其相似，均存在第一牛顿区、剪切稀化区、第二牛顿区等区域。

由图 3-10 可见，对于 3 号～12 号改性沥青，当剪切速率大于 $10^{-5}\,\mathrm{s}^{-1}$ 时，沥青表现为伪塑性体流动特性，存在明显的第一牛顿区及剪切稀化区。当剪切速率继续增大至 $1.25\times10^3\,\mathrm{s}^{-1}$ 时，改性沥青尚未出现第二牛顿区的黏度特征，表明改性沥青内部分子结构结合较为紧密，需要更高的剪切速率才能完全破坏改性沥青的内部结构，使其黏度趋于极小常量，达到第二牛顿区。

对于 1 号和 2 号基质沥青，在剪切速率范围 $1.25\times10^{-6}\sim1250\,\mathrm{s}^{-1}$ 内，存在完整的剪切流动前区，第一牛顿区，剪切稀化区，以及第二牛顿区。第二牛顿区对应的剪切速率范围为 $10^2\sim10^3\,\mathrm{s}^{-1}$。基质沥青的第二牛顿区对应的剪切速率较低，说明基质沥青内部结构更容易被破坏，对应的无穷剪切速率黏度更易达到。

为了将第一牛顿区域定量化，进行第一牛顿区定义。在对数坐标系中利用 Carreau 模型拟合实测黏度数据，获得 Carreau 模型拟合曲线。第一牛顿区域为曲线黏度范围 $\log(\eta_0)\sim0.80\log(\eta_0)$ 对应的剪切速率范围。

由表 3-8 可见，对于 3 号～12 号改性沥青，零剪切黏度范围为 8827～72580 Pa·s，第一牛顿区域的剪切速率范围 $1.3\times10^{-4}\sim1.25\,\mathrm{s}^{-1}$ 之间；基质沥青的零剪切黏度为分别为 182.1 Pa·s 和 268.5 Pa·s，第一牛顿区域范围 $1.0\times10^{-3}\sim31.4\,\mathrm{s}^{-1}$。

上述分析表明，12 种试验沥青零剪切黏度的剪切速率的共同区域范围为 $1.0\times10^{-3}\sim1.25\,\mathrm{s}^{-1}$，这个范围与沥青在路面结构中所受剪切速率范围（$1.38\times10^{-3}\sim4.64\,\mathrm{s}^{-1}$）基本一致。因此，认为 60℃ 零剪切黏度可以较为真实地反映沥青材料在路面结构中的黏性特征，作为高黏度改性沥青的黏度评价指标是合理的。

(2) 零剪切黏度获取方法简化

利用 Carreau 模型对剪切速率-黏度流动曲线进行拟合，可得拟合零剪切黏度。然而，此方法需利用专用数据分析软件"Rheology Advantage"，现有大部分品牌和型号的流变仪未配备此软件，使 60℃ 零剪切黏度难以在工程中应用和普及，需进一步对零剪切黏度试验方法进行研究。"Rheology Advantage"软件 Carreau 模型拟合界面见图 3-12。

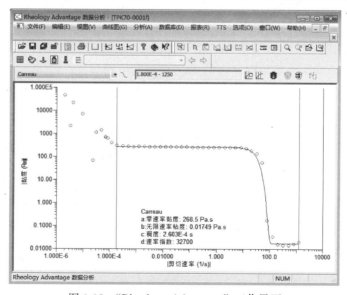

图 3-12 "Rheology Advantage" 工作界面

沥青第一牛顿区共同区域在 $10^{-3} \sim 1.0 \mathrm{s}^{-1}$ 量级之间，与沥青在路面结构中所受的剪切速率范围（$1.38 \times 10^{-3} \sim 4.64 \mathrm{s}^{-1}$）一致，故对 $10^{-3} \mathrm{s}^{-1}$、$10^{-2} \mathrm{s}^{-1}$、$10^{-1} \mathrm{s}^{-1}$、$1.0 \mathrm{s}^{-1}$ 对应的黏度与拟合零剪切黏度进行比较。图 3-13 给出了 12 种道路沥青测量黏度对数值与 Carreau 模型拟合零剪切黏度对数值百分比。

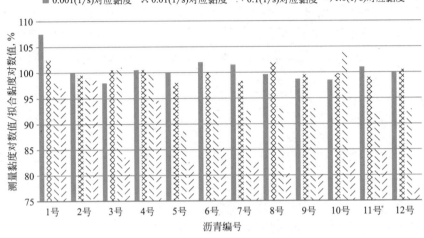

图 3-13 拟合零剪切黏度与实测黏度关系

如图 3-13 所示，随着剪切速率的增大，测量黏度对数值与拟合黏度对数值的百分比逐渐减小，$10^{-3} \mathrm{s}^{-1}$ 对应的测量黏度略高于拟合黏度，$10^{-1} \mathrm{s}^{-1}$、$1.0 \mathrm{s}^{-1}$ 对应的测量黏度低于拟合黏度，$10^{-2} \mathrm{s}^{-1}$ 测量黏度与拟合零剪切黏度最为接近，比值百分数在 $100\% \pm 2.5\%$ 之间。利用测量黏度作为零剪切黏度可以有效地简化试验方法，有利于零剪切黏度的推广与应用，因此建议取剪切速率 $10^{-2} \mathrm{s}^{-1}$ 对应的测量黏度作为零剪切黏度。

3. 零剪切黏度与毛细管黏度比较

(1) 毛细管年度试验

12 种沥青 60℃ 毛细管黏度试验结果见表 3-9。

由真空减压毛细管试验结果可见，不同沥青的毛细管黏度差异极大，分布范围 223～518529Pa·s。其中有 4 种高黏度沥青的毛细管黏度值超过 1×10^5Pa·s。黏度值最大的 11 号沥青的毛细管黏度达到 518529Pa·s，是 8 号高黏度沥青毛细管黏度 11538 Pa·s 的 45 倍，是 4 号高强度沥青 7225Pa·s 的 67 倍。

真空减压毛细管试验结果　　　　表 3-9

编号	沥青品种	毛细管型号	毛细管段号	K (Pa·s/s)	t (s)	毛细管黏度 (Pa·s)
1	A-70	100	C	2.27	98.00	223
2	A-70	100	C	2.16	151.00	326
3	SBS 沥青	400R	B	250.50	100.00	25050
4	高强度沥青	400R	D	29.18	247.61	7225
5	高黏度沥青	800R	E	89.93	201.00	18076

续表

编号	沥青品种	毛细管型号	毛细管段号	K (Pa·s/s)	t (s)	毛细管黏度 (Pa·s)
6	高黏度沥青	800R	B	1002.00	160.00	160320
7	高黏度沥青	800R	B	1002.00	336.94	337617
8	高黏度沥青	800R	E	92.27	125.05	11538
9	高黏度沥青	800R	C	733.20	64.31	47152
10	高黏度沥青	800R	D	289.60	683.93	198066
11	高黏度沥青	800R	B	1048.00	494.78	518529
12	高黏度沥青	800R	B	1002.00	90.89	91072

（2）毛细管黏度与零剪切黏度差异分析

图 3-14 给出了 12 种沥青的 60℃ 毛细管黏度和零剪切黏度。

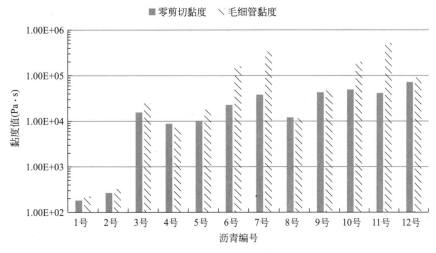

图 3-14　零剪切黏度与毛细管黏度试验结果对比

分析图 3-14 可见：大部分沥青材料的零剪切黏度值小于毛细管黏度初始值；当毛细管黏度小于 $1×10^5$ Pa·s 时，两者在数值上比较接近；当毛细管黏度大于 $1×10^5$ Pa·s 时，零剪切黏度值将明显低于毛细管黏度值，图中 6 号、7 号、10 号、11 号等 4 种高黏度沥青的毛细管黏度在 10^5 Pa·s 数量级，零剪切黏度仅在 10^4 Pa·s 数量级。

（3）毛细管黏度"过高"现象的分析

沥青材料毛细管黏度与零剪切黏度的试验原理和试验条件均存在差异。其中的一个最显著的差异是，现行的真空减压毛细管法无法规定试验时的剪切速率。根据毛细管黏度的测试原理，毛细管黏度取决于流动时间，由于真空减压毛细管法的真空度相同，沥青的黏度越大，流动时间越长，剪切速率越低，反之亦然。也就是说，不同黏度的沥青可能是在不同的剪切速率下测得的。

由于毛细管黏度试验无法测得相应的剪切速率，借助剪切速率扫描试验得出的流动曲线确定毛细管黏度对应的剪切速率。

图 3-15 给出了 60℃毛细管黏度超过 1×10^5 Pa·s 的 6 号、7 号、10 号和 11 号高黏度沥青在的剪切速率流动曲线。与 6 号、7 号、10 号和 11 号沥青 60℃毛细管黏度测试值对应的剪切速率分别为 1.0×10^{-6} s^{-1}、1.0×10^{-6} s^{-1}、6.0×10^{-7} s^{-1} 和 2.0×10^{-7} s^{-1}，剪切速率范围为 $10^{-7}\sim10^{-6}$ s^{-1}。$10^{-7}\sim10^{-6}$ s^{-1} 远低于沥青第一牛顿区的剪切速率范围 $10^{-3}\sim1.0$ s^{-1}，处于沥青的剪切流动前区。根据前文分析，在剪切流动前区，沥青的黏度将随着剪切速率的增加而显著增大，这就是高黏度沥青的毛细管黏度测试值远高于零剪切黏度值的主要原因。

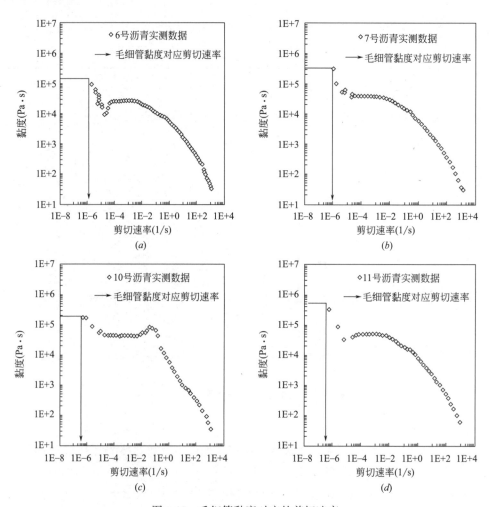

图 3-15　毛细管黏度对应的剪切速率

同时，剪切频率范围 $10^{-7}\sim10^{-6}$ s^{-1} 远低于路面结构中沥青所受的剪切速率范围（$1.38\times10^{-3}\sim4.64$ s^{-1}），使得毛细管黏度所反映的沥青黏度特性与高黏度沥青在路面结构中的实际黏度特征不一致。故毛细管黏度不适宜作为高黏度改性沥青的黏度评价指标。

对于毛细管黏度低于 1×10^5 Pa·s 的基质沥青，高强度沥青，以及 SBS 改性沥青，毛细管黏度与零剪切黏度较为接近，将毛细管黏度值代入剪切流动曲线，得到毛细管黏度对应的剪切速率在第一牛顿区内或与第一牛顿区接近，故零剪切黏度与毛细管黏度接近，毛细管黏度可以作为基质沥青，高强度沥青，以及 SBS 改性沥青的黏度评价指标。

上述分析表明，真空减压毛细管法无法规定试验时的剪切速率，即所得到的黏度值可能是在不同的剪切速率下得到的。沥青的黏度越大，试验时的剪切速率越小，而沥青的黏度越小，试验时的剪切速率越小，由此，导致高黏度沥青的毛细管黏度远大于零剪切黏度，而黏度较低的沥青可以得到与零剪切黏度几乎相同的测试值。

4. 零剪切黏度与其他评价指标的比较

（1）常规指标与性能指标试验

12种沥青结合料针入度、软化点、60℃车辙因子、改进型车辙因子见表3-10。

沥青结合料常规指标与性能指标　　　　表3-10

编号	沥青品种	针入度 (0.1mm)	软化点 (℃)	$G^*/\sin\delta$ (kPa)	$G^*/(\sin\delta)^{-9}$ (kPa)
1	A-70	59.1	46.0	1.90	1.92
2	A-70	56.4	46.8	2.61	2.65
3	SBS沥青	51.8	76.0	6.92	18.2
4	高强度沥青	25.6	66.8	18.79	38.66
5	高黏度沥青	41.4	78.8	8.46	19.91
6	高黏度沥青	37.4	87.8	11.58	32.26
7	高黏度沥青	46.2	84.9	11.82	47.56
8	高黏度沥青	52.3	75.1	6.66	10.67
9	高黏度沥青	45.3	86.5	7.57	17.36
10	高黏度沥青	61.6	82.5	5.95	18.49
11	高黏度沥青	47.0	95.6	12.38	56.26
12	高黏度沥青	51.0	85.1	10.42	42.46

（2）零剪切黏度与常规指标、性能指标相关性

根据表3-10试验结果与零剪切黏度试验结果，得到针入度、软化点、车辙因子、改进型车辙因子与60℃零剪切黏度拟合关系，见图3-16。

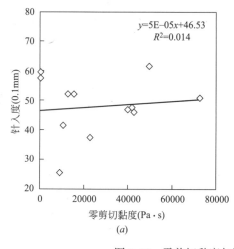

(a)

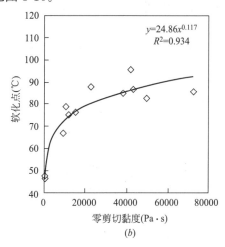

(b)

图3-16 零剪切黏度与沥青评价指标关系（一）

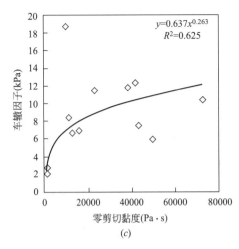 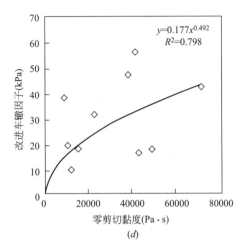

图 3-16 零剪切黏度与沥青评价指标关系（二）

如图 3-16 所示，常规评价指标、性能评价指标与零剪切黏度相关性存在较大差异。软化点指标与 60℃零剪切黏度相关性最好，相关系数平方为 0.934，说明两指标显著相关，这是因为软化点为经验性黏稠度评价指标，其实质为沥青材料的"等黏温度"。软化点为我国沥青评价的常规指标，其试验方法简便、设备普及率高、与零剪切黏度相关性好，适宜作为高黏度改性沥青的质量控制指标。

车辙因子、改进车辙因子与零剪切黏度相关性稍差，相关性系数平方分别为 0.625、0.789。车辙因子、改进车辙因子是美国沥青性能评价体系中指标，用于评价沥青的抗车辙性能，60℃零剪切黏度为欧洲的抗车辙性能评价指标。试验结果表明，零剪切黏度与性能评价体系指标不完全相关，零剪切黏度与性能评价指标表征抗车辙能的优劣不同，有待于车辙试验进行检验。

针入度指标的实质为沥青材料的等温黏稠度，为经验性黏稠度评价指标。试验结果表明，针入度与零剪切黏度不存在明显的相关性，二者线性拟合相关系数平方仅为 0.014。结合表 3-10 中数据进行分析，3 号 SBS 改性沥青的零剪切黏度是 2 号基质沥青的 58 倍，二者的针入度却均在 50～60（0.1mm）之间，相差极小。而对于基质沥青，1 号、2 号沥青针入度分别为 59.1（0.1mm）与 56.4（0.1mm），2 号沥青黏稠度较大，零剪切黏度分别为 182.1Pa·s、268.5Pa·s，同样反映了这个关系。由此可见，针入度可以区分出基质沥青之间的黏稠性能差别，但无法有效地区分出基质沥青与聚合物改性沥青的黏稠性能差别。

3.1.3 透水沥青混合料抗车辙性能及影响因素

透水沥青路面的抗车辙性能及其对重载交通的适用性是人们关注的问题。本章对透水沥青混合料抗车辙性能及影响因素进行研究，分析了沥青性能指标、混合料级配类型和空隙率、荷载水平、试验温度等因素对透水沥青混合料抗车辙性能影响规律，探讨透水沥青路面对重载交通道路的适用性。

1. 车辙试验结果

根据试验方案，进行第 1 组～第 5 组车辙试验，动稳定度试验结果见表 3-11。

车辙试验结果   表 3-11

沥青编号	级配类型	空隙率(%)	$DS_{60,0.7}$(次/mm)	$DS_{60,0.9}$(次/mm)	$DS_{70,0.7}$(次/mm)
1 号	透水-13	20	283	68	—
3 号	透水-13	20	3923	2783	641
4 号	透水-13	20	5132	5007	1408
5 号	透水-13	20	5737	5257	1562
6 号	透水-13	20	8639	6975	3559
7 号	透水-13	20	8253	6921	3774
7 号	SMA	4	7368	4625	2627
7 号	透水-13	18	8581	—	3805
7 号	透水-13	23	7079	—	2515

2. 混合料组成对抗车辙性能的影响

（1）沥青性质影响

结合 6 种沥青指标数据，与表 3-11 中 60℃动稳定度数据，分别采用线性函数、对数函数、幂函数和指数函数形式，对沥青各性能指标与混合料动稳定度之间的关系进行拟合。最优拟合函数形式见图 3-17。

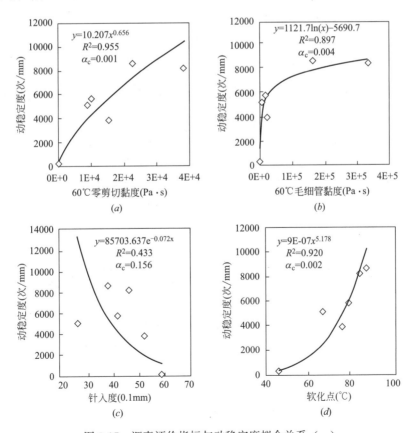

图 3-17　沥青评价指标与动稳定度拟合关系（一）

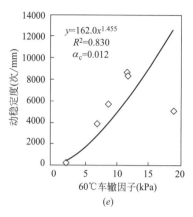 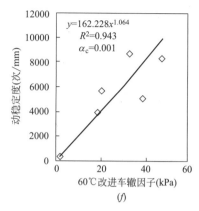

图 3-17 沥青评价指标与动稳定度拟合关系（二）

将沥青指标与混合料动稳定度回归统计学参数汇于表 3-12。表中 R^2、α_c、n、S_E 分别代表相关系数平方、临界显著性水平、数据组数、残差平方和。当 $\alpha_c=0.05$ 时，表明该方程可以进行置信度 95% 以上的统计学预测与控制，S_E 表示由随机误差作用在数据中引起的波动。

沥青性能指标与混合料动稳定度拟合参数　　　　表 3-12

统计学参数	η_0	η_c	Pen	$T_{R\&B}$	$G^*/\sin\delta$	$G^* \cdot (\sin\delta)^{-9}$
R^2	0.955	0.897	0.433	0.920	0.830	0.943
α_c	0.001	0.004	0.156	0.002	0.012	0.001
n	6	6	6	6	6	6
S_E	0.376	4879940	4.693	0.659	1.407	0.474

分析图 3-17、表 3-12 中拟合结果可知，各沥青指标与混合料动稳定度相关性由高到低排序为：60℃零剪切黏度、60℃改进型车辙因子、软化点、60℃毛细管黏度、车辙因子、针入度。其中 60℃零剪切黏度、改进型车辙因子、软化点与试验混合料的动稳定度呈现良好的拟合关系，回归式的相关系数平方分别为 0.955、0.943、0.920，均高于 0.900，临界置信度均高于 99.8%。上述试验结果说明，沥青性质对透水混合料抗车辙性能影响显著，透水混合料动稳定度与沥青 60℃零剪切黏度相关性最好，验证了 60℃零剪切黏度可以更好地反映沥青的路用性能的力学分析结果。

沥青的 60℃毛细管黏度与试验混合料动稳定度的回归关系的相关系数平方大小为 0.897，拟合关系式符合对数函数形式，当黏度大于 1.0×10^5 Pa·s 时飞散损失随毛细管黏度变化并不明显，试验结果验证了力学分析的结论，即高黏度改性沥青毛细管黏度存在"过高"现象，其黏度值与沥青在混合料结构中表现的黏度特性不相符。

60℃车辙因子、针入度与试验混合料动稳定度拟合相关系数平方分别为 0.830、0.433，因二者均无法有效区分基质沥青与改性沥青的黏度特性，与透水混合料动稳定度相关性较差。

（2）空隙率影响

空隙率对透水混合料抗车辙性能影响规律见图 3-18。

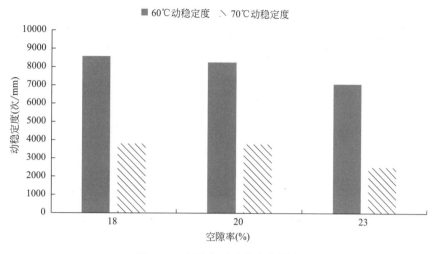

图 3-18 空隙率对动稳定度影响

如图中数据所示,对于最大公称粒径 13 的透水混合料,动稳定度随空隙率增大逐渐减小。在 60℃条件下,空隙率由 18%增加到 20%时,混合料动稳定度下降 328 次/mm,下降幅度为 3.8%,空隙率由 20%增加到 23%时,动稳定度下降 1174 次/mm,下降幅度为 14.2%,下降幅度明显增大。70℃条件下的动稳定度数据存在同样趋势。试验结果说明,透水混合料空隙率达到 23%时,级配组成中粗骨料比例过高,导致骨料之间的粘结作用减弱,抵抗剪切流动性能降低,因而动稳定度下降明显。因此,进行透水混合料设计时,建议选取 20%作为目标空隙率,如需增大设计空隙率以满足透水或降噪要求,目标空隙率可适当增加,但不建议选择超过 23%的空隙率作为目标空隙率。

3. 试验条件对抗车辙性能的影响

(1) 试验轮压影响

图 3-19 给出了透水混合料不同轮压条件下 60℃车辙试验结果。

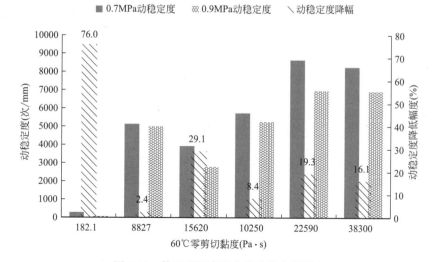

图 3-19 轮压对沥青混合料动稳定度影响

如图中数据所示，当轮压由 0.7MPa 升高至 0.9MPa 时，透水混合料动稳定度降低。5 种改性沥青配制的透水混合料的动稳定度降幅范围为 2.4%～29.1%，基质沥青配制的透水混合料试件的动稳定度降幅为 76.0%。基质沥青混合料动稳定度降幅远高于改性沥青混合料，这是因为基质沥青软化点远低于 60℃，60℃条件下基质沥青已经软化并趋于表现流体特性，相应的透水混合料抗剪性能极差，车辙仪轮压的微幅增大即可导致混合料结构的崩溃。这个结果表明，透水混合料不宜选用基质沥青进行配制。

对于改性沥青配制的透水混合料，随着沥青 60℃零剪切黏度的提高，动稳定度下降幅度呈减小趋势。试验结果说明，对于 60℃零剪切黏度较高的高黏度改性沥青，混合料抗车辙性能强，重载作用下抗车辙性能稳定。因此，透水混合料不仅不适宜用基质沥青配制，而且需要提高沥青黏度要求，采用 60℃零剪切黏度较大的高黏度改性沥青进行配制。

（2）试验温度影响

图 3-20 给出了车辙仪轮压 0.7MPa、试验温度 60℃、70℃的车辙试验结果。

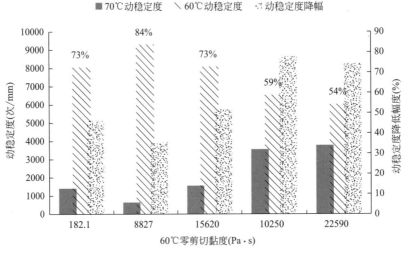

图 3-20　温度对混合料动稳定度影响

由图中数据知，基质沥青配制的透水混合料 60℃动稳定度远小于改性沥青动稳定度。温度升高至 70℃时，已经无法测出基质沥青透水混合料的动稳定度。这是由于基质沥青透水混合料抗车辙性能极差，试验初期车辙深度迅速增加，超过车辙仪量程所致。此试验结果再次说明，透水混合料不可利用基质沥青配制。

对于 5 种改性沥青混合料，动稳定度衰减幅度随着沥青 60℃零剪切黏度的增加而降低，说明高黏度改性沥青抗变形性能更为稳定。然而 5 种沥青混合料动稳定度下降百分比在 54.3%～83.7%之间，70℃动稳定度均不到 60℃动稳定度的一半，相当于温度每升高 1℃，动稳定度衰减 5%～10%。由此可见，即使采用高黏度沥青，透水混合料抗车辙性能也会随着温度的升高而迅速衰减。因此，应严格区分透水混合料的使用温度，并以此作为混合料配合比设计抗车辙性能检验的主要依据。

4. 透水沥青混合料重载交通的适用性

（1）与 SMA 混合料抗车辙能力

同济大学钱国平等对车辆荷载轴重与轮胎接地压强关系进行研究。研究结果表明，为提高载重能力，重型车辆一般采用不低于 1.1MPa 的高胎压，此时轮胎中心区域 60%范围内的接地压强一般高于边缘范围压强。轮胎内气压 1.1MPa 时，115kN、307kN 轴载可在轮胎中心区域范围内产生 0.7MPa、0.9MPa 的接地压，接地压强 0.9MPa 对应的轴载约为 0.7MPa 对应轴载的 3 倍。上述研究结果说明，车辙试验 0.9MPa 可以较好地模拟重载交通的作用。

透水混合料 0.9MPa 动稳定度为 6921 次/mm，SMA 混合料 0.9MPa 动稳定度为 4625 次/mm，透水混合料 0.9MPa 动稳定度比 SMA 混合料高 49.6%。当轮压由 0.7MPa 升高至 0.9MPa 时，SMA 混合料动稳定度下降 37.2%，透水混合料动稳定度仅下降 16.1%，下降幅度远小于 SMA 混合料。试验结果说明，透水混合料的抗车辙性能优势在 0.9MPa 条件下更为明显，并且当试验轮压增大时，透水混合料动稳定度衰减不明显。因此，透水混合料不仅适用于一般交通条件，对应重载交通也是适用的。

(2) 与 SMA 混合料温度敏感性比较

当试验温度由 60℃升高至 70℃时，透水混合料动稳定度衰减 54.3%，SMA 混合料动稳定度下降 64.3%，SMA 混合料动稳定度下降幅度超过透水混合料。上述试验结果说明，透水混合料不但在 60℃条件下具有良好抗车辙性能，而且 70℃高温条件下也具有良好的抗车辙性能，高黏度改性沥青配制的透水混合料是适用于高温环境的。

5. 透水沥青混合料抗车辙性能技术要求

(1) 路面最高设计温度

利用路面长期使用性能计划带有概率含义路面最高温度计算模型，计算我国典型城市沥青路面最高设计温度。路面长期使用性能计划带有概率含义路面最高温度计算模型见式 (3-14)。我国大陆地区 31 个省典型城市沥青路面气候分区及 LTPP 模型路面最高设计温度计算结果见表 3-13。

$$T_1 = 54.32 + 0.78 T_{air} - 0.0025 Lat^2 - 15.14 \log_{10}(H+25) - Z \cdot (9 + 0.61 \sigma_{air}^2)^{0.5} \quad (3\text{-}14)$$

式中　T_1——路面下最高温度，深度 20mm 时为路面最高设计温度（℃）；

　　　H——测温点距路表深度（mm）；

　　　T_{air}——最高空气温度（℃）；

　　　Lat——项目所在地纬度（°）；

　　　σ_{air}——温度最高的 7 天平均温度的标准差（℃）；

　　　Z——可靠度参数，根据标准正态分布表，可靠度 98%时，Z 为 2.055。

我国沥青路面施工技术规范以最热月平均最高气温为评价指标，将我国沥青路面分区定为夏炎热区、夏热区、夏凉区。如表 3-13 所示，我国大部分地区均处于夏炎热区与夏热区，路面最高设计范围为 51.7～63.1℃，温度范围上限与下限相差 11.4℃。其中夏热区的路面最高设计温度范围为 51.7～58.8℃，夏炎热区路面最高设计温度范围为 57.6～63.1℃，每个分区内设计温度差值在 5.5～7.1℃范围内。由于温度对动稳定度影响极大，温度每升高 1℃，动稳定度下降 5%～10%，全国统一采用 60℃作为车辙试验温度是不够合理的。

建议采用路面最高设计温度进行车辙试验温度确定：将路面最高设计温度在 50～60℃范围内的区域定义为夏季一般温度地区，采用 60℃车辙试验；将路面最高设计温度高于 60℃的区域定义为夏季高温地区，采用 65℃车辙试验。

我国典型城市路面最高设计温度及沥青路面气候分区 表 3-13

城市	路面分区	T_{air} (℃)	σ_{air} (℃)	Lat (°)	T_{pav} (℃)	城市	路面分区	T_{air} (℃)	σ_{air} (℃)	Lat (°)	T_{pav} (℃)
漠河	2-1	29	2	53.47	51.7	济南	1-3	35	1	36.68	59.6
哈尔滨	2-2	31	1	45.75	54.6	西安	1-3	33	2	36.05	58.7
长春	2-2	31	2	43.90	55.6	郑州	1-3	35	2	34.72	60.5
乌鲁木齐	2-2	34	2	43.78	58.0	南京	1-3	35	1	32.00	60.4
沈阳	2-2	31	2	41.73	56.1	合肥	1-3	36	1	31.87	61.2
呼和浩特	2-2	31	2	40.82	56.3	武汉	1-3	36	1	30.62	61.4
银川	2-2	32	1	38.48	56.9	上海	1-4	34	1	31.17	60.0
太原	2-2	32	2	37.78	57.1	成都	1-4	33	2	30.67	59.0
西宁	2-2	28	2	36.62	54.7	杭州	1-4	36	1	30.23	61.5
兰州	2-3	33	1	36.05	58.7	重庆	1-4	38	1	29.58	63.1
拉萨	2-3	26	2	29.72	54.3	南昌	1-4	37	1	28.60	62.5
贵阳	2-4	31	1	26.60	58.1	湖南衡阳	1-4	37	1	26.90	62.7
昆明	2-4	27	1	25.02	55.2	福州	1-4	36	1	26.08	62.0
北京	1-3	34	1	39.93	58.8	广州	1-4	35	1	23.13	61.6
天津	1-3	33	1	39.10	57.6	南宁	1-4	35	1	22.82	61.7
石家庄	1-3	35	1	38.03	59.3	海口	1-4	35	1	20.30	61.9

(2) 抗车辙性能技术要求

图 3-21 给出了不同黏度性质的沥青混合料 60℃动稳定度试验结果。

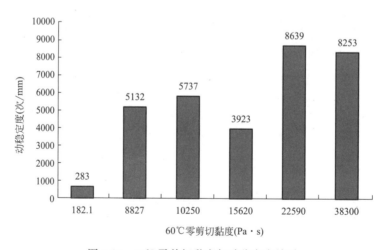

图 3-21 60℃零剪切黏度与动稳定度关系

根据《公路沥青路面施工技术规范》JTG F40—2004，一般交通量路段使用的透水混合料的动稳定度应大于 1500 次/mm，重载交通量路段使用的透水混合料的动稳定度应大于 3000 次/mm；而改性沥青 SMA 混合料，并未考虑交通量要求，规定动稳定度应大于 3000 次/mm。由于透水混合料骨架嵌挤作用更强，其抗车辙性能不应低于 SMA 抗车辙性能技术要求。此外，日本高速公路对日交通量大于 15000 辆的重载交通路段的透水沥青面层混合料的动稳定度要求为 3000~5000 次/mm。

由图中数据所示，5 种改性改性沥青对应的 60℃ 动稳定度范围为 3923~8639 次/mm，接近或远高于 4000 次/mm。笔者进一步搜集了今年来上海市透水混合料使用数据：2008 年上海场道公司在上海市中环线铺筑透水混合料面层，分别采用中石化高黏度沥青和杭州同舟高黏度改性沥青，相应的动稳定度分别为 6036 次/mm 和 4174 次/mm；2009 年浦东路桥铺筑张衡路试验段，所用的透水混合料取样动稳定度为 5915 次/mm 和 6774 次/mm。

由于透水混合料用于沥青路面的表层，直接承受车辆荷载，从高温稳定性的角度出发，至少应该具备与 SMA 混合料相同的抗车辙性能技术要求。由此，本文综合考虑国内外规范、室内试验数据及透水混合料在上海市的实际使用情况，建议透水混合料抗车辙性能的要求为 60℃ 动稳定度不小于 4000 次/mm。

3.1.4 透水沥青混合料抗松散性能试验与影响因素分析

1. 抗松散性能试验结果

研究混合料试件处理温度、沥青膜厚度、沥青性能对肯塔堡飞散损失影响规律，试验结果见表 3-14。

透水混合料飞散试验结果   表 3-14

沥青编号	沥青膜厚(μm)	ΔS_{20} (%)	ΔS_5 (%)	ΔS_{-18} (%)	$\Delta S_{20}/\Delta S_5$ (%)	$\Delta S_{20}/\Delta S_{-18}$ (%)
7 号	11	16.4	16.8	17.3	97.6	94.8
7 号	13	13.6	15.2	18.7	89.5	72.7
7 号	15	6.8	9.1	14.9	74.7	45.6
1 号	13	40.1	42.7	54.0	94.0	74.3
2 号	13	36.0	—	—	—	—
3 号	13	20.3	23.2	27.8	87.4	73.1
4 号	13	19.6	20.0	21.6	98.1	90.9
5 号	13	15.1	—	—	—	—
6 号	13	13.6	17.3	20.9	78.7	65.0
8 号	13	15.6				
9 号	13	14.9				
10 号	13	10.2				
11 号	13	10.2				
12 号	13	10.9	12.0	13.8	90.8	79.0

2. 影响因素分析

（1）沥青用量影响

图 3-22 给出了飞散损失随沥青膜厚度变化趋势。

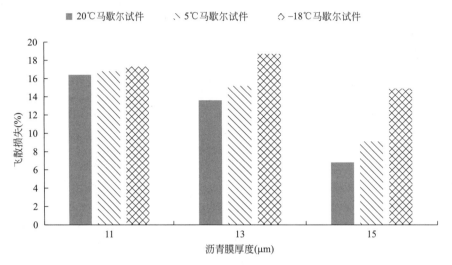

图 3-22　飞散损失随沥青膜厚度变化规律

由图中数据可见，混合料试件的飞散损失随着沥青膜厚度的增加而降低，20℃混合料试件降低的幅度更大些。20℃、5℃试件飞散损失随沥青膜厚度增加而降低，说明沥青用量增加时，沥青可以更为均匀有效的裹附在骨料表面，形成足够厚度的结构沥青，增强骨料之间的粘结效果，从而提高混合料的抗飞散性能。

比较特别的是－18℃试件飞散试验，11μm、13μm、15μm 的试件经－18℃处理后，飞散损失在 14.9%～18.7%范围内波动，这说明沥青的脆化行为弱化了沥青膜厚度对抗飞散性能的影响，使飞散损失与沥青膜厚度失去相关性。

（2）试验温度影响

图 3-23 给出了飞散损失随试件温度变化趋势，图 3-24 给出了 20℃飞散损失与－18℃、5℃试件飞散损失比值。

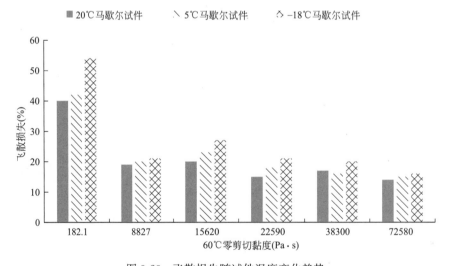

图 3-23　飞散损失随试件温度变化趋势

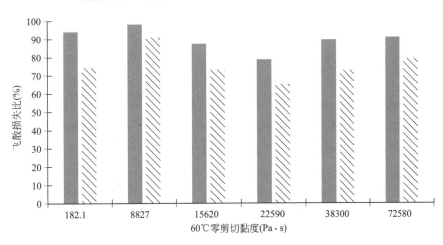

图 3-24 不同温度试件飞散损失比

由图 3-23 中数据知，混合料试件飞散损失均随着混合料试件温度的降低而增加，说明沥青在低温条件下逐渐变脆，更易导致透水混合料的松散、剥离，故应根据透水混合料使用的环境温度条件确定其耐久性能要求。

由图 3-24 数据知，沥青黏度在 182.1～72580Pa·s 范围内时，20℃试件飞散损失与 5℃试件飞散损失之比在 78.7%～98.1%之间，20℃试件飞散损失与 5℃试件飞散损失差别较小。加之肯塔堡飞散试验环境温度为 20℃，利用 20℃试件进行飞散试验可保证混合料试件前后温度的一致性，故建议仍以 20℃透水混合料试件飞散损失评价透水混合料在一般环境温度条件下的抗松散性能。

相比之下，20℃混合料试件飞散损失与－18℃混合料试件飞散损失差别较大，6 种沥青混合料试件飞散损失比在 65.0%～90.9%范围内变化。这是因为 6 种试验沥青的当量脆点在－23.1～－8.0℃之间，－18℃已经超过或接近各沥青的当量脆点，沥青在连续撞击下更易发生脆性破坏，造成骨料因粘结失效而产生的松散破坏。因此对于常年积雪或冰冻地区，应考虑透水混合料在冬季最低气温条件下的冰冻稳定性，以控制透水混合料一般温度条件下和冰冻条件下抗松散能力差异，保证透水混合料在冰冻条件下不发生抗松散能力迅速衰变。建议以冰冻飞散损失比作为透水沥青混合料耐久性能的附加评价指标，计算公式见式（3-15）。

$$S_{20/-18} = \frac{\Delta S_{20}}{\Delta S_{-18}} \times 100 \tag{3-15}$$

式中　$S_{20/-18}$——冰冻飞散损失比（%）；

ΔS_{-18}——－18℃冰冻混合料试件飞散损失（%）；

ΔS_{20}——20℃混合料试件飞散损失（%）。

由图 3-24 可知，冰冻飞散损失比与沥青 60℃零剪切黏度已经不相关，这也是由于沥青已达到当量脆点，逐渐表现为脆性，与沥青黏性相关性降低所致。

（3）沥青性能影响

结合 12 种沥青指标数据，与表 3-14 中 20℃混合料试件飞散损失数据，分别采用线性函数、对数函数、幂函数和指数函数形式,对沥青各性能指标与混合料20℃飞散损失之间的关系进行拟合,最优拟合函数形式见图3-25。沥青指标与混合料飞散损失回归统计学参数汇于表3-15。

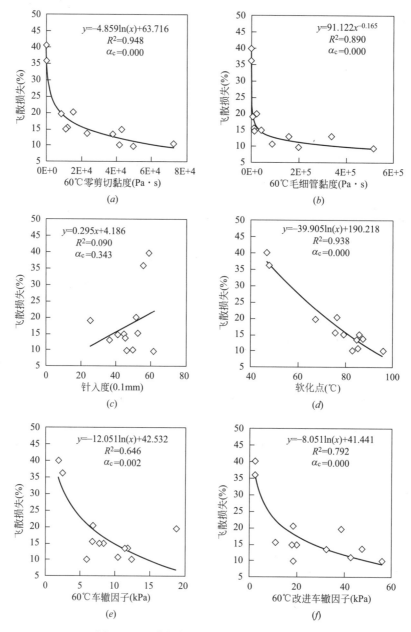

图3-25 沥青评价指标与飞散损失拟合关系

沥青性能指标与飞散损失的拟合参数　　　　表3-15

统计学参数	η_0	η_c	Pen	$T_{R\&B}$	$G^*/\sin\delta$	$G^*\cdot(\sin\delta)^{-9}$
R^2	0.948	0.890	0.090	0.938	0.646	0.792
α_c	0.000	0.000	0.343	0.000	0.002	0.000

续表

统计学参数	η_0	η_c	Pen	$T_{R\&B}$	$G^*/\sin\delta$	$G^*\cdot(\sin\delta)^{-9}$
n	12	12	12	12	12	12
S_E	54.721	0.242	958.375	65.174	372.875	219.587

分析图3-25、表3-15中拟合结果可知,各沥青指标与混合料飞散损失相关性由高到低排序为:60℃零剪切黏度、软化点、60℃毛细管黏度、60℃改进型车辙因子、车辙因子、针入度。其中60℃零剪切黏度、软化点与试验混合料的飞散损失指标之间呈现良好的拟合关系,回归式的相关系数平方分别为0.948和0.938,均高于0.900,临界置信度均为100%。上述试验结果说明,沥青性质对透水混合料抗松散性能影响显著,透水混合料飞散损失与沥青60℃零剪切黏度相关性最好,验证了60℃零剪切黏度可以更好地反映沥青的路用性能的力学分析结果。

沥青的60℃毛细管黏度与试验混合料飞散损失的拟合相关性稍差,相关系数平方大小为0.890,拟合关系式符合幂函数形式,函数图像呈双曲线形式,当黏度大于1.0×10^5Pa·s时飞散损失随毛细管黏度变化并不明显,这也验证了力学分析的结论,即高黏度改性沥青毛细管黏度存在"过高"现象,其黏度值与沥青在混合料结构中表现的黏度特性不相符。

60℃车辙因子、60℃改进车辙因子与试验混合料飞散损失的相关性较差,相关系数平方分别为0.792,0.646,均低于0.800,因二者含义为产生单位应变所需的应力,为抗车辙性能评价指标,无法有效表征沥青结合料的黏度特性。针入度与飞散损失相关性最差,相关系数平方仅为0.090,说明针入度无法有效区分基质沥青与改性沥青的黏度特性,与透水混合料飞散损失不存在相关性。

3. 透水沥青混合料抗松散性能技术要求

(1) 路面最低设计温度计算

利用路面长期使用性能计划带有概率含义路面最低温度计算模型,建立了我国典型城市沥青路面气候分区与最低路面设计温度之间的关系。路面长期使用性能计划带有概率含义路面最低温度计算模型见式(3-16)。我国大陆地区31个省典型城市沥青路面气候分区及LTPP模型路面最低设计温度计算结果见表3-16。

$$T_2 = -1.56 + 0.72T_{air} - 0.004Lat^2 + 6.26\log_{10}(H+25) - Z\cdot(4.4+0.52\sigma_{air}^2)^{0.5} \tag{3-16}$$

式中 T_2——路面下最低温度,深度20mm时为路面最低设计温度(℃);

H——测温点距路表深度(mm);

T_{air}——最低空气温度(℃);

Lat——项目所在地纬度(°);

σ_{air}——平均的空气低温标准差(℃);

Z——可靠度参数,根据标准正态分布表,可靠度98%时,Z为2.055。

我国沥青路面气候分区根据极端最低气温划分为冬严寒区、冬寒区、冬冷区、冬温区等4个区域。由表3-16中计算结果可知,冬寒区与冬冷区的路面最低设计温度分界值约为-17℃,高黏度改性沥青的当量脆点均在-23~-15℃范围内,说明在冬寒区与冬严寒区的路面最低设计温度已经接近或超过沥青的当量脆点,沥青结合料在冰冻状态下容易表现沥青的脆性特征,导致透水混合料抗松散能力的迅速衰变。因此,本文建议将我国沥青路面气候分区中的冬冷区、冬温区定义为透水混合料使用的一般温度地区,将冬严寒区、冬寒区定义为透水混合料使用的积雪冰冻区,在积雪冰冻区使用透水混合料时应进一步检验混合料的冰冻稳定性,以保证透水混合料在冰冻状态下使用的耐久性能要求。

我国典型城市路面最低设计温度及沥青路面气候分区　　　　表3-16

城市	路面分区	T_{air} (℃)	σ_{air} (℃)	Lat (°)	T_{pav} (℃)	城市	路面分区	T_{air} (℃)	σ_{air} (℃)	Lat (°)	T_{pav} (℃)
漠河	2-1	−47	3	53.47	−42.7	济南	1-3	−13	2	36.68	−11.2
哈尔滨	2-2	−34	3	45.75	−30.3	西安	1-3	−11	3	36.05	−10.5
长春	2-2	−29	3	43.90	−26.0	郑州	1-3	−12	2	34.72	−9.9
乌鲁木齐	2-2	−27	4	43.78	−25.6	南京	1-3	−10	2	32.00	−7.7
沈阳	2-2	−27	2	41.73	−22.8	合肥	1-3	−9	2	31.87	−7.0
呼和浩特	2-2	−25	3	40.82	−22.1	武汉	1-3	−9	3	30.62	−7.6
银川	2-2	−22	3	38.48	−19.2	上海	1-4	−7	2	31.17	−5.4
太原	2-2	−20	2	37.78	−16.6	成都	1-4	−4	1	30.67	−2.4
西宁	2-2	−21	2	36.62	−16.9	杭州	1-4	−6	2	30.23	−4.4
兰州	2-3	−17	2	36.05	−13.9	重庆	1-4	1	2	29.58	0.8
拉萨	2-3	−15	2	29.72	−10.8	南昌	1-4	−5	2	28.60	−3.3
贵阳	2-4	−5	2	26.58	−2.9	湖南衡阳	1-4	−4	2	26.90	−2.2
昆明	2-4	−3	2	25.02	−1.1	福州	1-4	1	2	26.08	1.6
北京	1-3	−16	2	39.93	−15.3	广州	1-4	3	2	23.13	3.6
天津	1-3	−15	3	39.10	−14.3	南宁	1-4	2	2	22.82	2.9
石家庄	1-3	−15	3	38.03	−14.0	海口	1-4	8	2	20.30	7.7

(2) 一般温度地区飞散损失技术要求

我国《公路沥青路面施工技术规范》JTG F40—2004中规定透水混合料飞散损失不应大于20%,改性沥青SMA混合料飞散损失率的要求为不大于15%。由于透水混合料空隙率较大,并且用于沥青路面的表层,从耐久性的角度出发,透水混合料抗松散能力至少不应低于改性SMA混合料的抗松散能力。

图3-26给出了12种沥青混合料试件的肯塔堡飞散损失。由图3-26中数据所示,对于6种零剪切黏度高于$1.6 \times 10^4 Pa \cdot s$的高黏度改性沥青,混合料飞散损失均低于15%,远小于《公路沥青路面施工技术规范》JTG F40—2004中飞散损失的技术要求20%。同样,笔者搜集了上海场道公司在上海市中环线路段和浦东路桥公司铺筑的张衡路试验段试验数据,所配制的最大公称粒径13mm的透水混合料的飞散损失分别为12.4%、9.3%及13.0%,均不大于15%。

由此可见,《公路沥青路面施工技术规范》JTG F40—2004中飞散损失不应大于20%的标准已经失去了控制透水混合料的耐久性能的实际意义,因此,本文综合考虑规范标准及透水混合料的实际使用情况,建议透水混合料飞散损失应不大于15%。

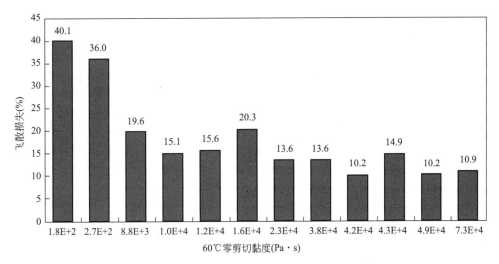

图 3-26 零剪切黏度与 20℃混合料试件飞散损失关系

(3) 积雪冰冻区抗松散性能附加要求

图 3-27 给出了透水混合料冰冻飞散损失比试验结果。

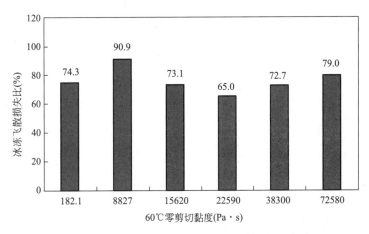

图 3-27 60℃零剪切黏度与冰冻飞散损失比关系

如图 3-27 中数据所示，6 种沥青对应的冰冻飞散损失均在 65.0%~90.9%之间，仅 60℃零剪切黏度为 8827Pa·s 的高强度沥青，以及零剪切黏度 72580Pa·s 的两种改性沥青冰冻飞散损失比超过 75%。故建议以冰冻飞散损失不低于 75%作为透水混合料冰冻稳定性的技术要求，以控制透水混合料的冰冻稳定性，使保证混合料在积雪冰冻地区不至于产生骨料松散、剥离等病害。

3.1.5 透水沥青混合料水稳定性及影响因素

1. 水稳定性试验结果

表 3-17 中 $S_{20/60}$ 为 20℃浸水飞散损失与 60℃浸水飞散损失的百分比。

透水混合料水稳定性试验结果　　　　　　　　　表 3-17

沥青编号	沥青膜厚 (μm)	MS_0 (%)	S_w (%)	TSR (%)	ΔS_{20} (%)	ΔS_{60} (%)	$S_{20/60}$ (%)
7 号	11	110.7	24.4	129.3	16.4	24.1	68.0
7 号	13	110.8	23.8	105.8	13.6	16.9	80.5
7 号	15	106.2	23.2	97.7	6.8	10.1	67.3
1 号	13	100.7	30.0	91.2	40.1	61.9	64.8
3 号	13	90.4	23.5	106.2	19.6	24.3	80.7
4 号	13	96.2	29.7	99.0	20.3	28.8	70.5
6 号	13	109.7	25.3	93.4	13.6	16.0	85.0
7 号	13	110.8	23.8	105.8	13.6	16.9	80.5
12 号	13	104.3	25.9	103.8	10.9	12.4	87.7

2. 水稳定性评价指标比较

（1）残留稳定度

图 3-28 给出了透水混合料水稳定性评价指标关系。

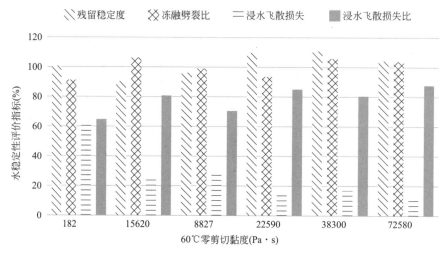

图 3-28　水稳定性评价指标比较

如图 3-28 中数据可知，残留稳定度对 60℃零剪切黏度变化并不敏感，60℃零剪切黏度在 182～72580Pa·s 范围内变化时，残留稳定度在 90.4%～110.8%范围内波动，试验残留稳定度均远大于 JTG F40-2004 中残留稳定度 85%的技术要求。试验结果说明浸水马歇尔试验无法有效地评价透水混合料的水稳定性能。浸水马歇尔试验中，对试件采取 60℃高温水浸泡 48h 的处理，48h 高温浸水对沥青膜起到浸润和剥离作用，同时也对沥青产生了热老化的作用，致使沥青的黏度增大，由于试件的受力状态为受压，稳定度主要依赖于沥青的黏度以及骨料之间的咬合作用，而对沥青与骨料界面状态不敏感，由此产生了透水混合料的浸水马歇尔稳定度高于标准马歇尔稳定度，残留稳定度大于 100%的现象。

(2) 冻融劈裂强度比

混合料试件劈裂强度比随黏度变化趋势并不明显，在 91.2%～106.2% 范围内波动，远超过《公路沥青路面施工技术规范》JTG F40—2004 中劈裂残留强度比 80% 的技术要求。试验结果说明冻融劈裂试验同样无法有效地检验透水混合料的水稳定性能。这是由于透水混合料的空隙率较大，导致混合料试件的饱水率在 23.2%～30.0% 范围内，远低于 55%～80% 的有效要求，孔隙中极为有限的水分无法对混合料产生冻胀效应。冰冻过程后，试件在 60℃ 的高温水中浸泡 24h，极大的内部孔隙使沥青与热水充分接触，促使沥青发生初期老化，导致沥青的黏度增加，因此出现了经历冻融后劈裂强度增大，劈裂强度比大于 100% 的现象。

(3) 浸水飞散损失比

《公路沥青路面施工技术规范》JTG F40—2004 中利用浸水飞散损失表征混合料的水稳定性能。如图中数据知，浸水飞散随沥青膜厚度、60℃ 零剪切黏度增加而逐渐降低，可有效地反映出不同透水混合料浸水后抗松散性能差别。但浸水飞散损失无法反映混合料受 60℃ 热水侵蚀前后抗松散性能变化情况。定义浸水飞散损失比 $S_{20/60}$，即 20℃ 浸水飞散损失与 60℃ 浸水飞散损失的百分比，以反映试件的水稳定性能，见式（3-17）。

$$S_{20/60} = \frac{\Delta S_{20}}{\Delta S_{60}} \times 100 \tag{3-17}$$

式中　$S_{20/60}$——浸水飞散损失比（%）；

ΔS_{60}——60℃ 浸水飞散损失（%）；

ΔS_{20}——20℃ 标准飞散损失（%）。

图 3-28 给出了浸水飞散损失比与 60℃ 零剪切黏度之间的关系。不同黏度沥青成型的混合料试件浸水飞散损失比在 64.8%～87.7% 之间，说明浸水飞散损失比可以有效的表征透水混合料的水稳定性能。这是由于在浸水飞散试验中，浸水飞散试件的处理方式为 60℃ 水浴浸水 48h，相对 20℃ 水浴浸水 20h 标准飞散试件处理方式，经 60℃ 热水对沥青的浸润、剥离作用后，沥青对骨料颗粒的粘附效应进一步减弱，使浸水试件在循环撞击作用下产生更多的骨料损失，因而浸水飞散损失比可以有效地反映透水混合料受热水侵蚀作用前后试件的抗松散性能差别。

3. 影响因素分析

(1) 沥青膜厚度影响

图 3-29 给出了透水混合料水稳定性评价指标随沥青膜厚度变化趋势。

如图所示，沥青膜厚度在 11～15μm 范围内变化时，残留稳定度在 106.2%～110.8% 范围内波动，劈裂强度比均大于 97.7%，均远大于规范水稳定性能要求，验证了浸水马歇尔、冻融劈裂试验无法有效地评价透水混合料的水稳定性能的结论。

对于目标空隙率 20%、最大公称粒径 13mm 的透水混合料，当 0.075mm 筛孔通过率为 4% 时，沥青膜厚度为 13μm 的透水混合料具有最好的水稳定性。从微观角度可以解释这种现象，当沥青膜厚度为 13μm 时，沥青刚好对骨料进行裹附，并在骨料表面形成具有足够强度的结构沥青膜，以抵御水分对混合料的侵蚀，沥青用量减少则无法在骨料之间形成具有足够强度的结构沥青膜，沥青用量增加则导致骨料间存在自由沥青，因而透水混合料在最佳沥青膜厚度时的浸水飞散损失比最大。

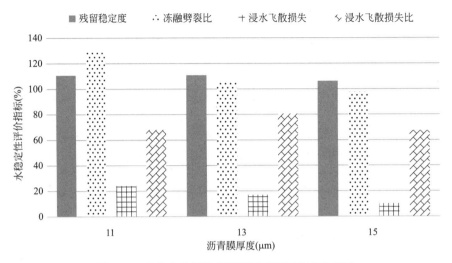

图 3-29 水稳定性评价指标随沥青膜厚度变化规律

(2) 沥青性能影响

结合 6 种沥青指标数据，与浸水飞散损失比数据，分别采用线性函数、对数函数、幂函数和指数函数形式，对沥青各性能指标与混合料浸水飞散损失比之间的关系进行拟合，最优拟合函数形式见图 3-30，沥青指标与混合料指标回归统计学参数汇于表 3-18。

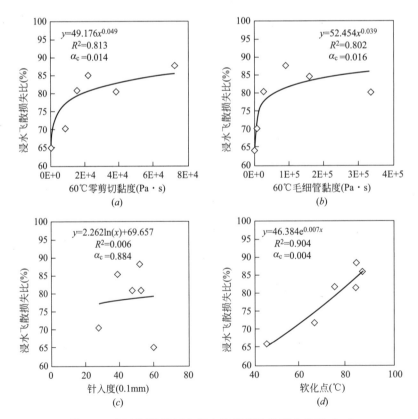

图 3-30 沥青评价指标与浸水飞散损失比拟合关系（一）

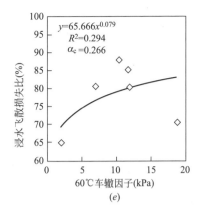
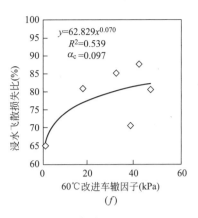

图 3-30 沥青评价指标与浸水飞散损失比拟合关系（二）

沥青性能指标与水稳定性能指标之间的拟合关系　　表 3-18

统计学参数	η_0	η_c	Pen	$T_{R\&B}$	$G^*/\sin\delta$	$G^* \cdot (\sin\delta)^{-9}$
R^2	0.813	0.802	0.006	0.904	0.294	0.539
α_c	0.014	0.016	0.884	0.004	0.266	0.097
n	6	6	6	6	6	6
S_E	0.013	0.013	384.540	0.007	0.048	0.031

分析图 3-30 中拟合关系结果可知，各沥青指标与混合料浸水飞散损失比相关性由高到低排序为：软化点、60℃零剪切黏度、60℃毛细管黏度、60℃改进型车辙因子、车辙因子、针入度。其中软化点、60℃零剪切黏度、60℃毛细管黏度与试验混合料的浸水飞散损失比呈现良好的拟合关系，回归式的相关系数平方分别为 0.904、0.813、0.802，均高于 0.800，临界置信度均高于 98.6%。上述试验结果说明，沥青性质对透水混合料水稳定性能影响显著，透水混合料浸水飞散损失比与沥青 60℃零剪切黏度、软化点、60℃毛细管黏度具有较好相关性。

60℃改进车辙因子、60℃车辙因子与试验混合料飞散损失的相关性较差，相关系数平方分别为 0.539、0.294。二者含义为产生单位应变所需的应力，为抗车辙性能评价指标，故与沥青结合料抵抗水分侵蚀性能相关性较差。针入度与飞散损失相关性最差，相关系数平方仅为 0.006，说明针入度与透水混合料水稳定性不存在相关性。

4. 水稳定性技术要求

（1）水稳定性要求的区域划分

《公路沥青路面施工技术规范》JTG F40-2004 按照降雨量将我国分为潮湿区、湿润区、半干区、干旱区等 4 个区域，并规定了相应区域的混合料水稳定性能要求，见表 3-19。

沥青混合料水稳定性检验技术要求　　表 3-19

气候条件与技术指标	相应于下列气候分区的技术要求（%）				试验方法
年降雨量(mm)及气候分区	>1000	500~1000	250~500	<250	
	潮湿区	湿润区	半干区	干旱区	
浸水马歇尔试验残留稳定度(%)不小于					

续表

气候条件与技术指标	相应于下列气候分区的技术要求(%)				试验方法
年降雨量(mm)及气候分区	>1000	500~1000	250~500	<250	
	潮湿区	湿润区	半干区	干旱区	
普通沥青混合料	80		75		T 0709
改性沥青混合料	85		80		
冻融劈裂试验的残留强度比(%)不小于					
普通沥青混合料	75		70		T 0729
改性沥青混合料	80		75		

如表3-19中数据所示，我国规范以500mL为阈值，年降雨量大于500mL的潮湿区、湿润区的水稳定性能要求均高于年降雨量低于500mL半干区、干旱区。本文同样延续规范中分区方法，定义年降雨量大于500mL的潮湿区、湿润区为透水混合料的多雨地区，定义年降雨量小于500mL半干区、干旱区为透水混合料使用的少雨地区。

（2）水稳定性能技术要求

图3-31给出了6组混合料试件浸水飞散损失比数据。

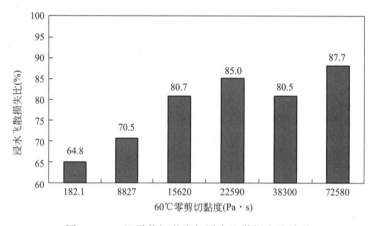

图3-31　60℃零剪切黏度与浸水飞散损失比关系

《公路沥青路面施工技术规范》JTG F40-2004中主要以浸水残留稳定度与冻融劈裂强度比评价沥青混合料的水稳定性，并无对浸水飞散损失比的技术要求。规定对于年降雨量超过500mL的潮湿区与湿润区，改性沥青混合料的浸水残留稳定度不应小于85%，冻融劈裂试验劈裂强度比不应小于80%。

分析图中数据可知，6种混合料试件浸水飞散损失比范围为64.8%~87.7%，除黏度为15620Pa·s的SBS改性沥青试件外，其余4种改性沥青混合料试件浸水飞散损失比均高于80.0%，并且零剪切黏度为22590Pa·s的6号沥青、零剪切黏度为72580Pa·s的12号沥青对应的浸水飞散损失比大于85.0%，说明以浸水飞散损失比不低于85.0%、80.0%作为技术标准是可以达到的。综上所述，本文建议以浸水飞散损失比不低于85%作为年降雨量大于500mL的多雨地区水稳定性能技术要求，以浸水飞散损失比不低于80%作为年降雨量小于500mL的少雨地区水稳定性能技术要求。

3.1.6 透水沥青混合料组成设计方法

透水沥青混合料为一种空隙率范围在18%~25%之间，厚度一般为4~5cm的磨耗层。沥青混合料主要由沥青、粗骨料、细骨料、抗剥落剂、纤维等组成，各组成材料的技术要求和材料间的配合比设计均会对透水沥青混合料的性能造成影响。

1. 原材料要求

（1）沥青

1）高黏度改性沥青技术要求

透水沥青混合料应采用高黏度沥青配制，其质量应满足表3-20中的技术要求。

高黏度改性沥青的技术要求 表3-20

技术指标		单位	技术要求	试验方法
零剪切黏度(60℃)≥		Pa·s	40000	
针入度≥		0.1mm	40	T 0604
软化点(环球法)≥		℃	85	T 0606
延度(5℃)≥		cm	20	T 0605
闪点(COC)≥		℃	260	T 0611
薄膜烘箱试验(163℃,5h)残留物	质量变化	%	±0.6	T 0609
	针入度比≥	%	70	T 0604

2）基质沥青的技术要求

当采用直投式方法生产透水沥青混合料时，所采用的基质沥青应满足A-70沥青的技术要求，见表3-21。所采用的高黏度沥青改性剂品种和掺量应经过试配试验确定，保证所配制的高黏度沥青的质量满足表3-21中的技术要求。

基质沥青的技术要求 表3-21

技术指标		单位	技术要求	试验方法
针入度≥		0.1mm	60~80	T 0604
针入度指数 PI			−1.5~+1.0	T 0604
软化点(环球法)≥		℃	46	T 0606
动力黏度(60℃)≥		Pa·s	180	T 0625
延度(15℃)≥		cm	40	T 0605
薄膜烘箱试验(163℃,5h)残留物	质量变化	%	±0.6	T 0609
	针入度比≥	%	65	T 0604
	延度(15℃)≥	cm	15	T 0605
蜡含量(蒸馏法)≤		%	2.0	T 0615
闪点(COC)≥		℃	260	T 0611
溶解度(三氯乙烯)≥		%	99.5	T 0607
密度(25/25℃)			实测	T 0603

（2）骨料

1）粗骨料的技术要求

透水沥青混合料用粗骨料应采用石质坚硬、清洁、不含风化颗粒、近似立方体颗粒的碎石。宜采用玄武岩骨料或辉绿岩，粗骨料的质量应满足表3-22中的技术要求。

粗骨料的技术要求　　　　　　　表3-22

技术指标		单位	技术要求	试验方法
石料压碎值≤		%	18	T0316
高温压碎值≤		%	20	
洛杉矶磨耗损失≤		%	28	T 0317
石料磨光值≥		BPN	42	T 0321
表观密度≥		t/m³	2.60	T 0304
吸水率≤		%	2.0	T 0307
针片状颗粒含量(混合料)≤		%	10	T 0321
水洗法小于0.075mm颗粒含量≤	粒径(≥5mm)	%	0.6	T 0302
	粒径(3～5mm)	%	0.8	T 0302
软石含量≤		%	1	T 0320
与沥青的黏附性等级(掺加抗剥落剂后)≥		级	5	T0616

2）细骨料的技术要求

透水沥青混合料用细骨料应采用坚硬、洁净、干燥、无风化、无杂质、与沥青黏附性好并有适当级配的机制砂。细骨料的质量应满足表3-23中的技术要求。

细骨料的技术要求　　　　　　　表3-23

技术指标	单位	技术要求	试验方法
表观密度≥	t/m³	2.60	T 0328
含泥量(筛洗法)≤	%	3	T 0333
砂当量≥	%	70	T 0334
棱角性(流动时间)≥	s	30	T 0345

3）矿粉的技术要求

透水沥青混合料用填料必须采用石灰石等碱性岩石磨细的矿粉。矿粉必须保持干燥、清洁，能从石粉仓中自由流出，不得使用回收的粉尘。矿粉应满足表3-24技术要求。

矿粉的技术要求　　　　　　　表3-24

技术指标		单位	技术要求	试验方法
表观密度≥		t/m³	2.50	T 0325
含水量≤		%	0.5	T 0332
粒度范围	≤0.6mm	%	100	T 0351
	≤0.15mm	%	90～100	T 0351
	≤0.075mm	%	85～100	T 0351

续表

技术指标	单位	技术要求	试验方法
亲水系数≤	%	1	T 0353
外观	—	无团粒结块	观察

（3）其他材料

1）抗剥落剂

骨料与沥青的粘附性等级低于5级时，应采取抗剥落措施，品种与掺量应通过试验确定。

2）纤维

在透水沥青混合料中不宜采用木质素纤维材料作为稳定剂。

2. 混合料设计原则与设计要求

（1）设计原则

透水沥青混合料的配合比设计采用马歇尔试验的体积法进行，以空隙率作为配合比设计的控制指标。马歇尔稳定度不作为配合比设计接受或者拒绝的主要指标。

（2）设计级配范围要求

透水沥青混合料的设计级配应满足表3-25要求。透水沥青混合料的最小压实厚度不宜小于混合料最大公称粒径的2~2.5倍。

透水沥青面层混合料的设计级配范围　　　　表 3-25

级配类型	通过下列筛孔(mm)的质量百分率(%)										
	19	16	13.2	9.5	4.75	2.36	1.18	0.6	0.3	0.15	0.075
PAC-13	100	100	90~100	60~80	12~30	10~22	6~18	4~15	3~12	3~8	2~6
PAC-10	100	100	100	90~100	50~70	10~22	6~18	4~15	3~12	3~8	2~6

（3）混合料性能要求

透水沥青混合料配合比设计指标、性能检测指标与技术要求应符合表3-26中的规定。

透水沥青混合料配合比设计指标与要求　　　　表 3-26

	技术指标	单位	技术要求	试验方法
配合比设计指标	马歇尔试件击实次数	次	两面各50	T0702
	马歇尔试件尺寸	mm	Φ101.6×63.5	T0702
	空隙率	%	18~23	计算
	马歇尔稳定值≥	kN	5.0	T0709
配合比检验指标	沥青膜厚度≥	μm	13	计算
	谢伦堡沥青析漏量≤	%	0.30	T 0732
	肯塔堡飞散损失≤	%	15	T 0733
	冰冻飞散损失比≤	%	75	T 0733
	动稳定度≥	次/mm	4000	T 0719
	浸水飞散损失比≥	%	85/80	T 0733
	渗水系数≥	mL/min	2500	T 0730

3. 配合比设计方法

(1) 原材料准备

根据路面结构要求、混合料类型、原材料的技术要求准备材料。然后按照国家现行试验规程中规定的方法，测定各档骨料、矿粉和沥青的相对密度。

(2) 初选混合料级配

在表 3-25 规定的级配范围内调整各种矿料比例，设计 3 组不同级配组成的初选混合料。初选混合料的配合比宜以粒径 2.36mm 通过百分率处于设计级配范围中值，中值上下一定范围进行选择和调整。对于合成的初选级配，矿粉含量建议选为 4%。

(3) 计算初始沥青用量

对每组初选混合料，按照式 (3-18) 计算骨料的表面积 A。初试沥青膜厚度 h 为 13μm，按照式 (3-19) 计算初始沥青用量 P_b。

$$A = \frac{2 + 0.02a + 0.04b + 0.08c + 0.14d + 0.3e + 0.6f + 1.6g}{48.74} \tag{3-18}$$

$$P_b = 设计沥青膜厚度 h(\mu m) \times 骨料表面积 A \tag{3-19}$$

式中　a, b, c, d, e, f, g——4.75mm、2.36mm、1.18mm、0.6mm、0.3mm、0.15mm 和 0.075mm 筛孔的通过百分率（%）。

(4) 成型马歇尔试件

按照选择的初始混合料配合比和初始沥青用量制作透水沥青混合料马歇尔试件，一组试件的个数不得少于 4 个。

采用以下方法确定透水沥青混合料试件的空隙率：

1) 采用体积法测定马歇尔试件的毛体积密度 γ_f；

2) 按照式 (3-20) 计算马歇尔试件的最大理论相对密度，当使用纤维时，纤维部分的比例不得忽略；

$$\gamma_t = \frac{100 + P_x}{\frac{100 - P_b}{\gamma_{se}} + \frac{P_b}{\gamma_b} + \frac{P_x}{\gamma_x}} \tag{3-20}$$

式中　γ_{se}——矿料的有效相对密度；

　　　P_b——沥青用量（%）；

　　　γ_b——沥青的相对密度（25℃/25℃）；

　　　P_x——纤维用量，以沥青混合料总量的百分数代替（%）；

　　　γ_x——纤维稳定剂的密度，由供货商提供或由比重瓶法实测得到。

3) 按照式 (3-21) 计算马歇尔试件的空隙率 V。

$$V = \left(1 - \frac{\gamma_f}{\gamma_t}\right) \times 100 \tag{3-21}$$

(5) 确定设计级配

绘制马歇尔试件空隙率与矿料 2.36mm 通过百分率的关系曲线。根据目标空隙率确定矿质混合料的设计配合比。

(6) 确定设计油石比

根据调整后确定的矿质混合料设计配合比，按照式 (3-18) 和式 (3-19) 再次计算沥

青用量 P_b。

透水沥青混合料试件的空隙率与目标空隙率的差值不宜超过±1%。

（7）混合料性能检验

以确定的矿料级配和沥青用量制备混合料，按照表3-7中规定的试验方法，进行马歇尔试验、谢伦堡析漏试验、肯塔堡飞散试验、车辙试验、浸水飞散试验，各项指标应符合表3-26中的技术要求。

（8）确定设计配合比

当透水沥青混合料试件的各项性能指标和空隙率指标均满足设计要求时，沥青用量 P_b 作为设计沥青用量。如果某项性能指标或者空隙率指标不能符合要求，应重新调整沥青用量或调整矿料配合比进行试验，直至符合要求为止。

4. 透水沥青混合料设计示例

（1）设计资料

上海市快速路沥青路面上面层，结构设计厚度4.0cm，目标空隙率20%。结合料使用成品高黏度改性沥青，改性沥青密度为1.020。设计选用的1号、2号、3号矿料分别为10～15mm辉绿岩、5～10mm辉绿岩、0～5mm石灰岩，填料为磨细石灰岩石粉。各档骨料与矿粉的密度和吸水率的测试结果见表3-27，筛分结果见表3-28。

各档骨料和矿粉的密度和吸水率的试验结果　　　　表3-27

材料	1号料	2号料	3号料	矿粉
毛体积相对密度	2.716	2.711	2.753	2.705
表观相对密度	2.747	2.748	2.754	2.705
吸水率(%)	0.40	0.50	1.20	—

各种骨料和矿粉的筛分结果　　　　表3-28

材料	下列筛孔(mm)的通过百分率(%)								
	13.2	9.5	4.75	2.36	1.18	0.6	0.3	0.15	0.075
1号料	83.7	17.9	—	—	—	—	—	—	—
2号料	100	95.9	6.9	—	—	—	—	—	—
3号料	100	100	97.6	73.0	48.0	34.6	20.2	13.0	8.6
矿粉	100	100	100	100	100	100	99.9	99.4	97.0

现设计要求如下：

1）确定透水混合料级配组成和最佳沥青用量；

2）评价透水混合料技术性能。

（2）配合比设计

1）确定透水混合料级配组成

根据沥青路面上面层的设计厚度，选择最大粒径公称为13mm的透水混合料。按照不同2.36通过率配制3种混合料，初选混合料配比宜以粒径2.36mm通过百分率处于设计级配范围中值、中值±3%左右进行控制。三组初试级配混合料的配合比见表3-29，试拌混合料的合成级配见表3-30。

初选混合料的配合比　　　　　　　　　　　　　　表 3-29

混合料编号	各种材料配比(%)			
	1号料	2号料	3号料	矿粉
级配1	29.3	46.6	21.9	2.2
级配2	33.1	46.5	17.9	2.5
级配3	37.5	49.2	10.1	3.2

三种初选混合料的级配组成　　　　　　　　　　　表 3-30

初试混合料编号	筛孔尺寸(mm)									
	16	13.2	9.5	4.75	2.36	1.18	0.6	0.3	0.15	0.075
级配1	100	95.2	74	26.8	18.2	12.7	9.8	6.6	5	4
级配2	100	94.6	70.9	23.2	15.6	11.1	8.7	6.2	4.9	4
级配3	100	93.9	67.2	16.5	10.6	8.1	6.7	5.3	4.5	4
设计级配范围	100	90~100	60~80	12~30	10~22	6~18	4~15	3~12	3~8	2~6

2) 根据工程实践经验，当混合料试件空隙率为 20% 时，设计沥青膜厚度取值宜为 $13\mu m$。计算骨料表面积和初试沥青用量，计算结果见表 3-31。

初选混合料的配合比　　　　　　　　　　　　　　表 3-31

混合料编号	沥青膜厚度(μm)	表面积	沥青用量(%)	毛体积相对密度	最大理论相对密度	空隙率(%)	稳定度(kN)
级配1	13	0.350	4.5	2.099	2.550	17.7	13.4
级配2	13	0.336	4.4	2.035	2.553	20.3	12.7
级配3	13	0.309	4.0	1.985	2.568	22.7	12.5

3) 按照表 3-30 配比进行配料，根据表 3-29 初试沥青用量，成型马歇尔试件，按照采用体积法测定透水混合料试件的毛体积密度；根据矿料毛体积相对密度和表观相对密度计算试件最大理论密度，计算混合料的最大理论相对密度，并计算试件空隙率；测试试件的马歇尔稳定度，测试和计算结果见表 3-31。

4) 矿料目标配合比的确定

2.36mm 筛孔通过百分率及空隙率关系见表 3-31，因级配 2 成型试件空隙率为 20.3%，符合 20±1（%）要求，确定级配 2 为目标级配。

5) 确定最佳沥青用量

当目标配合比的沥青膜厚度取值为 $13\mu m$，沥青用量为 4.4% 时，目标级配成型试件空隙率为 20.3%，符合 20±1（%）要求，故选定 4.4% 为最佳沥青用量。

(3) 配合比设计检验

选择目标级配、沥青用量 4.4% 成型混合料试件，并分别进行飞散、析漏、车辙、浸水飞散、渗水系数试验，试验结果均符合要求。

目标配合比设计结果汇总于表 3-32。

目标配合比设计结果汇总 表 3-32

配合比	骨料编号	1号	2号	3号	矿粉
	设计配合比(%)	33.1	46.5	17.9	2.5
设计油石比(%)		4.6%(沥青用量4.4%)			
试件体积参数	空隙率(%)	20.3			
	马歇尔稳定值(kN)	12.7			
	沥青膜厚度(μm)	13			
验证性试验结果	析漏损失(%)	0.11			
	20℃肯塔堡飞散损失(%)	13			
	动稳定度(次/mm)	8253			
	浸水飞散损失比(%)	90			
	渗水系数(mL/min)	2600			

3.2 透水水泥混凝土路面材料设计

透水路面建设过程中需要消耗大量碎石，若能利用再生骨料代替天然碎石制备透水混凝土，可缓解建筑垃圾围城的压力。

本节首先研究了提高再生骨料透水混凝土抗压强度的三种措施，在此基础上引入保水材料制备保水性再生骨料透水混凝土并测试其蒸发冷却效果，为新型透水混凝土材料的开发提供技术支撑。

3.2.1 材料要求

1. 原材料

透水混凝土选用的水泥强度不应低于42.5级的硅酸盐水泥或普通硅酸盐水泥，质量应符合现行国家标准《通用硅酸盐水泥》GB 175的要求。不同等级、厂牌、品种、出厂日期的水泥不得混存、混用。外加剂应符合现行国家标准《混凝土外加剂》GB 8076的规定。透水水泥混凝土采用的增强料可分为有机材料和无机材料二类，材料技术指标应符合表3-33的规定。

增强料的技术指标 表 3-33

聚合物乳液	含固量(%)	延伸率(%)	极限拉伸强度(MPa)
	40~50	≥150	≥1.0
活性 SiO_2	SiO_2 含量应大于85%		

透水水泥混凝土采用的骨料应为质地坚硬、耐久、洁净、密实的碎石料，碎石的性能指标应符合现行国家标准《建筑用卵石、碎石》GB/T 14685中的二级要求，并应符合表3-34的规定。

骨料的性能指标 表 3-34

项目	计量单位	指标		
		1	2	3
尺寸	mm	2.4～4.75	4.75～9.5	9.5～13.2
压碎值	%	<15.0		
针片状颗粒含量（按质量计）	%	<15.0		
含泥量（按质量计）	%	<1.0		
表观密度	kg/m³	>2500		
紧密堆积密度	kg/m³	>1350		
堆积孔隙率	%	<47.0		

透水混凝土拌和用水应符合现行行业标准《混凝土用水标准》JGJ 63 的规定。基层材料的要求应符合相关规范的规定。

2. 透水混凝土要求

透水混凝土的性能应符合表 3-35 的规定。

透水水泥混凝土的性能要求 表 3-35

项目		计量单位	性能要求	
耐磨性（磨坑长度）		mm	≤30	
透水系数（15℃）		mm/s	≥0.5	
抗冻性	25 次冻融循环后抗压强度损失率	%	≤20	
	25 次冻融循环后质量损失率	%	≤5	
连续孔隙率		%	≥10	
强度等级		—	C20	C30
抗压强度（28d）		MPa	≥20.0	≥30.0
弯拉强度（28d）		MPa	≥2.5	≥3.5

注：耐磨性与抗冻性性能检验可视各地具体情况及设计要求进行。

透水混凝土的耐磨性试验应符合现行国家标准《无机地面材料耐磨性能试验方法》GB/T 12988 的规定。抗冻性试验应符合现行国家标准《普通混凝土长期性能和耐久性能试验方法标准》GB/T 50082 的规定。

3.2.2 配合比设计

透水混凝土配合比设计与普通混凝土相比有较大的区别，保罗米公式不再适用于透水混凝土的配合比设计。而在进行透水混凝土配合比设计时不仅要考虑设计强度，同时还要保证空隙率满足设计要求。因此需要严格控制水灰比、骨胶比、骨料粒径等设计参数，保证透水混凝土的力学性能和功能性，以满足相关规程的基本要求。

孔隙率是透水混凝土配合比设计时首先考虑因素，一般根据要求为 15%～25%。配合比设计目前常用的有质量法、体积法和比表面法。质量法主要是利用经验图表计算水泥、骨料等用量，易于现场施工；体积法是以粗骨料自身孔隙率为基础，依据目标孔隙率按照一定关系详细计算，利于掌握拌和完成后的孔隙率特性；比表面积法主要以骨料的表面积乘以浆体厚度，得出填浆量，但其前提条件是假设理想的骨料颗粒接近球形。

使用体积法设计配合比时的理想条件为，在紧密堆积的情况下，骨料被水泥等胶凝材料均匀地包裹粘结在一起，硬化后形成了多孔堆聚结构，剩余的空隙变成了混凝土内部连通的孔隙。通常情况下，采用体积法确定透水混凝土配合比的主要参数有目标孔隙率、水灰比和强度等。

前已述及，透水混凝土一般是采用单粒级配粗骨料，几乎不掺细骨料，故不存在砂率的问题，骨料的用量基本只要考虑骨料的紧密堆积密度即可。由于透水混凝土的强度受孔隙率影响很大，所以配合比设计的关键是确定目标孔隙率并兼顾强度。根据透水混凝土的结构特征，混凝土的表观体积基本是由骨料堆积而成，因此配合比设计的原则是将骨料颗粒表面用水泥浆包裹，并将骨料颗粒互相粘结起来，形成一个整体。透水混凝土的重量应为骨料的紧密堆积密度和单方水泥用量及用水量之和。根据这个原则，可以初步确定透水混凝土的配比。因此，透水混凝土配合比设计的步骤为：

（1）根据实际情况，确定透水混凝土目标孔隙率；

（2）确定水灰比，先根据粒径确定基本配合比，试验时根据实际情况进行试配，最佳水灰比的判断准则为水泥浆在骨料颗粒表面包裹均匀，没有水泥浆下滴现象，而且颗粒有类似金属的光泽；

（3）确定骨料紧密堆积状态下的空隙率：分别测得骨料的表观密度和紧密堆积密度，求得粗骨料空隙率；

（4）确定粗骨料用量：考虑到实际情况一般乘以折减系数 0.98 确定每立方米混凝土中粗骨料紧密堆积状态下的质量；

（5）确定水泥、其他胶凝材料、水和外加剂等的单方用量。

由上述可知，骨料是透水混凝土性能的一大要素。骨料占混凝土体积的 70%~80%，除了作为经济填充料之外，通常还为混凝土带来了耐磨性和体积稳定性，影响混凝土的力学性能和物理性能。骨料在新拌混凝土成型过程中处于悬浮状态，颗粒之间具有较大的间隙，当受到外力作用时，骨料发生位移，相互挤压，从而使骨料间距缩小，达到生产实际中骨料堆积状态。在此过程中，不同的骨料表现出不同的性质，配制的混凝土性能将各不相同。因此，应选用优质的骨料，并对其粒径大小等参数做出合理选择。

3.2.3 再生骨料透水混凝土

1. 原材料与配合比

水泥采用南京小野田水泥厂生产的 P·Ⅱ 52.5 级水泥；骨料采用上海江叶园林景观工程有限公司提供的再生骨料（RA）、天然骨料（NA）及河砂（S）。其中，再生骨料粒径范围为5~20mm，天然骨料粒径<5mm，河砂细度模数为1.8，骨料其他特性如表3-36所示；保水材料（WRM）：上海江叶园林景观工程有限公司提供；硅灰（SF）：上海江叶园林景观工程有限公司提供；减水剂（PCE）：上海英杉新材料科技有限公司提供的聚羧酸系减水剂（粉体）；水（W）：自来水。

试验所用骨料特性 表3-36

骨料	堆积密度(kg/m³)	表观密度(kg/m³)	空隙率(%)	含水率(%)
RA	1404	2374	40.8	3.5%
NA	1612	2640	38.9	2.1%
S	1759	2511	29.9	0.8%

试验考虑采用多种措施改善再生骨料透水混凝土的强度，具体试验配合比如表3-37所示。

透水混凝土配合比（kg/m³） 表3-37

NO	C	SF	RA	NA	S	W	PCE
B	400	0	1376	0	0	116	0.8
1-1	380	20	1376	0	0	116	0.8
1-2	370	30	1376	0	0	116	0.8
1-3	360	40	1376	0	0	116	0.8
2-1	400	0	1307	0	69	116	0.8
2-2	400	0	1238	0	138	116	0.8
2-3	400	0	1170	0	206	116	0.8
3-1	400	0	1101	335	0	116	0.8
3-2	400	0	895	587	0	116	0.8
3-3	400	0	688	838	0	116	0.8

注：组B为基准组，粗骨料的用量取骨料紧密堆积密度的0.98倍。

2. 试验方法

（1）搅拌、成型及养护

搅拌方式采用水泥裹石法，即先将骨料及保水材料加入搅拌锅中，再加入一半水进行预拌润湿，随后加入水泥、硅灰、减水剂及另一半水，根据拌和物状态确定出料时间。

用于抗压强度测试的试块采用分层压实的方式成型，即将拌和物加入立方试模（100mm×100mm×100mm）中，厚度为60～70mm，用捣棒从四周向中间螺旋形式插捣，插捣25～30次，随后再加入拌和物至约高出试模顶面10～20mm，呈锥形，在拌和物上方放一混凝土立方试块，并用橡胶锤锤击混凝土试块上表面，将高出试模顶面的拌和物压至试模内部，根据成型表面状态添加或剔除物料。

用于透水系数测定的试块一次加料后采用相似的锤击压实方式成型，试样为直径100mm、厚度50mm的圆柱试块。

上述试块成型后应立即用塑料薄膜覆盖表面以防止水分蒸发，并于成型48h后拆模，随后放入标准养护室养护至规定龄期。

（2）孔隙率测试

将试块浸泡于清水中24h后，测试试块在水中的质量（m_1），随后将试块取出并置于空气中干燥24h，再测其质量（m_2）。试块孔隙率A由公式（3-22）计算得出：

$$A = 1 - \frac{(m_2 - m_1)\rho_w}{V_1} \times 100\% \qquad (3-22)$$

式中　　V_1——试块的体积（cm^3）；

　　　　ρ_w——水的密度（g/cm^3）。

（3）抗压强度及透水系数测试

透水混凝土抗压强度及透水系数测试分别按照《混凝土物理力学性能试验方法标准》GB/T 50081—2019 及《透水水泥混凝土路面技术规程》CJJ/T 135—2009 规定的方法进行。

（4）蒸发速率测试

对于掺加保水材料的试样，每组取 3 个立方试块并浸水 6h，之后取出试块并测定其饱和面干质量，再将试块放置于 60℃的烘箱中进行干燥，并每隔 2.5h 测定试块质量一次，共测试 10 次，进而获得试块中水分的蒸发速率情况。

（5）蒸发冷却试验

对掺加保水材料的试样及对照样，每组取立方试块与圆柱试块各一块并在水中浸泡 6h，取出试块后在立方试块上表面中心位置处设置热电偶，并用圆柱试块压住热电偶，四组试块上表面的中间位置处同样设置有热电偶，在试块正上方约 20cm 处有一加热灯用于模拟日照，利用此装置研究试块表面

图 3-32　蒸发冷却试验装置图

及其下方 5cm 处的温度上升情况，具体试验装置如图 3-32 所示。

3. 再生骨料透水混凝土抗压强度的改善措施对比

再生骨料是由废弃混凝土经破碎、筛分后获得，其具有颗粒表面粗糙、棱角多、表面含有砂浆层且内部有微裂纹等特点，因此由其配制的混凝土抗压强度不高。本试验采用三种措施改善再生骨料透水混凝土的抗压强度，各措施的改善效果如下。

（1）提高硅灰掺量

利用硅灰等质量替代水泥，其替代率取 5.0%、7.5% 及 10.0%，具体配合比如表 3-37 中组 1-1 至组 1-3 所示，试验结果如图 3-33 及图 3-34 所示。

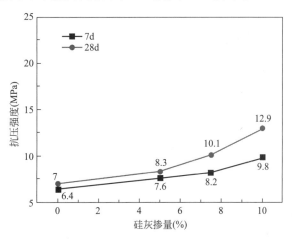

图 3-33　硅灰掺量对再生骨料透水混凝土抗压强度的影响

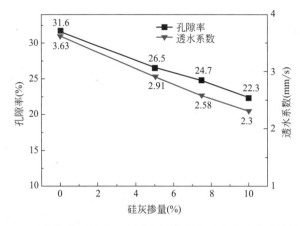

图 3-34 硅灰掺量对再生骨料透水混凝土孔隙率及透水系数的影响

由图 3-33 及图 3-34 可知，不掺加硅灰的再生骨料透水混凝土 28d 抗压强度仅为 7.0MPa，这主要是由于其孔隙率大（高达 31.6%）所致。随着硅灰替代率的增加，透水混凝土孔隙率及透水系数不断降低，抗压强度不断增大。这主要由两方面原因造成，一方面硅灰密度小于水泥，硅灰等质量替代水泥将提高浆体体积，从而增大骨料颗粒表面的包浆层厚度，既降低了孔隙率又提高了骨料颗粒间的粘结力。另一方面，硅灰中含有高活性的 SiO_2，可有效改善"骨料-浆体"界面过渡区的微观结构，从而提高了透水混凝土的力学性能。

（2）提高砂率

利用河砂等质量替代再生骨料的配合比详见表 3-37 中的组 2-1 至组 2-3，砂率取 5%、10% 及 15%，试验结果如图 3-35 及图 3-36 所示。

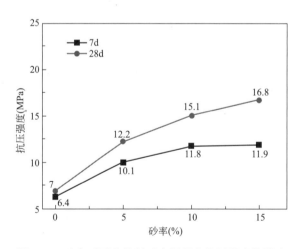

图 3-35 砂率对再生骨料透水混凝土抗压强度的影响

由图 3-35 及图 3-36 可知，随着砂率的提高，透水混凝土的孔隙率及透水系数显著降低，抗压强度大幅提升。当砂率取 10% 时，透水混凝土 28d 抗压强度提升 115%。这主要是由于再生骨料用量不断减少，而添加的河砂与水泥形成水泥砂浆，增大了骨料颗粒表面

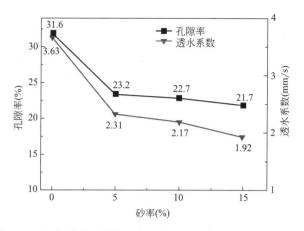

图 3-36　砂率对再生骨料透水混凝土孔隙率及透水系数的影响

的包浆层厚度，进而提高了透水混凝土的密实度及强度。

（3）提高天然骨料替代率

利用天然骨料等体积替代再生骨料以改善骨料颗粒级配，其配合比详见表 3-37 中的组 3-1 至组 3-3，替代率分别为 20%、35% 及 50%，试验结果如图 3-37 及图 3-38 所示。

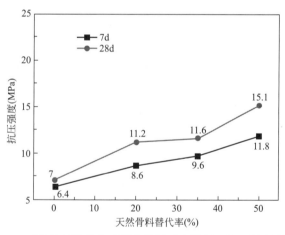

图 3-37　天然骨料替代率对再生骨料透水混凝土抗压强度的影响

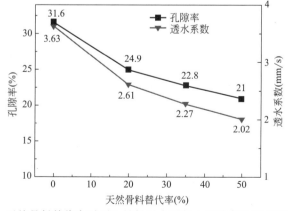

图 3-38　天然骨料替代率对再生骨料透水混凝土孔隙率及透水系数的影响

由图 3-37 及图 3-38 可知，当天然骨料替代率为 20% 时，透水混凝土抗压强度显著提高，试样孔隙率及透水系数同样明显降低，当替代率提高至 35% 时，透水混凝土抗压强度仅微弱提升，而当替代率继续提高至 50% 后，抗压强度又得到显著提升。由此可推测，天然骨料替代率达 20% 即可显著改善骨料颗粒级配，即尺寸较小的天然骨料填充于再生骨料颗粒间隙中，继续提高天然骨料替代率，将增加细颗粒间的接触，对级配的改善作用减弱，因此抗压强度改善效果不显著。

4. 保水性再生骨料透水混凝土

（1）材料制备

在上述研究成果的基础上，先制备一组强度较高的再生骨料透水混凝土，在此基础上再掺加占胶凝材料用量为 3%、5% 及 7% 的保水材料用于制备保水性再生骨料透水混凝土，具体试验配合比如表 3-38 所示，试验结果如图 3-39 及图 3-40 所示。

保水性再生骨料透水混凝土配合比（kg/m³）　　　　表 3-38

NO	C	SF	RA	NA	S	WRM	W	PCE
PC	370	30	991	301	144	0	116	0.8
4-1	370	30	991	301	144	12	116	0.8
4-2	370	30	991	301	144	20	116	0.8
4-3	370	30	991	301	144	28	116	0.8

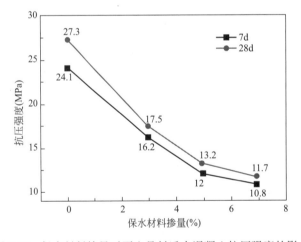

图 3-39　保水材料掺量对再生骨料透水混凝土抗压强度的影响

由图 3-39 及图 3-40 可知，通过提高拌和物浆体体积、优化"骨料-浆体"界面过渡区结构及改善骨料颗粒级配等方式，可以制备出 28d 抗压强度达 27.3MPa 的再生骨料透水混凝土。而随着保水材料掺量的提高，透水混凝土抗压强度显著降低，孔隙率及透水系数逐渐提高。这主要是由于保水材料密度（0.40~0.65kg/m³）远小于制备透水混凝土材料的其他原材料，大量保水材料夹杂填充于骨料间隙中，削弱了颗粒间的粘结作用，进而造成抗压强度的显著降低。对比四组试样的 28d 抗压强度可知，当保水材料掺量分别为 3%、5% 及 7% 时，试样 28d 抗压强度分别降低了 35.9%、51.6% 及 57.1%。

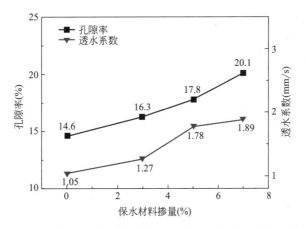

图 3-40　保水材料掺量对再生骨料透水混凝土孔隙率及透水系数的影响

（2）蒸发冷却效果

本试验以 PC 组作为对照组，研究了保水材料掺量对透水混凝土蒸发冷却效果的影响，试验结果如图 3-41 及图 3-42 所示。

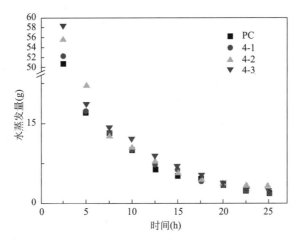

图 3-41　保水材料掺量对透水混凝土水分蒸发速率的影响

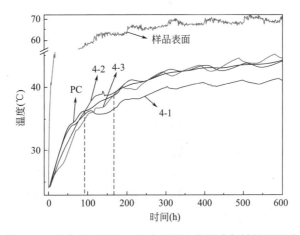

图 3-42　保水材料掺量对透水混凝土蒸发冷却效果的影响

由图 3-41 可知，试样在 60℃烘箱中烘干 2.5h 后，掺有保水材料的试样质量损失显著高于 PC 组试样的质量损失，且保水材料掺量越高，试样质量损失越大。继续烘干 2.5h 后，4-2 及 4-3 两组试样的质量损失仍显著高于 PC 组试样，而 4-1 组试样的质量损失情况与 PC 组相当。此后，随着烘干时间的延长，三组掺有保水材料的试样质量损失总体仍高于 PC 组，但差异不显著。由此可知，掺有保水材料的透水混凝土在烘干过程中总体保持着较高的水分蒸发量，进而有望实现蒸发冷却效果。

由图 3-42 可知，利用加热灯模拟光照对透水混凝土表面进行烘烤，透水混凝土表面空气温度迅速上升，并最终达到 70℃左右。而四组试样表面下方 5cm 处的温度上升则较缓慢，以 PC 组作为对照，在前 90min 内，4-1、4-2 及 4-3 三组试样表面下方 5cm 处的温度逐渐降低。此后，4-1 组的温度始终低于 PC 组，两者温差最终为 3℃左右。而 4-2 组的温度则在 PC 组温度附近波动。同样，4-3 组在烘烤约 170min 后，其温度也将在 PC 组温度附近波动。产生上述现象的原因在于：随着保水材料掺量的增加，试样内部的含水量也相应增加，而水的比热容较高，因此在前 90min 内，含水量较高的试块温度上升较慢，与此同时，水分的蒸发作用将带走一部分热量，降低了温度的上升速度。对 4-1 而言，其试块内部含水量较 PC 组高，且单位时间内水分蒸发量较 PC 组多，因此表现为 4-1 组温度始终低于 PC 组。而 4-2 组及 4-3 组虽然较 4-1 组具有更高的含水量，但两者的孔隙率也更高，为水分的快速蒸发提供了内部通道，待大量水分在前期烘烤过程中快速蒸发后，4-2 组及 4-3 组试样的内部含水量与 PC 组差异减小，同时由于两组的容重较 PC 组低，因此在烘烤过程中温度上升速度较快，这一结果与其更多的水分蒸发量相抵消，从而出现了 4-2 组与 4-3 组试样后期温度与 PC 组试样相当的现象。

3.3 透水砖路面材料设计

3.3.1 原材料要求

水泥应符合现行国家标准《通用硅酸盐水泥》GB 175 的规定。粗骨料应使用质地坚硬、耐久、洁净的碎石、碎砾石、砾石，细骨料宜采用机制砂。骨料技术指标应符合现行行业标准《城镇道路工程施工与质量验收规范》CJJ 1 的规定，有抗盐冻要求的结构层使用粗骨料不应低于Ⅱ级。施工用水应符合现行行业标准《混凝土用水标准》JGJ 63 的规定。外加剂应符合现行国家标准《混凝土外加剂》GB 8076 的规定。

3.3.2 透水砖要求

透水砖的透水系数应大于 1.0×10^{-2} cm/s，外观质量、尺寸偏差、力学性能、物理性能等其他要求应符合现行行业标准《透水砖》JC/T 945 的规定。

用于铺筑人行道的透水砖防滑性能（BPN）不应小于 60。耐磨性不应大于 35mm，使用除冰盐或融雪剂的透水砖路面，应增加抗盐冻性试验，即经过 25 次冻融循环质量损失不应大于 0.5kg/m^2，抗压强度损失不应大于 20%。

透水砖外观质量应符合表 3-39 的规定。

透水砖外观质量 表 3-39

项目			顶面	其他面
裂纹	贯穿裂纹		不允许	不允许
	非贯穿裂纹	最大投影尺寸长度(mm)	≤10	≤15
		累计条数(投影尺寸长度≤2mm 不计)(条)	≤1	≤2
缺棱掉角	沿所在棱边垂直方向投影尺寸的最大值(mm)		3	10
	沿所在棱边方向投影尺寸的最大值(mm)		10	20
	累计个数(三个方向投影尺寸最大值≤2mm 不计)(个)		≤1	≤2
粘皮与缺损	深度≥1mm 的最大投影尺寸(mm)		≤8	≤10
	累计个数(投影尺寸长度≤2mm 不计)(个)	深度≥1mm,≤2.5mm	≤1	≤2
		深度>2.5mm	不允许	不允许

透水砖尺寸偏差应符合表 3-40 的规定。

透水砖尺寸偏差要求 表 3-40

名称	长度(mm)	宽度(mm)	厚度(mm)	厚度方向垂直度(mm)	直角度(mm)
透水混凝土路面砖	±2.0	±2.0	±2.0	≤1.5	≤1.0
透水烧结路面砖	±2.0	±2.0	±2.0	≤2.0	≤2.0

透水砖劈裂抗拉强度应符合表 3-41 的规定,单块的线性破坏荷载不应小于 200N/mm。透水砖的强度等级应通过设计确定,可根据不同的荷载类型按表 3-42 选用。

透水砖劈裂抗拉强度 表 3-41

劈裂抗拉强度等级	平均值(MPa)	单块最小值(MPa)
$f_{ta}3.0$	≥3.0	≥2.4
$f_{ta}3.5$	≥3.5	≥2.8
$f_{ta}4.0$	≥4.0	≥3.2
$f_{ta}4.5$	≥4.5	≥3.4

透水砖强度等级 表 3-42

荷载类型	劈裂抗拉强度(MPa)		抗折强度(MPa)	
	平均值	单块最小值	平均值	单块最小值
轻型荷载	≥4.0	≥3.2	≥6.0	≥5.0
人群荷载	≥3.0	≥2.4	≥5.0	≥4.2

透水砖物理性能应符合表 3-43 的规定,抗冻性能应符合表 3-44 的规定。

透水砖物理性能 表 3-43

项目	要求
抗滑性	BPN≥60

续表

项目	要求
耐磨性	磨坑长度≤35mm
透水系数	≥0.1mm/s

透水砖抗冻性　　　　　　　表3-44

使用条件	抗冻指标	单块质量损失率	强度损失率
夏热冬暖地区	D15	≤5% 冻后顶面缺损深度≤5mm	≤20%

透水砖的接缝宽度不宜大于3mm。接缝用砂级配应符合表3-45的规定。

透水砖接缝用砂级配　　　　　　　表3-45

筛孔尺寸(mm)	9.5	4.75	2.36	1.18	0.6	0.3	0.15	0.075
通过质量百分率(%)	100	90～100	75～100	50～90	35～59	8～30	0～10	0～5

缝隙透水砖路面拼接缝隙宜为6～10mm，每平方缝隙率宜大于8%，并应保证面层的整体强度与稳定性。

第 4 章 透水路面施工与验收

与常规的路面设计不同，在保证路面结构承载能力的同时，透水路面通过设计大空隙结构（vv：18%～25%）实现路面透水功能。较大的空隙率将改变透水沥青混合料的压实特性，并加速施工过程中混合料的温度衰减。而透水沥青混合料采用高黏改性沥青的黏度大，对施工温度较为敏感。因此，有必要从混合料压实特性、施工温度等关键因素切入进行研究，通过智能化施工等手段提升透水沥青施工水平。同时，结合各类透水路面的施工应用经验，提出施工工艺与验收标准，以控制路面质量，提升透水路面的使用耐久性能。

4.1 透水沥青路面施工关键影响因素研究

4.1.1 透水沥青路面施工温度衰变规律

通常情况下，改性沥青混合料出料温度为180℃左右。在施工阶段的环节，例如沥青混合料摊铺以及压实等，各种热量损失必定造成温度差异，若温度超出合理范围，将不可避免地影响施工质量。因此，许多研究者致力于热沥青混合料在施工中温度场的变化规律研究，并通过温度场变化的规律制订合理的施工工艺，提高沥青路面的建设质量。如美国 S. Read 为了研究沥青混合料的离析原因，对运输车厢内混合料的温度差别和摊铺机不同点的温度差异进行相关实验，其试验仪器为高精度的红外摄像机，试验对象是摊铺时的混合料，拍摄得到数据并通过软件分析，结果显示温度场比预想的下降更多，143℃的沥青混合料在运输 16～24km 后，沥青混合料最大存在 44℃温差。在沥青混合料运输中，热沥青混合料必然会产生温度离析，因此在运输过程中必须采取一些防护措施，避免热量损失，减小温度差的变化，为后续施工工艺的实施提供保证。姜小琴等人测试摊铺过程中沥青层不同深度处的温度，探究了沥青混合料摊铺时温度场的分布并寻找温度变化的影响因素，实验发现沥青混合料摊铺后的热损失既向空中也向下面层传递，在摊铺后 15min 内变化非常明显，应根据实测温度合理的安排压实时间和压实工艺。对于压实温度场的变化，国内外许多学者对此也进行了深入研究。早在 1976 年，Jordan 和 Thomas 曾建立计算机模型模拟摊铺后热沥青混合料的冷却规律。研究表明，由于基层温度较低导致刚刚摊铺的沥青混合料温度迅速下降，但是随着时间的延长，沥青混合料温度下降速率主要取决于沥青层状况摊铺厚度、摊铺温度等。可以看出，已有的针对热拌沥青混合料温度变化规律的研究都局限于施工的单个环节，相对于整个施工阶段还存在一些弊端。在热拌沥青混合料路面施工建设中，混合料的温度变化自始至终都贯穿于整个施工阶段，并最终影响路面的质量，需要整体化考虑。因此，为控制沥青路面的建设质量，需要考虑整个施工中温度场的变化规律，并依此来规划施工工艺。

透水沥青铺面一般采用高黏度沥青以增加粗骨料之间的粘结，高黏度沥青的使用导致混合料的拌和温度较高。另一方面,较大的空隙率导致压实过程中的温度衰变速度较快,有效压实时间较短。因此,有必要量化透水沥青铺面的温度衰变规律,以确定合理的压实时间。

透水沥青铺面材料摊铺以后,在下卧层温度(热传导)、外界空气(热对流)、太阳辐射(热辐射)等因素综合影响下,与外界传热。较大的空隙导致其热力学参数不同于传统密级配沥青混合料,无法完全照搬密级配沥青铺面的研究成果。如何量化透水沥青铺面温度衰变规律,以期预估透水沥青铺面的有效压实时间,是透水沥青铺面压实的核心技术问题之一。

1. 理论分析

为确定透水沥青道路的摊铺的有效压实时间、提高路面压实质量、延长路面的使用寿命,可根据热力学牛顿冷却定律,建立透水沥青路面的温度场衰变模型,并结合现实试验检测数据,确定合理的模型参数。

(1) 基本原理与公式推导

在摊铺过程中,沥青路面处于自然环境的影响中,持续经受着变化的环境因素的综合作用,各种环境因素包括和路表和空气的热交换,太阳的总辐射,风速等等。考虑到沥青路面摊铺和空气温差较大,对此对与摊铺沥青路面热对流起主要作用,风速则是影响路面结构和大气之间对流换热的主要因素。因此,初选牛顿冷却定律作为模型建立的基本方程。

牛顿冷却定律基本方程见式(4-1)。当物体表面与周围存在温度差时,单位时间从单位面积散失的热量与温度差成正比。牛顿冷却定律在强制对流时(风速较大时)与实际符合较好,在自然对流时(无风情况下)只在温度差不太大时才成立。

$$-\frac{dT}{dt} = \frac{T-T_c}{\tau} = k_1(T-T_c) \tag{4-1}$$

式中　　dT/dt ——物体的温度随时间下降的速度,负号表示物体的温度下降;

　　　　τ ——物体与环境达到热动平衡所需的时间,即弛豫时间;

$-dT/dt$ 和 $(T-T_c)/\tau$ ——微线性关系;

　　　　k_1 ——比例系数。

(2) 环境温度变化模型

牛顿冷却定律适用于强对流,而随着铺面温度下降,环境温度 T_c 逐渐升高,并非常数。因此考虑实际情况中环境温度的变化情况,假定环境温度遵循式(4-2)所示的变化规律,即在压实开始时刻温度为空气初始温度 H_0,并最终达到平衡温度 H_1。

$$T_0 = (H_0 - H_1)e^{-k_2 t} + H_1 \tag{4-2}$$

式中　T_0——路面初始温度,即为压实最开始时($t=0$)路面表面温度的数值;

　　　H_0——在刚开始压实时($t=0$)空气的温度数值;

　　　H_1——空气温度和路面温度趋于平衡稳定时的温度;

　　　k_2——比例系数。

(3) 平衡温度预估模型

平衡温度 H_1 可以根据试验路段进行实测,其值可用铺面温度1h后的表面温度。也可以用参照同济大学的研究成果,按以下模型进行预估。

1) 路表日最高温度模型

对于气象要素齐全的观测站点所在地，路表日最高温度估算模型见式（4-3）：

$$T_{s,max} = T_{a,max} + a_1 \times \overline{T}_{a,-mom} + a_2 \times \cos(Zn) \times Q - a_3 v + a_0 \tag{4-3}$$

或仅以气象要素估算，见式（4-4）：

$$T_{s,max} = T_{a,max} + b_1 \times \overline{T}_{a,-mom} + b_2 \times \cos(Zn) \times T_{ahl} - b_3 v + b_0 + C \times (T_{a,max} - \overline{T}_{amax,-mom}) \tag{4-4}$$

式中　　$T_{s,max}$——路表日最高气温（℃）；

　　　　$T_{a,max}$——日最高气温（℃）；

　　　　Q——日太阳总辐射量（$MJ/m^2/d$）；

　　　　$\overline{T}_{a,-mom}$——估算日之前一个月（30d）的平均气温（℃）；

　　　　T_{ahl}——气温日较差（℃），$T_{ahl} = T_{a,max} - T_{a,min}$；

　　　　$\overline{T}_{amax,-mom}$——估算日之前一个月（30d）的平均日最高气温（℃）；

　　　　Zn——与纬度L、赤纬角δ相关的角度（rad），参见式（4-5）、式（4-6）；

a_1、a_2、a_3、a_0——影响系数，取值见表4-1；

b_1、b_2、b_0、C——影响系数，取值见表4-1。

从气候学的角度来分析，不同地区路气温差随季节的变化除了与地理纬度有关外，还与地球绕日运动时的日地中心边线与赤道平面的夹角（称之为赤纬角δ）有关，本文引入一个与纬度Lat和赤纬角δ相关的角度Zn来表示季节影响因子，按式（4-5）计算。

$$\cos(Zn) = \sin(L)\sin(\delta) + \cos(L)\cos(\delta) \tag{4-5}$$

式中　L——纬度（°）；

　　　δ——赤纬角，其计算式为：

$$\delta = 23.45 \cdot \sin\left(360 \frac{n+284}{365}\right) \tag{4-6}$$

式中　n——计算日在一年中的日期序号，从1月1日（$n=1$）起算。

路表日最高气温模型影响系数　　　　表4-1

a_1	a_2	a_3	a_0	b_1	b_2	b_3	b_0	C^*
0.222	0.618	0.173	7.0	0.312	0.981	0.193	5.0	0；-1.0

注：当$T_{a,max} > \overline{T}_{a,month}$时，取0，当$T_{a,max} < \overline{T}_{a,month}$时，取-1.0。

2) 路表日最低气温模型

路表日最低温度与$T_{a,min}$的相关性最为显著，可仅以气温指标建立如式（4-7）所示估算模型：

$$T_{s,min} = T_{a,min} + d_1 \times \overline{T}_{a,mom} + d_2 \times \cos(Zn) \times (T_{a,min} - \overline{T}_{amin,year}) + d_0 \tag{4-7}$$

式中　$T_{s,min}$——路表日最低温度（℃）；

　　　$T_{a,min}$——日最低气温（℃）；

　　　$\overline{T}_{amin,year}$——年平均日最低气温（℃）；

d_1、d_2、d_0——影响系数，取值见表4-2。

路表日最低气温模型影响系数　　　　表 4-2

d_1	d_2	d_0
0.113	0.206	1.5
0.104	0.188	1.1

3）路表温度日变化模型

在各种天气条件下，路面不同深度处的日温度变化曲线可分为升温段（日出至日落前，$t_0 < t < t_2$）和降温段（日落前至第二天日出时段，$t_2 < t < t_2 + 24$），其变化过程分两阶段进行拟合：白天升温过程及高温区段采用余弦函数拟合，见式（4-8）；日落后的降温过程采用负指数函数拟合，见式（4-9）。

$$T(d, t) = d \cdot \frac{T_{d,\min} + T_{d,\max}}{2} - \frac{T_{d,\max} - T_{d,\min}}{2} \cos[\omega_d \pi - \Delta t_d]; \; t_0 < t < t_2 \quad (4-8)$$

$$T(d, t) = (T_2 - A) e^{[-\beta(t - t_2)]} + A; \; t_2 < t < t_0 + 24 \quad (4-9)$$

式中　$T(d, t)$——d 深度（m）处任意时 t 刻（h）的路面温度，℃；

$T_{d,\max}$、$T_{d,\min}$——路表表日最高温和日最低温（℃）；

ω_d、Δt_d、t_2——d 深度（m）处余弦拟合函数的角频率、滞后时间、二阶段分界时刻，见式（4-10）～式（4-12）；

T_2——按式（4-3）或式（4-4）计算得 t_2 时刻的路表温度（℃）；

β——天气修正系数，见式（4-13）；

A——日间温差系数，可根据分界点的连续条件，第二天最低气温 $T_{s,\min}$，按式（4-14）确定。

$$\omega_d = \frac{t - t_0}{t_1 - t_0 + \dfrac{d}{0.06}} \quad (4-10)$$

$$\Delta t_d = \frac{d}{2\sqrt{\dfrac{\pi}{24a}}} \quad (4-11)$$

$$t_2 = t_{\text{sunset}} + \frac{d}{2} \cdot \sqrt{\frac{\pi}{24a}} - 2 \quad (4-12)$$

$$\beta = 0.5 \ln(T_2 - T'_{\min}) \quad (4-13)$$

$$A = \frac{T'_{s,\min} - T_2 e^{[-\beta(t_0 + 24 - t_2 + 2)]}}{1 - e^{[-\beta(t_0 + 24 - t_2 + 2)]}} \quad (4-14)$$

式中　t_0——当地日出时刻，以地平计时（h）；

t_{sunset}——当地日落时刻，以地平计时（h）；

t_1——路表最高温出现时间，取 13：00；

$T'_{s,\min}$——次日路表最低温度（℃）；其他参数意义同前。

（4）温度场衰变模型推导

将式（4-2）带入式（4-1），得到式（4-15），进行积分，得到式（4-16），式中符号意义同前。式（4-16）即为道路压实过程中温度场衰变模型。其中，平衡温度 H_1 为采用式

(4-8) 预估的路表压实后 1h 的温度,也可采用实测法测量。

$$\frac{dT}{dt} + k_1 T = k_1(H_0 - H_1)e^{-k_2 t} + k_1 H_1 d \qquad (4\text{-}15)$$

$$T = \left(T_0 - H_1 - \frac{k_1(H_0 - H_1)}{k_1 - k_2}\right)e^{-k_1 t} + \frac{k_1(H_0 - H_1)}{k_1 - k_2}e^{-k_2 t} + H_1 \qquad (4\text{-}16)$$

2. 试验研究

(1) 数据采集

根据竣工钻心取样要求标记待测点位置,并采集记录以下内容:

1) 定点测量大空隙率沥青铺面温度场(沥青层内部、下卧层表面)随时间(初压至终压)变化规律;

2) 测点位置的拌和楼参数(级配、沥青用量、原材料参数、拌和温度等),通过记录运输车辆的标识码,关联拌和楼记录数据,获取相应参数;

3) 测点位置的压路机压实参数(路表温度、压路机类型、吨位、速度、振幅、频率、压实次数及通过测点桩号的时间);

4) 测点位置的每次压实后沥青层厚度(由核子密度仪测定密度反算得到),芯样密度(利用真空塑料袋的蜡封法测定);

5) 留存芯样并标记桩号,用于混合料骨架结构评价。

(2) 数据拟合

将层表、层中、层底实测温度与拟合温度进行比较,参数拟合结果见表 4-3,曲线拟合结果见图 4-1~图 4-3。

路表日最低气温模型影响系数　　　　表 4-3

桩号	层位	T_0	H_0	H_1	k_1	k_2
K0+860	层表	109.4	31.0	56.6	0.0361	0.019
	层中	108.1	31.0	60.8	0.0672	0.437
	层底	123.4	31.0	66.9	0.0526	0.085
K1+140	层表	126.0	31.0	76.5	0.0407	0.068
	层中	108.4	31.0	74.9	0.0600	0.288
	层底	123.4	31.0	80.1	0.0672	0.468
K1+340	层表	141.8	31.0	61.5	0.0446	0.033
	层中	168.2	31.0	76.5	0.0485	0.065
	层底	133.4	31.0	74.3	0.0670	0.208

在相关性方面,所有拟合曲线的相关系数均在 0.98 以上。说明采用牛顿冷却定律、平衡温度模型推导得出的模型可以较好地拟合透水沥青路面摊铺过程中温度场的衰变情况。层表温度拟合曲线的相关系数略低于层中、层底的相关系数,这是由于层表温度的影响因素比较多,例如,风速、洒水等。因此,基于层温度的施工均匀性监测与控制技术存在改善空间。可采用大数据分析方法剔除偏离数据,或采用摊铺机后监测温度作为初始温度,结合温度衰变模型,对采集的层表温度数据进行筛选,以提高表层温度数据的准确性。

层表初始摊铺温度,分别为 109.4℃、126.0℃、141.8℃,摊铺温度差超过 30℃。层

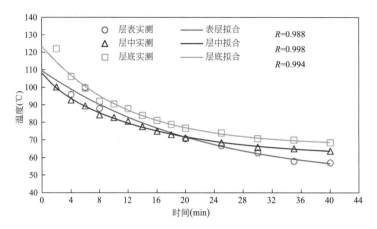

图 4-1　K0+860 点温度随时间变化的拟合情况

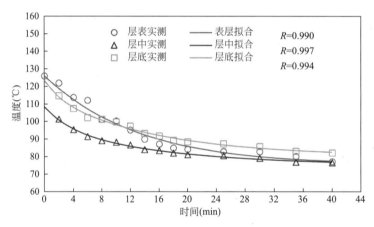

图 4-2　K1+140 点温度随时间变化的拟合情况

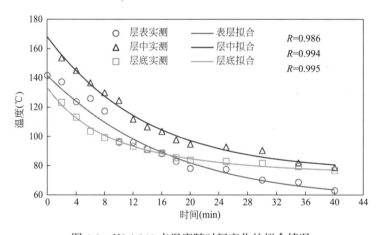

图 4-3　K1+340 点温度随时间变化的拟合情况

中初始摊铺温度分别为 108.1℃、108.4℃、168.2℃，差别超过 60℃。层底摊铺温分别为 123.4℃、123.4℃、133.4℃，差异达到 10℃。实验结果说明，透水沥青混合料在摊铺过程中，温度差异显著。若不考虑温度差异，而近似认为温度均一，以压实遍数或者反算模型进行均匀性控制，是不合理的。

K0+860、K1+140、K1+340 测量点层表、层中、层底最大摊铺温度差异为 15.3℃、17.6℃、34.8℃，可见温度差异不仅出现在不同的测量点位，在深度方向上同样存在较大的温度差异，现有设备测定摊铺表面温度时，无法区别不同深度处的温度差异，导致温度控制存在较大误差。

摊铺平衡温度 H_1 在 56.6～80.1℃ 之间，其值为考虑风速、太阳辐射，以及气温情况下，路表的温度。k_1、k_2 为与将降温速率相关的系数，由表中数据可知，层表的 k_1、k_2 明显小于层中、层底的 k_1、k_2，说明模型拟合的参数 k_1、k_2 具有特定的范围，可以根据大量数据拟合得出该范围。可将其值应用于沥青路面摊铺过程中，温度场衰变规律的预估。

通过模型分析和试验研究，明确了压实温度、压实工艺参数对透水沥青混合料压实度、骨架结构的影响，有助于确定透水沥青铺面的最佳压实温度与压实工艺，提升透水沥青路面施工质量，为进一步开发智能施工系统提供核心数据支持。

4.1.2 透水沥青路面碾压施工控制

1. 透水沥青路面压实特性

沥青混合料的压实特性是指其在施工碾压和使用过程中体积参数的变化程度和稳定性。在沥青混合料施工阶段，由于施工机械的碾压使沥青混合料承受压缩、剪切、揉搓，导致混合料中的颗粒重新排列，减小了空隙率。在道路开放交通后，由于车辆轮胎作用，混合料的压实度进一步增加，增加程度的大小取决于混合料类型、车辆荷载大小、车速及温度等各类因素。具有良好压实特性的沥青混合料应表现为在施工期间易于压实，在使用阶段体积保持稳定，并具有一定的抗变形能力。

美国 SHRP 研究者认为：一个被认可的混合料设计，在一定旋转压实次数下混合料的压实度必须达到一定的要求，并将其作为沥青含量选择和混合料设计的标准。例如，在初始旋转压实次数（N_{ini}）下要求压实度小于 89%，防止出现软弱的沥青混合料；在设计旋转压实次数（N_{des}）下要求压实度等于 96%，以满足设计空隙率 4% 的要求；当空隙率小于 2% 时，则认为沥青混合料接近破坏，因此要求沥青混合料在最大旋转压实次数（N_{max}）下压实度小于 98%。通过旋转压实试验能够了解到室内压实试件在压实过程中高度的精确变化，进而得到试件密实过程的信息。压实度曲线反映的是混合料在开始压实阶段从空隙率大于 11% 的初始状态，压实到设计空隙率 4%，再到极限空隙率 2% 的过程。压实度曲线可以反映出沥青混合料在施工期间的压实特性和开放交通后在交通荷载作用下的压实度变化特性。

旋转压实参数主要包括压实能量指数（Compaction energy index，CEI）与交通密实指数（Traffic densification Index，TDI）。在 Superpave 沥青混合料组成设计中，CEI 与 TDI 是压实度曲线下不同区段的面积，用于表征沥青混合料从某一压实度被压实到另一指定压实度所耗费的功，见图 4-4。初始压实次数（N_{ini}）对应的压实度反映了摊铺机的压实功。通常要求沥青路面竣工时的压实度为 92%，所以由初始压实次数至压实度 92% 的压实度曲线下的面积 CEI 反映了混合料在摊铺结束后碾压阶段的压实特性。压实能量指

数 CEI 越小，表示混合料所需的压实功越小，混合料在摊铺结束后的压实阶段就越容易压实。若路面在压实度为 92% 的水平下开放交通，混合料在交通荷载下不断被压密。由压实度 92% 至设计压实度 96% 时，压实度曲线下的面积用压实能量指数 $TDI96$ 表示。压实度 96% 至压实度 98% 时，空隙率达到极限状态，压实度曲线下的面积用压实能量指数 $TDI98$ 表示。交通密实指数 TDI 较大的沥青混合料，抵抗交通荷载的抗密实能力较强，在使用阶段更为稳定。

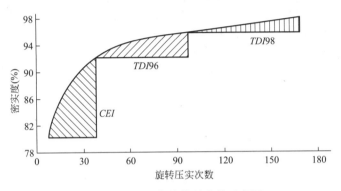

图 4-4 压实度曲线能量参数示意图

压实能量指数 CEI 与交通密实指数 TDI 是用于评价混合料压实特性的第一代评价指标，基于旋转压实试验获得的压实度-压实次数曲线进行计算，没有考虑旋转压实过程中混合料所承受的剪切力对其压密的影响。而新一代的旋转压实仪可以记录旋转压实过程中施加给混合料试件的剪切力。混合料抵抗压实的摩擦力越大，则压实过程所需的剪切力越大。根据剪切力计算得出的压实特性评价包括施工力指数（Construction Force Index，CFI）与剪切力指数（Shear Force Index，SFI）。施工力指数 CFI 用于表征混合料从摊铺结束后到竣工压实度的碾压阶段所需的压实功，剪切力指数 SFI 用于表征混合料从摊铺结束后到竣工压实度所需的剪切力。

空隙率是沥青混合料配合比设计中重要的体积参数。在 Superpave 混合料设计方法中，将空隙率 4% 作为配合比设计的标准。然而，有研究发现，在相同空隙率（4%）条件下，同类型沥青混合料的骨架接触特征并不相同。图 4-5 中给出了相同空隙率（4%）下，基质沥青 AC-13 混合料压实能量指数 CEI、试件纵剖面图像中骨架间的接触点个数随着压实温度的变化规律。在本文中，当相邻骨料边界像素之间的距离小于 0.1mm 时，定义两个骨料之间存在一个接触点。接触点个数是单位面积（100cm²）图像中接触点的个数之和。

如图 4-5 所示，压实能量指数 CEI 随着压实温度的升高先减小后增大，呈现"凹形"曲线关系，在压实温度约为 150℃ 时达到极小值。在相同空隙率（4%）条件下，混合料试件纵向剖面图像中的接触点个数随着压实温度的升高先增大后减小，在压实温度约为 150℃ 时达到极大值。试验结果说明：在达到相同空隙率条件下，同类型沥青混合料的骨架接触特征存在差异。存在沥青混合料达到目标空隙率所需压实功最小的压实温度，在该压实温度下成型的混合料具有较优的骨架结构。通过进一步分析可知，相同空隙率条件下混合料骨架接触特征的差异可能导致剪切强度等力学性能指标的差异。因此，提出相同空隙率条件下混合料压实特性指标，并对这种规律进行合理的解释，成为透水沥青铺面材料压实特性研究的重要内容之一。

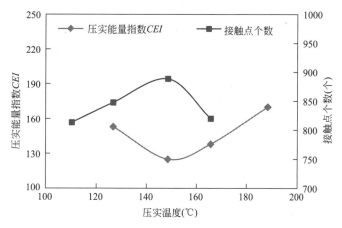

图 4-5　压实能量指数与接触点个数随压实温度变化的规律

2. 透水沥青路面压实温度

压实度及其均匀性是影响透水沥青铺面使用性能和耐久性的重要因素。然而，由于混合料离析、压路机驾驶人员漏压、压实速度或压实温度等参数控制不合理，极易导致透水沥青铺面压实的不均匀，进而影响透水沥青铺面的功能实现、缩短其使用寿命。其中，压实温度是透水沥青路面施工的关键影响因素之一。

（1）沥青混合料的压实温度确定方法

路面压实温度的确定方法主要有以下几类：

1）基质沥青黏度标准法

基质沥青施工温度确定方法根据工程实践经验逐步发展而来，主要包括以下三个发展阶段：

① 温度范围阶段；

② 赛波特黏度标准阶段；

③ 运动黏度或旋转黏度标准阶段。

在温度范围阶段，研究机构并未用黏度指标进行混合料施工温度确定，仅规定了沥青混合料的适宜压实温度范围。美国密西西比州马歇尔试验中心推荐沥青混合料在171～188℃范围内拌和，而 ASTM Designation 1559-58T 推荐沥青混合料在149±3℃范围内拌和。由于各个州使用不同种类的沥青材料，因此研究机构推荐的沥青混合料拌和温度存在较大差异。1954年，Chastain W. E. 报道了美国44个研究机构推荐的沥青混合料拌和温度范围为93～191℃。

在赛波特黏度限值阶段，研究机构发现不同种类沥青的最佳拌和、压实温度虽然存在较大的差异，但在最佳拌和、压实温度下沥青的赛波特黏度趋于某一特定的范围。图 4-6 展示出拌和楼拌制的4种沥青混合料（针入度分级 60-70 沥青2种、85-100 沥青2种）的60℃马歇尔稳定度随拌和黏度变化的趋势。图 4-7 展示出通车8个月后沥青铺面车辙深度随拌和黏度变化的趋势。图 4-8 展示出2种基质沥青混合料现场压实密度占实验室标准密度百分比随压实黏度变化的趋势。由图 4-6～图 4-8 可知：基质沥青存在最佳的拌和、压实黏度，在最佳拌和、压实黏度下施工的沥青铺面压实度最大、车辙深度最小。基于上述工程实践的研究成果，在 1961 年，ASTM Designation 1559-60T 提出了沥青混合料配合比设计过程的最佳拌和、压实黏度标准，具体数值为赛波特黏度 85±10s、145±15s。

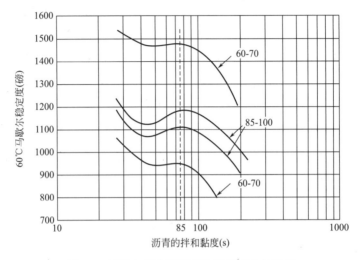

图 4-6 马歇尔稳定度随拌和黏度变化的趋势

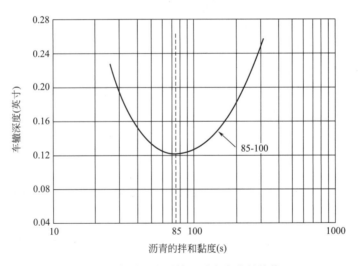

图 4-7 车辙深度随拌和黏度变化的趋势

随着沥青材料测试技术的不断进步，美国沥青协会（Asphalt Institute）推荐选用运动黏度进行沥青黏度特征评价。在 1974 年的沥青混合料设计方法手册（Mix design methods for asphalt concrete and other hot-mix types，MS-2）中，详细阐述了沥青混合料的马歇尔设计方法和维姆设计方法，推荐采用 170±20 厘泊、280±30 厘泊确定沥青混合料的拌和、压实温度。20 年后，在沥青混合料 Superpave 设计方法中，推荐采用相同的黏度标准确定基质沥青混合料的拌和、压实温度，仅将黏度单位由厘泊（cp）换为帕秒（Pa·s），

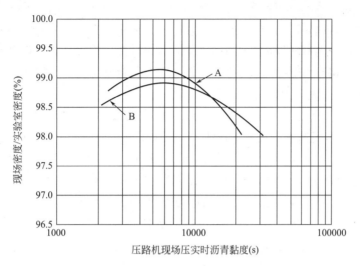

图 4-8 现场压实密度占实验室标准密度百分比随压实黏度变化的趋势

即 0.17±0.02Pa·s、0.28±0.03Pa·s。尽管沥青黏度的测试方法与单位几经变迁,但是基质沥青混合料施工温度确定方法的核心依据并未改变,并且可以简要概括为:基质沥青混合料存在最佳的拌和、压实黏度,在此条件下施工的沥青铺面压实度趋于最大、60℃稳定度趋于极大值、车辙深度趋于极小值。

图 4-9 中给出了沥青混合料施工力指数 CFI 随着压实温度的变化规律。如图所示,当压实温度由 90℃升高至 110℃时,施工力指数 CFI 迅速减小。当压实温度由 110℃升高至 135℃时,改性沥青混合料在 135℃下的 CFI 数值与 110℃下的 CFI 数值相近,基质沥青混合料在 135℃下的 CFI 数值高于 110℃下的 CFI 数值。由于沥青的黏度随着温度升高逐渐减小,上述试验结果可以说明:随着沥青黏度减小,进行沥青混合料压实所需的压实功先减小,而后趋势平缓,甚至出现压实功增大的情况。

比较图 4-9 中的试验结果可知,改性沥青混合料与基质沥青混合料的施工力指数 CFI 均

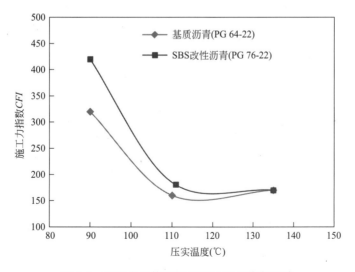

图 4-9 施工力指数 CFI 随压实温度变化规律

随着压实温度升高先减小,而后趋于平缓甚至增大。其试验结果说明:与基质沥青混合料相似,改性沥青混合料同样存在最佳的压实温度,在此压实温度下,成型混合料试件所需的压实功趋于最小。在获得不同种类改性沥青混合料的最佳压实温度后,分析最佳压实温度对应的沥青黏度范围,将有可能提出适用于改性沥青混合料合理压实温度确定的黏度标准。

2) 改性沥青黏度标准法

针对 0.17±0.02Pa·s、0.28±0.03Pa·s 确定的改性沥青拌和以及压实温度偏高的问题,威斯康星大学麦迪逊分校 Bahia H.U. 提出用零剪切黏度 3.0Pa·s、6.0Pa·s 或低剪切速率 (6.8s-1) 黏度 0.75Pa·s、1.4Pa·s 确定改性沥青的拌和、压实温度。Bahia H.U. 的方法提高了改性沥青拌和、压实温度确定的黏度标准,可以有效降低改性沥青混合料的拌和、压实温度,采用这种方法确定的拌和温度多在 130～160℃ 之间。表 4-4 列出了基于零剪切黏度 3.0Pa·s 确定的拌和温度与粗骨料裹覆百分率。

零剪切黏度 3.0Pa·s 确定的拌和温度与粗骨料裹覆率   表 4-4

沥青种类	拌和温度(℃)	骨料来源	级配类型	粗骨料裹覆百分率(%)	
				恒温拌和锅	桶式非恒温拌和锅
PG 70-22 Boacan	130	NCAT	粗	98.9	98.1
			细	99.1	94.4
		AI	粗	96.0	94.1
			细	96.2	90.4
PG 82-22 SBS Linear	160	NCAT	粗	98.6	95.4
			细	97.8	94.4
		AI	粗	98.3	97.9
			细	92.1	85.0
PG 76-22 Ethylene Terpoly	153	NCAT	粗	97.8	96.4
			细	96.0	95.2
		AI	粗	99.0	99.0
			细	91.9	85.1
PG 82-22 PE Stabilized	151	NCAT	粗	97.6	96.6
			细	98.8	93.4
		AI	粗	97.5	96.1
			细	98.0	94.8
PG 82-22 SBR	160	NCAT	粗	98.2	95.7
			细	97.4	95.8
		AI	粗	98.8	97.8
			细	96.7	94.1

查阅表中数据可知,对于性能分级为 PG 82-22 的 SBS、SBR 改性沥青,其拌和温度为 160℃。在拌和温度偏低的情况下,沥青不易对骨料形成均匀的裹覆,容易出现"花白料"现象。表中粗骨料裹覆百分率的数据验证了上述推断,在上述方法确定的拌和温度下

拌制沥青混合料，粗骨料不能得到完全裹覆；采用美国常用的桶式非恒温拌和锅，有45%的混合料粗骨料裹覆率低于95%；即使采用恒温式拌和锅，仍有10%的混合料粗骨料裹覆率低于95%。

长安大学李宁利提出采用剪切速率 $60s^{-1}$ 条件下黏度标准 $0.17\pm0.02Pa \cdot s$、$0.28\pm0.03Pa \cdot s$ 确定改性沥青的拌和、压实温度。首先，在不同压实温度下采用旋转压实仪成型改性沥青混合料试件，经过测试得到混合料毛体积密度（G_{mb}）与压实温度（T）的关系，选定拟合曲线上 G_{mb} 峰值对应的温度作为最佳压实温度（T_0）。然后，选用 Brookfield DV-Ⅱ型黏度仪，以 T_0 作为测试温度，测定改性沥青的黏度-剪切速率关系曲线。在此曲线上确定压实黏度 $0.28Pa \cdot s$（v_0）对应的剪切速率（r_0）为 $60s^{-1}$。最后，在剪切速率下 $60s^{-1}$ 条件下测试改性沥青黏度-温度曲线，假定混合料在拌和过程与压实过程中的剪切速率相同，根据剪切速率 $60s^{-1}$ 条件下的黏度标准 $0.17\pm0.02Pa \cdot s$（v_1；v_2）、$0.28\pm0.03Pa \cdot s$（v_3；v_4）确定改性沥青的拌和、压实温度。研究过程如图4-10所示。

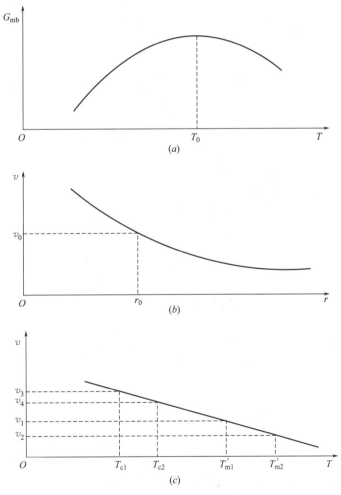

图4-10 长安大学研究思路

(a) 最佳压实温度（T_0）的确定；(b) 剪切速率（r_0）的确定；(c) 拌和与压实温度的确定

（2）沥青混合料的压实温度试验分析

选用3种沥青：A-70基质沥青、废橡塑改性沥青、同舟高黏改性沥青。选用龙孚表面活性温拌剂配制温拌沥青，龙孚温拌剂掺量为沥青质量的0.6%，拌和温度为165℃，拌制时间为30min。沥青三大指标与性能分级见表4-5。

沥青三大指标与高温性能分级   表4-5

沥青名称	针入度(0.1mm)	软化点(℃)	5℃延度(cm)	性能分级
A-70基质沥青	67.7	47.7	—	PG 64-22
废橡塑改性沥青	53.0	57.5	21.8	PG 76-16
废橡塑+0.6%龙孚	54.6	58.4	18.9	PG 76-16
同舟高黏度沥青	46.2	92.0	45.2	PG 88-16
同舟高黏+0.6%龙孚	45.7	94.5	42.2	PG 88-16

粗骨料选用10～15mm和5～10mm的辉绿岩，细骨料选用0～5mm的石灰岩，填料选用细磨石灰岩矿粉，矿料各项指标均满足我国施工技术规范要求，测试指标见表4-6～表4-8。

粗骨料（辉绿岩）技术指标   表4-6

技术指标	单位	技术要求	试验结果	试验方法
骨料压碎值，不大于	%	26	16.0	T 0316
洛杉矶磨耗值，不大于	%	28	14.2	T 0317
表观相对密度，不小于	—	2.60	2.758	T 0304
吸水率，不大于	%	2.0	0.386	T 0304
坚固性，不大于	%	12	0.9	T 0314
针片状颗粒含量，不大于	%	15	8.9	T 0312
水洗法＜0.075mm颗粒含量，不大于	%	1	0.1	T 0310
软石含量，不大于	%	3	0.3	T 0320

细骨料（石灰岩）技术指标   表4-7

技术指标	单位	技术要求	试验结果	试验方法
表观相对密度，不小于	—	2.50	2.735	T 0328
坚固性(＞0.3mm部分)，不大于	%	12	1.5	T 0340
含泥量(＜0.075mm含量)，不大于	%	3	2.1	T 0333
砂当量，不小于	%	60	81.7	T 0334
棱角性(流动时间)，不小于	s	30	35.7	T 0345

石灰岩矿粉技术指标   表4-8

技术指标	单位	技术要求	试验结果	试验方法
表观密度，不小于	t/m³	2.50	2.731	T 0352
含水量，不大于	%	1	0.3	T 0103 烘干法

续表

技术指标	单位	技术要求	试验结果	试验方法
粒度范围，小于0.6mm	%	100	100	T 0351
小于0.15mm	%	90～100	96.4	
小于0.075mm	%	75～100	85.3	
外观	—	无团粒结块	无	—
亲水系数，不大于	%	1	0.79	T 0353
塑性指数，不大于	%	4	0	T 0354

（3）配合比设计

选用3种混合料：AC-13混合料、SMA-13混合料、OGFC-13混合料。各种沥青混合料的设计级配见表4-9。

混合料设计级配　　　　　　　　　　　　　　表4-9

级配名称	通过下列筛孔（方孔筛，mm）的质量百分率（%）								
	16.0	13.2	9.5	4.75	2.36	1.18	0.6	0.3	0.15	0.075
AC-13 设计级配	100	98.0	84.0	58.5	33.0	21.0	14.5	9.5	6.3	6.0
SMA-13 设计级配	100	97.8	60.4	29.7	22.1	18.1	15.8	14.4	12.7	11.2
OGFC-13 设计级配	100	98.0	62.3	23.2	14.8	11.5	9.6	8.5	7.2	5.8

选用A-70基质沥青进行AC-13混合料配合比设计，采用旋转压实仪成型混合料试件，设计压实次数为100次，目标空隙率为（4.0±0.5）%。

选用废橡塑改性沥青进行SMA-13混合料配合比设计，木质素纤维掺量为骨料质量的0.3%，设计压实次数为75次，目标空隙率为（3.5±0.5）%。

选用同舟高黏改性沥青进行OGFC-13混合料配合比设计，目标空隙率为（20±1.0）%。采用旋转压实仪进行OGFC混合料配合比设计时，大多数国家规范中的设计压实次数在50～80次之间。本文中选择设计压实次数为75次，便于进行旋转压实特性参数的计算与对比。

各种混合料的配合比设计结果见表4-10。

混合料配合比设计结果　　　　　　　　　　　　　　表4-10

混合料名称	沥青名称	压实温度（℃）	油石比（%）	空隙率（%）	矿料间隙率（%）	沥青饱和度（%）
AC-13	A-70基质沥青	148.5	5.2	3.9	15.2	74.1
SMA-13	废橡塑改性沥青	166.1	6.2	3.9	17.1	77.1
OGFC-13	同舟高黏改性沥青	184.9	4.5	19.0	—	—

对于A-70基质沥青，以黏度标准0.28Pa·s确定的压实温度147℃为中间值，选取5个目标压实温度成型混合料试件。对于废橡塑改性沥青、同舟高黏改性沥青，沥青生产厂商提供的压实温度分别为160～170℃、175～185℃，由此选定3～5个目标压实温度成型

混合料试件。温拌沥青混合料的目标压实温度比相应的热拌混合料低 10~20℃。旋转压实试验的目标压实温度见表 4-11。

配制沥青混合料时，骨料加热温度比设计的目标压实温度高 10℃，沥青混合料拌和温度比目标压实温度高 5℃。采用插入式温度计测量沥青混合料装模后、压实前的"初压温度"，后文与旋转压实试验相关的"压实温度"均指该温度。在成型过程中，当"初压温度"与目标压实温度的偏差超过 5℃时，则舍弃该试件。

旋转压实试验的目标压实温度　　　　　表 4-11

沥青名称	混合料类型	目标压实温度(℃)
A-70 基质沥青	热拌 AC-13	107、127、147、167、187
	温拌 AC-13	107、127、147、167、187
废橡塑改性沥青	热拌 AC-13	140、160、180
	温拌 AC-13	120、140、160
废橡塑改性沥青	热拌 SMA-13	145、165、185、205
	温拌 SMA-13	125、145、165、185
同舟高黏改性沥青	热拌 OGFC-13	165、185、205
	温拌 OGFC-13	155、175、185

采用意大利 CONTROLS 旋转压实机 ICT 250 成型试件，平行试件个数为 3 个。采用高度控制模式进行试件成型，记录试件成型过程中的试件高度以及对试件施加的剪切力，用于绘制压实度曲线、剪切力曲线。

（4）剪切力指数 SFI

意大利 CONTROLS 旋转压实机 ICT 250 可以测定压实过程中压实仪施加给混合料试件的剪切力。剪切力的大小是混合料抵抗压实的摩擦力大小的表征。摩擦力越小，则压实过程所需的剪切力越小，混合料试件越容易压实。剪切力曲线是压实过程中剪切力与压实次数的关系曲线，见图 4-11。剪切力指数（Shear Force Index，SFI）是沥青混合料剪切力曲线从初始压实次数（N_{ini}）至竣工压实度对应压实次数的剪切力曲线面积的大小。对

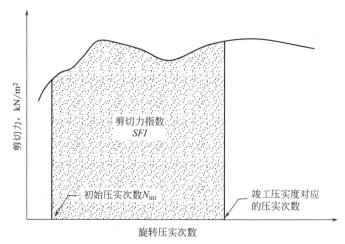

图 4-11　剪切力指数 SFI 的计算示意图

于 AC 混合料与 SMA 混合料，竣工压实度为最大理论密度的 92%。对于 OGFC 混合料，取竣工压实度为实验室标准密度的 97%。剪切力指数 SFI 越小，表示混合料抵抗压实的摩擦力越小，则这种混合料在施工时就越容易压实。

如图 4-11 所示，剪切力随压实度增加呈现若干个凹凸的形状，这是由于骨料在压密过程中产生的相对错动造成的。一般而言，采用 5 次多项式函数对图中的剪切力曲线进行拟合，可以得到足够的精度，见式（4-17）。对剪切力曲线回归函数进行积分，计算初始压实次数到 92% 压实度对应的压实次数之间的面积，即可得到 AC 混合料或者 SMA 混合料的 SFI 数值。对于 OGFC 混合料，计算初始压实次数（N_{ini}）到试验室标准密度 97% 对应的压实次数之间的面积，即可得到 SFI 的数值。

$$SF_x = D_5 \cdot N_x^5 + D_4 \cdot N_x^4 + D_3 \cdot N_x^3 + D_2 \cdot N_x^2 + D_1 \cdot N_x + D_0 \tag{4-17}$$

式中　　　　　　SF_x——任意旋转次数 N_x 下施加给试件的剪切力（kN/m^2）；

D_5、D_4、D_3、D_2、D_1、D_0——待定系数。

（5）试验结果

根据试验数据，计算得出每个混合料试件的剪切力指数 SFI，列于表 4-12。

剪切力指数 SFI 计算结果汇总　　　　　　表 4-12

混合料类型	压实温度(℃)	剪切力指数 SFI				变异系数(%)
		试件 1	试件 2	试件 3	平均值	
热拌基质沥青 AC-13	110.3	4764	5271	5007	5014	5.1
	126.7	5535	4169	5350	5018	14.8
	148.5	3764	5108	4249	4374	15.6
	165.7	5411	4468	4092	4657	14.6
	188.3	3832	6409	5376	5206	24.9
温拌基质沥青 AC-13	107.5	6175	5932	6014	6040	2.0
	125.3	4954	5014	3753	4574	15.6
	147.3	5597	4877	3846	4773	18.4
	169.7	5199	5271	5013	5161	2.6
	190.7	5131	5855	5607	5531	6.7
热拌废橡塑 AC-13	140.0	5746	5155	4922	5274	8.1
	160.0	3661	4262	5613	4512	22.2
	177.3	3747	4091	5333	4390	19.0
温拌废橡塑 AC-13	122.7	5454	6009	4225	5229	17.5
	143.0	4254	4840	4617	4570	6.5
	164.3	4944	4234	4622	4600	7.7
热拌废橡塑沥青 SMA-13	149.0	2134	2265	3342	2580	25.7
	164.3	2392	2717	2439	2516	7.0
	181.5	1907	2706	2022	2212	19.5
	201.0	2456	2258	2976	2563	14.5

续表

混合料类型	压实温度(℃)	剪切力指数 SFI				变异系数(%)
		试件1	试件2	试件3	平均值	
温拌废橡塑沥青 SMA-13	124.0	2833	2557	2792	2727	5.5
	149.0	2357	2287	2442	2362	3.3
	164.3	2731	2176	2280	2396	12.3
	183.7	2329	2581	2324	2411	6.1
热拌同舟高黏 OGFC-13	166.7	4267	4248	4146	4220	1.5
	188.5	3820	3564	—	3692	4.9
	208.0	4247	3460	—	3854	14.4
温拌同舟高黏 OGFC-13	156.3	4412	4250	3230	3964	16.2
	175.0	2968	3814	3460	3414	12.4
	185.7	3337	3166	4788	3764	23.7
变异系数平均值(%)		—	—	—	—	12.3
变异系数最大值(%)		—	—	—	—	25.7

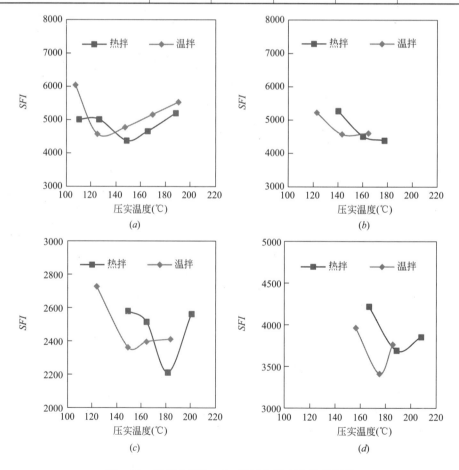

图 4-12 剪切力指数 SFI 随压实温度变化的规律

(a) A-70 基质沥青 AC-13；(b) 废橡塑沥青 AC-13；(c) 废橡塑沥青 SMA-13；(d) 同舟高黏沥青 OGFC-13

(6) 剪切力指数 SFI 随压实温度变化规律分析

图 4-12 展示出剪切力指数 SFI 随实测压实温度变化的规律。如图 4-12 所示,剪切力指数 SFI 与压实能量指数 CEI 随压实温度变化的趋势基本一致,随着压实温度升高先减小后增大,呈现"凹形"曲线关系,存在极小值。由前文分析可知,压实过程中施加的剪切力大小是混合料抵抗压实的摩擦力大小的表征,摩擦力越小,则压实过程所需的剪切力越小。因此 SFI 与压实温度的"凹形"曲线关系说明:压实过程中沥青混合料抵抗压实的摩擦力随着压实温度升高先减小而后达到极小值,继续升高压实温度,摩擦力增大。

(7) 最佳压实温度

1) 最佳压实温度的定义

图 4-12 的试验结果表明:在一定的温度范围内,沥青混合料压实特性指标 SFI 呈现"凹形"特征,说明沥青混合料压实过程中的混合料抵抗压实的摩擦力、达到目标空隙率所需的压实功随着压实温度升高先减小后增大,存在最利于沥青混合料压实的温度,在该温度下,沥青混合料的压实速率最大、摩擦阻力最小、所需压实功最小,将这个温度定义为沥青混合料的最佳压实温度。

2) 最佳压实温度的确定

表 4-13 列出了剪切力指数 SFI 极小值和最佳压实温度。根据沥青的黏温曲线参数,确定最佳压实温度对应的沥青黏度。

SFI 极小值对应的最佳压实温度　　　　表 4-13

混合料名称	成型方式	SFI 极小值	最佳压实温度(℃)	最佳压实温度对应的黏度(Pa·s)
A-70 基质沥青 AC-13	热拌	4369	150.1	0.250
	温拌	4386	134.4	—
废橡塑改性沥青 AC-13	热拌	4374	172.9	0.559
	温拌	4493	152.8	1.113
废橡塑改性沥青 SMA-13	热拌	2211	182.0	0.421
	温拌	2350	154.0	1.066
同舟高黏改性沥青 OGFC-13	热拌	3674	193.0	0.387
	温拌	3402	172.6	0.885

3) 与黏度标准 0.28Pa·s 确定的压实温度的比较分析

图 4-13 为沥青混合料的最佳压实温度与黏度标准 0.28Pa·s 确定的压实温度。

如图 4-13 所示,A-70 基质沥青 AC-13 混合料的最佳压实温度(150℃)与由黏度标准 0.28Pa·s 确定的压实温度(147℃)相差 3℃。

废橡塑改性沥青 AC-13、废橡塑改性沥青 SMA-13、同舟高黏改性沥青 OGFC-13 的最佳压实温度比黏度标准 0.28Pa·s 确定的压实温度分别低 23℃、14℃、9℃。由于黏度标准 0.28Pa·s 确定的改性沥青压实温度比工程实践中的通常使用的压实温度高约 20~30℃。改性沥青混合料的最佳压实温度比黏度标准 0.28Pa·s 确定的压实温度低约 10~25℃,因此试验结果说明:与黏度标准 0.28Pa·s 确定的改性沥青压实温度相比,改性沥

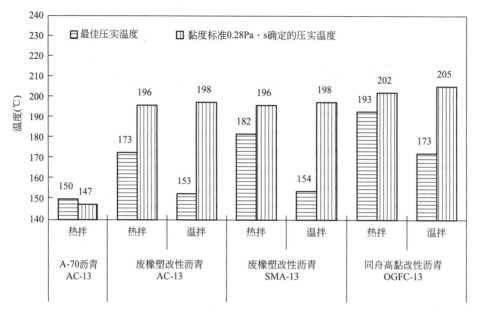

图 4-13 最佳压实温度与黏度标准 0.28Pa·s 确定的压实温度

青混合料的最佳压实温度与工程实践中改性沥青通常使用的压实温度范围更接近。

温拌废橡塑沥青 AC-13、温拌废橡塑沥青 SMA-13、温拌同舟高黏沥青 OGFC-13 的最佳压实温度比对应的热拌沥青混合料的最佳压实温度降低约 20～30℃。在工程实践中，表面活性温拌沥青混合料的降温幅度通常在 20～40℃ 范围内。这在一定程度上说明由 SFI 极小值确定的表面活性温拌沥青混合料的最佳压实温度是符合实际的。

4）最佳压实温度对应的黏度范围

图 4-14 展示出沥青混合料最佳压实温度对应的沥青黏度。如图 4-14 所示，A-70 基质沥青 AC-13 混合料最佳压实温度对应的黏度为 0.25Pa·s，在黏度标准 0.28±0.03Pa·s 范围内。

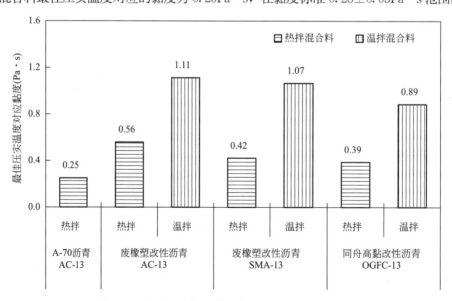

图 4-14 沥青混合料最佳压实温度对应的沥青黏度

废橡塑改性沥青 AC-13、废橡塑改性沥青 SMA-13、同舟高黏改性沥青 OGFC-13 最佳压实温度对应的黏度分别为 0.56Pa·s、0.42Pa·s、0.39Pa·s，是基质沥青混合料最佳压实温度对应黏度（0.25Pa·s）的 2.2 倍、1.7 倍、1.6 倍。

温拌废橡塑沥青 AC-13、温拌废橡塑沥青 SMA-13、温拌同舟高黏沥青 OGFC-13 最佳压实温度对应的黏度分别为 1.11Pa·s、1.07Pa·s、0.89Pa·s，是对应的热拌混合料最佳压实温度对应黏度的 2.0 倍、2.5 倍、2.3 倍。

分析试验结果可知，改性沥青混合料最佳压实温度对应的沥青黏度大致在 0.39～0.56Pa·s 范围内，高于 0.28±0.03Pa·s 的黏度范围，不同改性沥青最佳压实温度对应的黏度差异高达 0.17Pa·s。

5) SFI 极小值的影响因素分析

图 4-15 展示出 8 种沥青混合料的剪切力指数 SFI 极小值。A-70 基质沥青 AC-13、废橡塑改性沥青 AC-13 的 SFI 极小值在 4369～4493 之间，差异不到 3%。热拌废橡塑沥青 SMA-13、温拌废橡塑沥青 SMA-13 的 SFI 极小值分别为 2211、2350，温拌混合料 SFI 极小值增加 6%。热拌同舟高黏沥青 OGFC-13、温拌同舟高黏沥青 OGFC-13 的 SFI 极小值分别为 3674、3402，温拌混合料 SFI 极小值减小 7%。

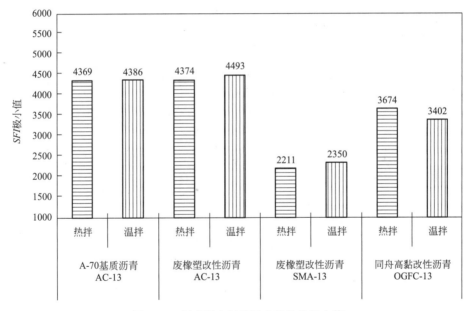

图 4-15　沥青混合料剪切力指数的极小值

进一步分析可知，AC 混合料 SFI 极小值比 OGFC 混合料 SFI 极小值高约 25%，比 SMA 混合料 SFI 极小值高约 94%，即 AC 混合料 SFI 极小值高于 OGFC 混合料，高于 SMA 混合料。

上述结果表明：级配类型可能是影响沥青混合料 SFI 极小值的主要因素。对于同一级配类型的沥青混合料，沥青种类对混合料 SFI 极小值的影响不甚明显。

6) 最佳压实温度的确定步骤

图 4-16 展示出改性沥青混合料最佳压实温度的确定流程。

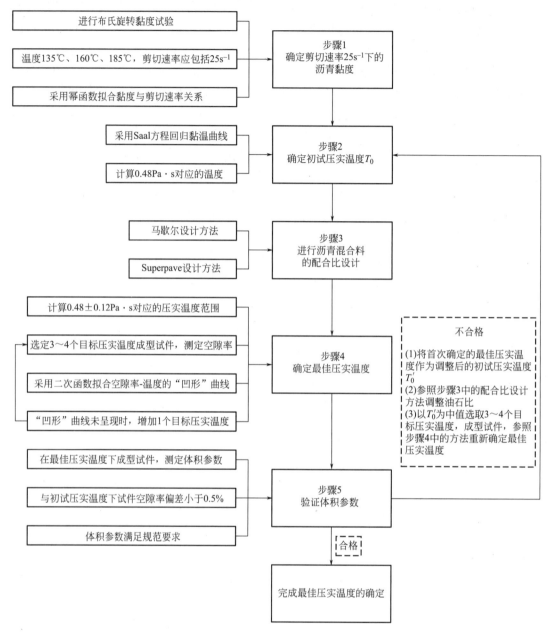

图 4-16 改性沥青混合料最佳压实温度的确定流程

① 测定沥青黏度

参照《公路工程沥青及沥青混合料试验规程》JTG E20—2011 T 0625—2011 "沥青旋转黏度试验（布洛克菲尔德黏度计法）"测定改性沥青的黏度。测定温度为 135℃、160℃、185℃。选用至少 3 个剪切速率进行黏度测试，采用幂函数对黏度与剪切速率关系进行拟合，得到剪切速率 $25s^{-1}$ 下的沥青黏度。

② 确定初试压实温度

根据剪切速率 $25s^{-1}$ 下的黏度测试结果，采用 Saal 方程进行黏温曲线回归。计算黏度范围中值 0.48Pa·s 在黏温曲线上的对应温度，即改性沥青的初试压实温度 T_0。

③ 沥青混合料配合比设计

推荐采用马歇尔方法进行沥青混合料的配合比设计，AC、SMA、OGFC 混合料的马歇尔配合比设计参照《公路沥青路面施工技术规范》JTG F40—2004 进行。配合比设计中的压实温度取改性沥青的初试压实温度 T_0。

在试验条件允许时，也可参照《Superpave 沥青混合料设计手册》(Superpave Asphalt Mixture Design Workshop Workbook) 进行配合比设计。配合比设计中的压实温度同样取改性沥青的初试压实温度 T_0。

④ 确定最佳压实温度

根据沥青的粘温曲线，计算与沥青压实黏度范围 0.48±0.12Pa·s 对应的压实温度范围 [T_l, T_u]。在该范围内以 5~10℃ 为间隔选取 3~4 个目标压实温度。选用与配合比设计相同的试件成型方式，以及相同的击（压）实次数、目标高度、级配比例、油石比等参数，在确定的目标压实温度下成型混合料试件。

混合料拌制过程中，骨料加热温度比目标压实温度高 10℃，混合料拌和温度比目标压实温度高 5℃。采用插入式温度计测量沥青混合料装模后、压实前的压实温度，当压实温度实测值与目标压实温度的偏差超过温度间隔的 50% 时则舍弃该试件。

测定试件的体积参数，建立空隙率与压实温度的关系，选取空隙率-压实温度曲线上呈"凹形"趋势的 3 个数据点，采用二次函数进行拟合，以二次函数极小值对应的压实温度作为改性沥青混合料的最佳压实温度。

当空隙率-压实温度曲线未出现"凹形"时，应增加 1 组试件，扩大压实温度范围成型试件，测定试件的体积参数。然后采取对"凹形"曲线拟合的方法，确定空隙率极小值对应的最佳压实温度。

⑤ 验证体积参数

在最佳压实温度下成型试件，测定试件的体积参数。若试件的空隙率与初试压实温度下试件的空隙率偏差不超过 0.5%，且各项体积参数满足规范要求，则完成最佳压实温度确定。

否则，将首次确定的最佳压实温度作为调整后的初试压实温度 T_0'，参照步骤 3 中的方法调整油石比。然后以 T_0' 为中值，以 5~10℃ 为间隔选取 3~4 个目标压实温度，成型混合料试件，参照步骤 4 中的方法重新确定最佳压实温度。

4.2 透水沥青路面智能化施工技术

4.2.1 智能摊铺

1. 摊铺机监控设备

目前我国沥青路面施工规范对于施工温度已有完善的控制要求，现行的规范中也强调了温度监测的重要性。虽然检测包含的参数以及所涉及的阶段较为全面，但只强调了对各阶段温度的控制，而没有涉及有关混合料温度离析的检测方法和控制要求。目前，现场主要采用温枪多点测试或采用红外热像仪进行热图像分析，抽样监控沥青路面摊铺过程中的温度离析，由于测试原理、设备组成和测试方法的制约，整体应用效果不尽理想，主要表现为：

（1）测试过程不连续。红外热像仪通过一张张照片，呈现温度分布状况，在一定程度上是一种单点检测设备，不能自动连续监控铺面温度分布。

（2）测试区域定位不精确。测试过程中需根据拍摄位置，结合拍摄距离、角度，估算测试部位的具体详细桩号，定位不够精确。

（3）人为主观因素影响较大。红外热像仪需现场选取拍摄位置、角度、距离，操作人员的设备熟练度和工程经验会对测试结果产生较大的影响。

基于红外热像仪的缺点和不足，研发沥青路面摊铺实时监控设备，可以满足全面、连续、实时监控沥青路面摊铺温度离析的工程技术需求，同时还可以对摊铺速度、松铺厚度数据进行实时采集和监控。

（1）监控设备可以实时采集摊铺位置、摊铺断面温度、速度以及松铺厚度，最低采集频率 5s/次。

（2）温度离析可能存在铺面的任何位置，设备的监控范围要涵盖摊铺施工全断面，彻底消除漏检的风险。

（3）监控设备要实时将摊铺温度云图、摊铺速度实时反馈给现场施工人员，以便及时科学地调整施工工艺，提高路面压实均匀性，消除早期病害。

（4）现场摊铺温度和摊铺速度不满足要求时，应通过蜂鸣预警，及时提醒现场施工和管理人员。

（5）沥青路面摊铺施工是一个持续移动的过程，所以要求监控设备也能进行连续监控。

（6）监控设备的安装和调试，不能影响摊铺机的正常作业。

（7）监控设备要稳定、可靠，具有良好的耐候性能。

根据监控系统的需求，参考国外类似设备的理念，开发了由高精度 GPS、红外温度传感器阵列、距离传感器、激光测距传感器、数据处理终端、平板显示屏、LED 显示屏以及蜂鸣报警器组成的摊铺监控设备。温度测试原理和方法是多个红外温度传感器横向均匀分布（间距 1.2~1.5m）组成阵列，定频采集铺面温度（1 次/m），温度测点均匀分布在铺面上，单点温度数据映射成温度分布云图，达到全断面监控沥青路面温度分布状况的目的。

监控系统的工作技术流程为高精度 GPS 采集位置信息，传送给数据处理终端；距离传感器采集摊铺速度和距离信息，传送给数据处理终端；数据处理终端向红外温度传感器阵列发射定频数据采集信号，红外温度传感器阵列采集铺面温度信息，回传给数据处理终端；激光测距传感器采集松铺厚度信息，传送给数据处理终端；数据处理终端处理分析后通过平板和 LED 显示摊铺温度、速度，并通过无线网络将采集数据传送给远程监控平台，见图 4-17。

（1）高精度 GPS

在摊铺机上安装了高精度 GNSS 接收机，实现厘米级的高精度定位，获得摊铺机摊铺地理位置信息，同时通过事先导入系统的路线图，可以实现地理位置和桩号位置的精确定位，可以实现摊铺里程、摊铺位置的实时监管统计。

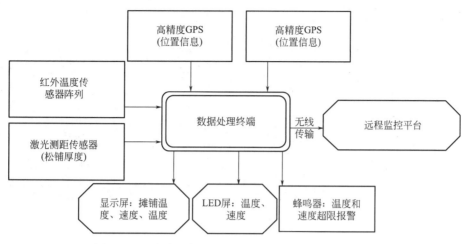

图 4-17 沥青路面摊铺温度离析实时采集设备基本组成

(2) 距离传感器

本项目采用行程开关作为距离传感器,利用机械计数的方式采集距离和速度信息,速度精度控制在 0.1m/min 范围内,实现对桩号和摊铺速度的准确测量。见表 4-14 和图 4-18。

距离传感器技术参数　　　　表 4-14

型号	PM18-E361NA
输出逻辑	NPN 常开
安装方式	非埋入式
外形尺寸(mm)	M18×1×70
检测距离(mm)	100~300
工作电压(V)	10~30VDC
响应频率(Hz)	200
工作环境温度	-25~75℃
防护等级	IP66
外壳材料	不锈钢

(3) 红外温度传感器阵列

红外温度传感器阵列由多个温度探头组成,参数如表 4-15 所示,均匀横向分布在摊铺机后的断面上,其横向分布间距可按照工程要求设置,但通过多次试验测量,为保证有足够的数据量来反映横断面温度分布,建议分布间距不超过 1m。同时所采用的温度传感器可实现准确测温。红外温度传感器阵列按事先设定的频率采集铺面温度信息,随着摊铺方向以固定步长的采集频率连续采集数据,形成全断面多点式温度数据采集方式。该采集方式保证了设备监控范围涵盖摊铺施工全断面,解决由于温度离析可能存在铺面任意位置的问题,彻底消除漏检的风险。传感器如图 4-19 所示。

图 4-18　距离传感器　　　　　　　图 4-19　红外温度传感器

红外温度传感器技术参数　　　　　　　　　　　　　　表 4-15

型号	LSCI-300A
测温范围	0～300℃
距离系数(D∶S)	16∶1
重复精度	测量值的±0.5%或±1℃,取大值
测温精度	测量值的±1%或±1.5℃,取大值
光谱范围	8～14μm
发射率	0.9
响应时间	300ms
输出信号	4～20mA
保护	IP65(NEMA-4)
工作温度	0～80℃
存储温度/湿度	−20～80℃,相对湿度 10～90%RH
外壳材料	不锈钢
工作电源	2～24VDC
最大负载	750Ω(24VDC)
外径尺寸	106mm×φ18mm(长度×直径)

(4) 数据处理终端及现场显示和报警模块

数据处理终端的主要功能是接收位置信息、测温、测速、测距设备传过来的模拟数据，将其转变成数字信号，并过滤一些无效或异常数据，将数据处理成有效的温度、速度和距离数据，并实时绘制温度分布云图，并将数据传输给现场显示模块，同时实时并将现场数据通过无线网络传送给远程监控平台，便于管理人员远程实时查看摊铺数据。

现场显示模块包括平板和 LED 显示屏，平板实时显示摊铺温度云图，LED 显示屏实时显示摊铺温度和摊铺速度，如图 4-20 和图 4-21 所示。同时，摊铺机上安装了蜂鸣报警器，当摊铺温度和速度超出范围时，会发出蜂鸣预警，及时通知现场人员。

图 4-20 数据处理终端

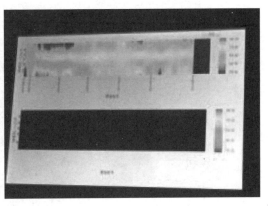

图 4-21 平板显示设备

2. 摊铺机监控设备安装与调试

监控设备的安装与调试主要涉及高精度定位设备、红外温度传感器、距离传感器、数据处理终端的布设连接以及现场监控参数及远程监控平台的调试。本项目在多个工程项目上进行了多次现场测试监控，总结监控系统安装流程如下：

(1) 红外温度传感器安装

温度传感器阵列，平行均匀安装固定在摊铺机后方（温度传感器间距为 1.0~1.5m），如图 4-22 所示。安装时要注意红外温度传感器距铺面的高度要保持在 10~15cm。为更好地采集沥青路面的摊铺断面温度，本项目生产加工一型材模具，固定于摊铺机踏板处，可以随着摊铺宽度的变化进行伸缩。

图 4-22 温度传感器阵列现场安装图

(2) 距离传感器安装

距离传感器测距轮采用钢架的方式，安装固定在摊铺机侧方，然后将光电传感器固定在钢架上，如图 4-23 所示。测距轮要紧贴路面，光电传感器对准测距轮钻孔，否则将无法采集距离信息。

(3) 数据处理终端安装

数据处理终端应固定在摊铺机操作平台适宜的位置，然后红外温度传感器、距离传感

图 4-23 距离传感器安装

器、激光测距传感器的数据连接线接入数据处理终端。最后,将摊铺机电源接入数据处理终端,启动沥青路面摊铺温度实时监控系统。如图 4-24 所示。

图 4-24 数据处理终端安装

(4) 监控系统现场调试

首先,验证红外温度传感器、距离传感器和激光测距传感器的接通情况,是否有采集数据传入数据处理终端,然后设置监控系统测试参数,如图 4-25 所示。主要包括:标段名称、起始状况、铺面层位、采集频率等,然后即可正常实时监控沥青路面摊铺温度离析。

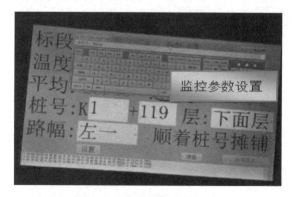

图 4-25 监控设备现场调试

4.2.2 智能压实

智能压实（Intelligent compaction）指配备集成测量系统、车载计算机报告系统、基于 GPS 的地图系统，以及可选的反馈控制系统的现代振动压路机对道路材料（如土壤、骨料基层或沥青铺面材料）进行压实。智能压实压路机通过集成测量、文件和控制系统，实现压实过程的实时监测和调整。智能压实压路机还具备彩色编码图的连续记录功能，允许用户查看压路机精确位置、压实次数和材料劲度的监测结果。

压实是道路施工中最重要的过程之一。实现路面材料的高质量和均匀性压实是必要的，这将更好地保证铺面的长期使用性能。路面材料通常应具有最佳的密度，以确保足够的承载能力、强度和稳定性。智能压实有助于提高压实后铺面密度的均匀性。传统压实机的压实工艺可能导致材料密度不足或不均匀，这可能是路面早期病害的主要影响因素之一。图 4-26 为基于美国 LTPP 数据库中压实度与 PCI 衰变到 75% 的年数 α 的拟合关系。图中定量地显示了沥青铺面层压实度对铺面使用状况指数 PCI 的显著影响，初始压实度的提高，将有效地提高沥青铺面的使用年限。

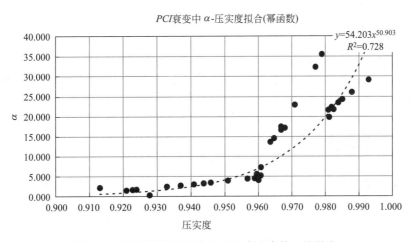

图 4-26 沥青铺面压实度对 PCI 衰变参数 α 的影响

基于加速计的测量系统是智能压实的核心技术，此技术发明于 20 世纪 80 年代早期，至今仍在不断发展。智能压实测量值（ICMV）是基于振动压路机滚筒上加速度计测量的计算值。ICMV 具有不同形式的度量，与压实材料的力学和物理特性具有不同程度的相关性，用于压实监测、控制和验收。表 4-16 给出了 ICMV 的模型种类和基本属性。表 4-17 给出了 ICMV 的发展水平。到目前为止，ICMV 经历了 5 个发展阶段，最新发展阶段是集成动力学和人工智能的连续动态模型，其 ICMV 与测量层的密度、模量具有较优的相关性。

ICMV 计算方法简表　　　　　　　　　　表 4-16

模型种类	描述	经验或力学	动态/静态
A	经验反应模型	经验	静态
B	钢轮和半空间耦合作用模型	力学	动态或静态

续表

模型种类	描述	经验或力学	动态/静态
C	钢轮与弹簧-粘壶耦合作用模型	力学	动态
D	钢轮和半空间动态冲击模型	力学	动态
E	人工智能模型	力学	动态

ICMV 发展水平简表　　　　　　　　　　　　　　　表 4-17

层次	模型种类	测量值	相关性	弹跳	分层
1	A1、A2 经验模型	谐波比	弱或差	无解	否
2	A3 基于能量和滚动阻力的经验模型	能量指数	弱或差	不适用	否
3	B+C 简化的动态或静态模型	劲度、阻力、模量	良	无解	困难
4	D 基于钢轮和半空间体冲击作用的动态模型	阻力、模量	良	是	是
5	D+E 动力学与人工智能模型	密度、模量	优	是	是

1. 智能压实监控设备

压实是沥青路面施工的关键环节，其目的在于获得平整的路面，增加道路的密实度，提高路面的承载能力，减小路面在行车荷载作用下的永久变形，防止沉陷和水分渗透等，从而保证工程的使用寿命。压实质量的好坏直接影响路面的整体强度、稳定性及耐疲劳特性。碾压温度、碾压遍数以及碾压速度与压实度的相关性。

（1）碾压遍数

碾压遍数决定对同一点施压的次数，由于沥青类材料内部，颗粒受沥青黏度阻力及粒料间阻力等因素的影响，施压一次很难使其达到最大的位移量，必须重复施压才能达到理想值，因此一般在碾压速度和压力一定的情况下碾压遍数越多压实效果越好。但当混合料的密实度达到一定值后，再增加遍数就不会有明显的效果，如图 4-27 所示。

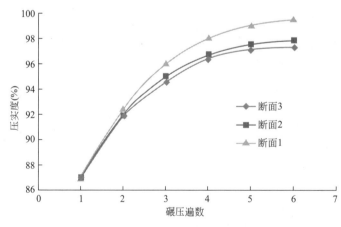

图 4-27　压实度随碾压遍数的变化趋势

(2) 碾压温度

碾压温度是压实质量控制的关键，直接决定路面成型的质量。温度过高和温度过低都会导致沥青路面质量的失败。温度过高，塑性越大，越容易压实，平整度也好。但温度过高，会导致混合料隆起、裂纹，以及前轮推料等问题。而温度过低时，需要的压力较大，碾压工作变得较为困难，且容易产生很难消除的轮迹，造成路面不平整，如图4-28与图4-29所示。

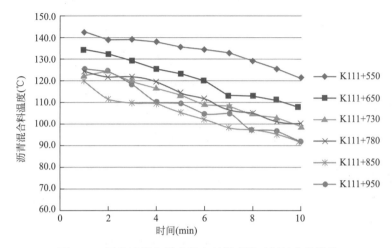

图4-28 压实过程中沥青混合料温度随时间的变化规律

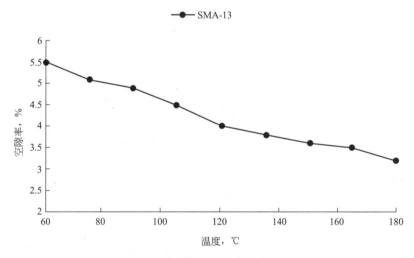

图4-29 不同成型温度下沥青混合料的空隙率

(3) 碾压速度

碾压速度是指振动压路机在进行压实作业时的行走速度，它对被压材料所能达到的密实度和平整度有着显著的影响。因为在振动压实过程中，被压材料的颗粒由静止的初始状态变化为运动状态要有一个过渡过程，碾压速度直接影响在单位面积内振动轮对被压材料的压实时间。

碾压速度快，单位面积内的振动次数就是少，传递到被压材料内的能量就少，被压材料的压实材料也就低，而且还容易导致被压层的平整度变差；碾压速度慢，单位面积内的振动次数比碾压速度高时要多，因而作用在被压材料的能量就大，这样碾压过后的平整度也自然就好。因此，在铺层一定时，传递至被压材料内的能量与碾压遍数成正比，与压路机的速度成反比。假定使碾压材料层达到规定压实度所需要的压实能量不变，压路机的速度增加两倍时，碾压遍数也要增加两倍，如图 4-30 所示。

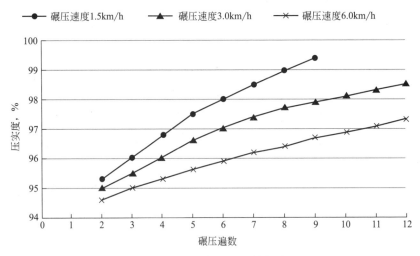

图 4-30　压实度与碾压遍数的关系

2. 智能压实设备的选用

智能压实设备包括：中心控制模块、电源模块、卫星定位模块、温度传感模块、输出显示模块以及自组网模块，输出显示模块包括：平板显示屏、LED 显示屏以及蜂鸣报警器，设计图见图 4-31。

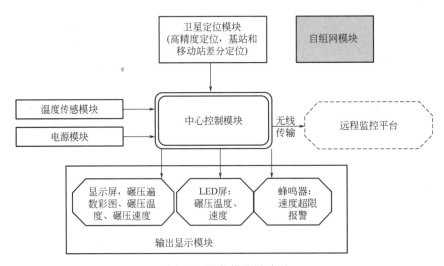

图 4-31　硬件模块设计图

如图 4-31 所示，中心控制模块是整个系统的核心，应包括 5 个接口，分别为位置采集接口、温度采集接口、电源接口、USB 接口以及输出接口。卫星模块包括 GNSS 基站和 GNSS 移动站，GNSS 移动站通过位置接口与中心控制模块相连。红外温度传感器与

A/D 转换器相连，A/D 转换器通过温度采集接口与中心控制模块相连。电源模块通过电源接口与中心控制模块相连。自组网模块安装在摊铺机上，实现压路机协同施工，实现碾压过程中并行碾压压路机数据共享。中心控制模块将数据的整理分析后通过输出接口，将相应信息输出给平板显示屏、LED 显示屏以及蜂鸣报警器。

卫星定位模块。卫星定位模块包括 GNSS 基站和 GNSS 移动站。GNSS 基站包括移动式基站和固定式基站，移动式基站安装在施工路段的某一固定位置，基站信号覆盖范围在 5km 左右，如果当前施工的位置与基站的距离超过 4km，需要重新固定移动式基站的位置。固定式基站安装在项目部，通过 GPRS 网络传输，覆盖范围 25km 左右。GNSS 基站接收 GNSS 信号，经过处理后得到差分信号，并发送给 GNSS 移动站。GNSS 移动站安装在压路机的顶棚，接收 GNSS 基站的差分信号，同时接收北斗卫星定位信息、GLONASS、GPS 信息，通过计算分析，得到压路机的厘米级精度的位置信息，同时将该信息传输给数据中心控制模块。

温度传感模块：红外温度传感模块安装在压路机前轮或后轮的车架上，红外温度传感器采集的温度信息，并通过 A/D 转换器转换为数字信号，同时将该信息传输给中心控制模块。

电源模块。电源模块采用 24V 电源，给中心控制模块持续供电。

中心控制模块。中心控制模块是整个系统的核心，接收并保存压路机的位置信息及路表温度信息，并将位置信息经过加工处理转化成碾压遍数信息，同时碾压遍数信息以彩图的形式直观地展示给压路机操作手，引导操作手高效施工。在施工完成后，可以通过 USB 接口将压实过程的数据拷贝到移动存储设备，便于对施工过程中数据进一步挖掘分析，为后期的施工控制提供借鉴。

输出显示模块。该模块包括平板显示屏、LED 显示屏以及蜂鸣报警器。平板显示屏接收中心控制模块的输出数据，实时显示碾压遍数彩图、碾压温度、碾压速度信息展示给现场操作手，指导操作手施工。LED 显示屏实时将碾压温度、碾压速度信息展示给现场管理人员。蜂鸣报警器接收中心控制模块的碾压速度数据，如果超出限制，会发出报警，及时通知现场施工和管理人员。

基于触屏的智能压实控制器。本项使用的自主设计适合智能压实的触屏控制器，触屏有利于压路机操作人员操作，同时独立开模设计中，保留压实系统需要的卫星数据输入接口、红外路面温度检测接口、振动加速度计扩展接口，减少工控机的多余端口，在控制器主板上，预留振动检测数据采集卡位置。触屏控制器及其连接图如 4-32 所示。

其中，A 为车载触屏控制器；B 为移动站卫星接收机；C 为红外温度传感器；D 为电源模块；E 为电源线缆（5m）；F 为 GNSS 线缆（3m）；G 为红外温度传感器线缆（5m）。

该设备的接口均采用独立开孔模式，减少了传统工控机中的多余接口，此外接口采取了防抖动措施，避免施工中振动而导致通信接口脱落的情况。其设备接口图如 4-33 所示：

卫星定位技术。采用基于基站和移动站的差分定位技术。差分设备作为卫星信号接收处理模块，能够达到厘米级精度的位置信息采集，可以有效地将位置信息转换为碾压遍数信息。

温度传感模块。碾压过程是一个动态过程，而且是在高温强振的环境下碾压。因此，本项目采用工业级的红外温度传感器进行路面温度采集。检测温度范围为 $-20 \sim 500$℃满

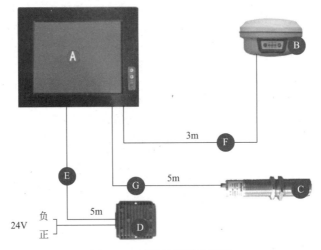

图 4-32 触屏控制器连接图

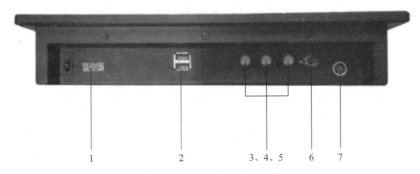

图 4-33 触屏控制器接口图

1—电源接口；2—USB 接口；3、4、5—扩展接口；6—温度传感器接口；7—移动站卫星接收口

足现场施工温度要求。

输出显示模块。输出显示模块包括平板和 LED 显示屏，平板实时显示碾压遍数彩图、碾压温度、碾压速度数据，LED 显示屏实时显示碾压温度和碾压速度。同时，摊铺机上安装了蜂鸣报警器，当摊铺温度和速度超出范围时，会发出蜂鸣预警，及时通知现场人员。

3. 智能压实硬件设备安装与调试

（1）基站安装

关于基站分为移动式基站和固定式基站，移动式安装效果如图 4-34 所示。

图 4-34 移动式基站安装

固定式基站需要安装在项目部,主要包括基站主机和 GNSS 天线。

1)基准站主机的位置选择尽量安装在离项目部以太网交换机较近的地方,以免因为网络连接线过长造成信号不好,影响信号的接收。基站设备安装需要选择一个电源控制箱,为了基站设备的安全以及避免基站设备被随意地碰触及挪动,放于室内或者室外均可以进行安装,安全防雨。

2)GNSS 圆盘天线通过天线连接线与基站进行连接,安装位置尽量选择周围比较空旷,没有遮拦的地方,且接收信号比较良好的位置。如项目部的房顶上面,安装的位置一定选择平整的屋顶且需要保持不会因为风吹或者天气的因素而造成位置的移动,造成基准位置的偏移。

(2)移动站安装

移动站包括移动站主机和天线。

移动站主机安装位置根据不同设备型号的不同,安装的位置不同,例如:福格勒(VOLGO-2100L)MC102 主机可以安装在操作室前沿顶棚槽洞中,这样有利于主机的安全,不容易被移动,而且可避免人为操作不当造成的故障,还可以起到防雨的效果。沃尔沃(VOLVO-ABG)型号的摊铺机需要进行考虑,因为 VOLVO 摊铺机的安装位置在操作室的大梁支架上面,使用扎带进行固定在支架位置。实际工程可根据实际的压路机类型选择合适的安装位置,如图 4-35 所示。

图 4-35 移动站主机的安装

移动站天线主要是接收 GPS 卫星信号,根据项目现场的压路机车顶部的材料的不同,有的是铁顶棚,有的是碳素的塑料顶棚,根据两种不同的车顶棚的情况,在车的顶棚是铁材料的选择采用吸盘进行固定,在车顶棚是碳素的塑料顶棚采用使用 3M 固体强力胶进行固定。安装位置在车顶棚的中间的位置,便于在定位时,车位于中心位置,减少偏移的差距,如图 4-36 所示。

(3)温度传感器安装

红外温度传感器的安装在双钢轮、胶轮压路机的方便于安装的位置,选择在车身的两侧且在车身不随着方向盘转动的位置进行安装,通过安装支架固定在车身上面,如图 4-37 和图 4-38 所示。

图 4-36　移动站天线安装

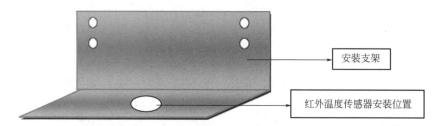

图 4-37　红外温度传感器压实安装支架

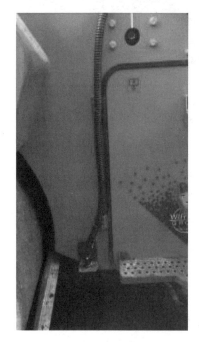

图 4-38　红外温度传感器安装

（4）自组局域网路由

局域网路由安装在摊铺机上，实现压路机协同施工，实现碾压过程中并行碾压压路机数据共享。安装位置如图 4-39 和图 4-40 所示。

4. 智能压实远程电脑查询与分析

碾压远程查询与分析系统主要包括实时查询现场碾压状况和碾压状况统计分析，碾压状况统计分析包括碾压遍数彩图分析、碾压温度彩图分析，碾压速度波动分析等功能，本系统能够实时连续的将碾压遍数彩图、碾压温度、碾压速度等信息展示给远程管理人员，管理人员不需亲临现场，就可以第一时间掌握现场碾压情况。

（1）实时查询现场碾压状况

碾压状况实时查看，可以实时查看当前压路机所在的桩号位置、碾压次数彩图、碾压温度彩图，以及碾压温度和碾压速度信息，如图 4-41 所示。

（2）碾压状况统计分析

图 4-39　局域网路由安装

图 4-40　压实引导平板

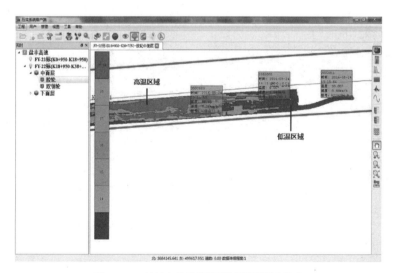

图 4-41　实时查询碾压遍数图及碾压信息

碾压状况统计分析主要包括碾压遍数统计分析、碾压温度统计分析、摊铺速度波动分析和统计分析、碾压速度分布分析，具体功能如下。

1）碾压遍数图统计分析：如图 4-42 所示，系统可以分别按照碾压时间对任意时间段内的摊碾压遍数进行统计分析。碾压遍数统计分析包括钢轮碾压遍数、胶轮碾压遍数分别统计分析，并可以对单台压路机的碾压遍数进行统计分析。

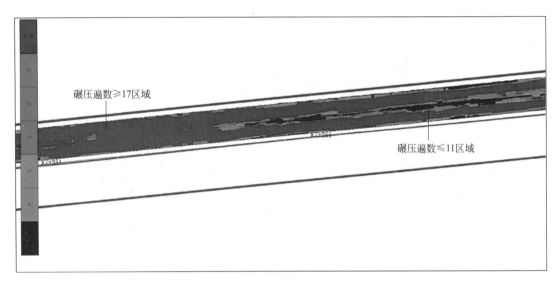

图 4-42　碾压遍数统计分析图

2）碾压温度图统计分析：如图 4-43、图 4-44 所示，系统可以分别按照碾压时间对任意时间段内的摊碾压铺温度进行统计分析。碾压温度分析主要对钢轮初压温度和胶轮初压温度分别统计分析。

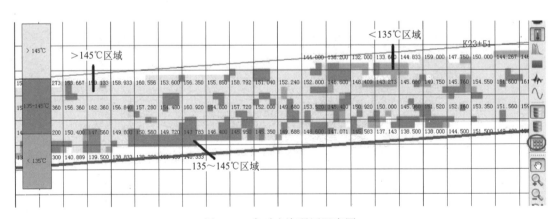

图 4-43　实时查询碾压温度图

3）碾压速度统计分析：由图 4-45 所示，系统可以分别按照碾压时间对任意时间段内的碾压速度进行统计分析。

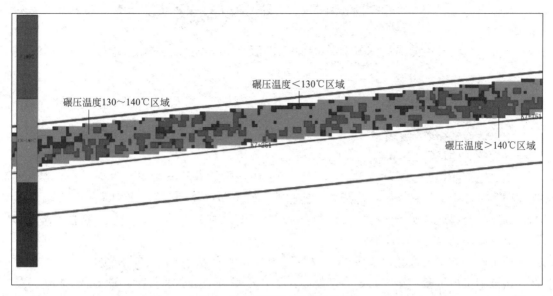

图 4-44 碾压温度统计分析图

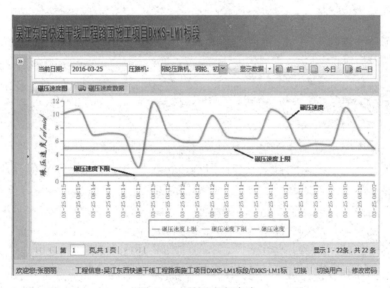

图 4-45 碾压速度波动

4.3 透水沥青路面施工技术要求

4.3.1 施工环境

与普通沥青路面施工类似，透水沥青路面的施工对环境也有一定要求，具体如下：

（1）大空隙的透水沥青混合温度下降较快，对施工环境要求较高。透水沥青路面施工环境气温应高于10℃；

(2) 为防止透水沥青混合料温降过大，透水沥青路面不得在雨天、大风天气进行施工；

(3) 如无法避免低温季节施工，可考虑适当提高沥青混合料的出厂温度，或采用温拌技术。

4.3.2 施工准备

为保证透水路面施工连续性、控制施工质量，应对施工设备进行检查和调试，直至各项施工设备达到正常工作状态。

正式施工前，施工单位应首先进行目标配合比和生产配合比设计，完成在沥青混合料拌和楼调试，确定骨料级配。通过拌和楼试拌，检查沥青混合料的马歇尔稳定度等技术指标，确定混合料配合比。然后，根据混合料特点、结合施工当地环境和工程特征，编制详细施工方案。

开工前，施工单位应组织铺筑单幅长度为 100~200m 的试验路段，进行混合料的试拌、试铺和试压试验，据此确定合理的施工工艺，明确摊铺松铺系数、施工温度和摊铺碾压等工艺控制参数。

4.3.3 施工要求

(1) 下承层处理

在透水面层施工前，应先对下承层表面进行冲洗、清扫，待表面干燥后进行粘层油的喷洒。喷洒量一般以 $0.4 \sim 0.6 L/m^2$ 为宜，且应喷洒均匀。洒布一般安排在混合料摊铺前一天，也可根据具体的施工环境条件以及乳化沥青的破乳时间适当调整，但一般不小于 12h。

透水路基施工应做好施工期临时排水方案，临时排水设施应与永久排水设施综合设置，并应与工程影响范围内的排水系统相协调。路基、垫层与基层施工应符合现行行业标准《城镇道路工程施工与质量验收规范》CJJ 1 的规定，且渗透系数应符合设计要求。

透水沥青路面应按道路透水组合结构设计要求铺设防水层和布置排水系统。透水路面的排水系统应保证足够的泄水能力，并尽量减少雨水在路面结构中的流动时间。

(2) 混合料拌和

选择合适的拌和设备对透水沥青混合料的制备至关重要。一般混合料拌和楼应满足如下技术要求：

1) 拌和速度和拌和量应与摊铺和压实机械相适应；

2) 热料仓和冷料仓进料要相匹配，防止等料，尽量减少溢料；

3) 拌和楼应具有先进的计量、控温、计时设备，可以对混合料进行精确的级配和拌和；

4) 储存仓要有自动保温设备，设置恒温保温，尽量减少拌制好混合料温度损失。

透水混合料粗料比例高，细料少，易产生沥青析漏及混合料离析等现象。因此，为保证沥青混合料的质量，拌和设备宜采用间歇式拌和机，并且总拌和能力应满足施工进度要求。

透水沥青混合料的拌和时间对沥青混合料的拌和质量影响很大，应根据具体情况经试拌确定沥青混合料拌和时间，以沥青均匀裹覆骨料为度。一般情况下，采用预混式方法时，拌和时间不宜少于 50s；采用直投式方法时，拌和时间不宜少于 60s。透水沥青混合料中若掺加纤维，则拌和时间宜延长 5s 以上。

以预混法进行透水沥青混合料生产时，采用高黏度改性沥青，加热温度应稍高于普通 SBS 改性沥青。以直投式方法生产时，采用的沥青为基质沥青，应适当降低沥青加热温度，以降低拌和过程中沥青老化程度。

透水沥青混合料拌和过程温度控制应符合表 4-18 规定。

透水沥青混合料拌和温度 表 4-18

控制温度	预混式	直投式
沥青加热温度(℃)	165~175(高黏度改性沥青)	150~160(基质沥青)
矿料加热温度(℃)	190~200	
混合料出料温度(℃)	170~185	
混合料贮料仓贮存温度(℃)	贮料过程中温度下降不超过 10	
混合料废弃温度(℃)	≥195 或者≤155	
摊铺温度(℃)	≥160	
初压温度(℃)	≥150	
碾压终了路表温度(℃)	≥60	

(3) 混合料运输

透水沥青混合料的运输须使用清洁干净的大吨位自卸车运输，以避免混合料在运输过程中产品质量发生变化。运料车的运力应稍有富余，施工过程中摊铺机前方应有运料车等候。透水沥青混合料在运输过程中应采用保温措施。

透水沥青混合料使用高黏度改性沥青，易产生混合料"粘车"现象，建议在车厢内部涂抹一层防粘剂，防止混合料"粘车"。轻质油对沥青具有稀释作用，一般使用硅油等重油作为防粘剂。

透水沥青混合料粗料比例高，细料少，易产生沥青析漏现象。透水沥青混合料在运输、等候过程中，如发现有沥青结合料沿车厢板滴漏时，应及时查明原因，并采取有效措施予以避免。

透水沥青混合料的因空隙率较高，温度下降速度较常规热拌沥青更快，易产生冷却结块现象，可采取以下措施控制混合料温度：

1) 料车装料后混合料表面覆盖双层帆布，混合料卸载到摊铺机之前不得取下帆布；

2) 合理安排料车数量，尽可能保证摊铺机连续摊铺，根据施工季节的气温变化增加油布的数量；

3) 运料车到工地后，应由专人逐车检测温度，混合料温度应不低于175℃。

(4) 混合料摊铺

透水沥青路面对平整度要求较高，应采用履带式摊铺机摊铺，如图 4-46 所示。摊铺机开工前应提前 0.5~1h 预热，熨平板不低于 100℃。铺筑过程中应选择熨平板的振捣或夯锤压实装置具有适宜的振动频率和振幅。熨平板加宽连接应仔细调节至摊铺的混合料没有明显的离析痕迹。

摊铺机是铺筑沥青路面质量的关键机械。透水沥青路面的施工要选择功能全、性能好、精度高的摊铺机，一般需符合以下要求：

1）具有自动或半自动方式调节厚度的装置。

2）具有自动或半自动方式找平的挂线装置及雪橇装置。

3）具有可加热的振动熨平板或振动夯等初步压实装置。

4）摊铺机宽度可以调整。

5）具有足够容量的受料斗在运料车换车时能连续摊铺，并有足够的功率推动运料车辆。

6）具有自动和手动的螺旋输送器将混合料横向铺开。

图 4-46　沥青混合料摊铺机

透水沥青混合料摊铺温度应控制在 160℃ 以上。为保证摊铺温度，减少运料车等待时间，可以采用两台或更多台数的摊铺机前后错开 10m 左右成梯队方式同步摊铺。对于双车道道路，一台摊铺机的铺筑宽度不宜超过 6m，对于 3 车道以上道路，一台摊铺机铺筑宽度不宜超过 7.5m。摊铺机的作业选择考虑了工期要求、质量要求、分配的拌和机生产能力、压路机生产能力、气候特点、混合料类型等诸多因素，摊铺速度宜控制在 2~4m/min 范围内。

松铺系数应根据试铺路段确定。根据透水沥青混合料在上海地区的实践经验，松铺系数一般为 1.05~1.15。摊铺过程中应随时检查摊铺层厚度及路拱、横坡。

（5）混合料压实成型

透水沥青混合料的压实是保证路面质量的重要环节，对路面的耐久性与使用性能有很大的影响。压实施工应遵循"高温、紧跟、匀速、慢压、静碾"的原则进行。透水沥青路面的压实温度和压路机吨位应根据试验路确定，压实施工宜采用压实功较小的压路机，如图 4-47 所示。振动压路机由于其振动产生的冲击力，使得单位线压力大大提高，易使混合料中的粗骨料被压碎，细骨料增多，相应地空隙率下降，因此透水沥青路面一般不宜采

图 4-47　钢轮压路机

用振动压路机压实。透水沥青混合料拌和、摊铺、压实温度较高,但温度散失快,如采用轮胎式压路机易出现轮胎痕迹,这种轮痕难以被后续的碾压作业消除,也易于出现粘轮现象,因此不宜采用轮胎压路机。

透水沥青路面混合料空隙大,颗粒间接触面积小,混合料的均匀性直接影响路面性能。一方面,透水沥青路面的强度相对较低,当混合料成型不均匀时,容易导致材料空隙率和模量不均匀,从而导致路面在荷载作用下在局部地区出现应力集中而产生破坏。另一方面,当材料不均匀时,在水流冲刷下局部地区混合料更容易发生水损害,甚至出现坑槽等病害。鉴于此,可采用公称最大粒径较小的混合料、合适的压实功(压路机的类型、吨位和碾压遍数)以及相对较高的压实温度等方法提高路面均匀性。

透水沥青路面压实一般要经过初压、复压、终压三个阶段完成。

1) 初压:初压温度控制在150℃以上,采用8~12t钢轮压路机紧跟摊铺机碾压1~2遍,碾压速度控制在2~3km/h范围内。

初压时温度过高或过低都应避免,当初压温度过高时,沥青的黏度较低,混合料易错位和活动,推移现象严重,且容易出现裂纹;而当初始温度过低时,沥青黏度提高,已难压实,如过度碾压,会出现开裂破坏现象。实际施工过程中应根据高黏改性沥青的性能,测定出黏度-温度关系曲线,同时考虑施工现场的气温、地温、风力等因素,以此确定合适的初压温度。经试验确定在施工气温为20℃时,试验路初压温度一般为160~170℃。

2) 复压:复压应紧跟初压,通常采用10~12t钢轮压路机碾压2~3遍,再用16t胶轮压路机,碾压1~2遍,碾压速度控制在2~3km/h范围内。

3) 终压:终压一般采用8~12t钢轮压路机碾压1~2遍,直到消除轮迹印,速度宜控制在2~3km/h范围内。

透水路面混合料采用高黏度改性沥青,压实过程中易产生"粘轮"现象。可采用向碾压轮喷水的方式防止"粘轮"现象产生,水中可添加少量表面活性剂,但应严格控制喷水量且成雾状,防止漫流现象产生。

日本城市排水路面的重视碾压施工,采用初压、复压和终压三段式施工方式。其中,初压通常采用8~12t钢轮压路机,静压2遍,速度2km/h,碾压温度150~165℃;复村采用8~12t钢轮压路机,静压3~5遍,速度3km/h;终压采用8~15t胶轮压路机,速度2km/h,碾压温度70~90℃。

压实度是透水沥青路面施工碾压过程中需重点关注的技术指标。尤其是对于表层排水性透水沥青路面而言,压实度不同直接影响路面透水效果。通过对某表层透水式路面的试验路段进行钻芯取样,测其厚度和压实度,检测数据见表4-19。依据现行《公路路基路面现场测试规程》JTG E60,对试验段的渗水系数进行测试,检测结果见表4-20。由以上两表中数据可知,该路段的压实度处于98%~100%之间,路面的渗水系数满足相关标准要求,同时保持较好的抗滑性能。

透水沥青路面试验路路面厚度及压实度 表4-19

编号	结构厚度(mm)	试样密度(g/cm^3)	标准密度(g/cm^3)	压实度(%)
010	41	2.140	2.173	98.5

续表

编号	结构厚度(mm)	试样密度(g/cm³)	标准密度(g/cm³)	压实度(%)
020	40	2.166	2.173	99.7
030	42	2.173	2.173	100.0
040	41	2.156	2.173	99.2
050	40	2.145	2.173	98.7

透水沥青路面试验路渗水试验检测　　　　表 4-20

编号	渗水系数(mL/min)	摩擦系数(BPN)
010	6585	66.4
020	5510	63.2
030	6067	67.6
040	5567	65.8
050	5346	68.1

(6) 接缝处理

透水沥青路面中接缝处理是十分重要的环节，处理不当易产生裂缝、松散等病害，直接影响路面平整度和耐久性。透水沥青路面接缝处理应注意以下几点：

1) 施工中应尽量减少接缝。两台摊铺机在不影响作业的情况下应尽量缩短距离，两台摊铺机相距宜为10m左右。纵缝应在较高温度下碾压结合密实。

2) 施工纵向接缝应采用热接缝方法。纵向接缝使用两台及以上摊铺机组成梯队同步摊铺沥青混合料，摊铺机的结构参数和运行参数应调整相等，相邻两幅的摊铺应有5～10cm宽度的摊铺重叠，表面层的纵缝应顺直，且宜设在路面标线位置。

3) 透水路面各施工段间的横向接缝主要考虑正确的接缝位置和施工方法。相邻两幅和上下两层的横向接缝均应错位1m以上。在横接缝处施工时，应对接缝清扫后进行加热处理，加热温度应达到100℃左右时才可摊铺大孔隙沥青混合料，并及时压实，使之相互密接。

4) 透水沥青路面与排水系统之间的冷接缝处理，与普通的沥青路面接缝处理有所不同，不能直接用切割机切缝，而应采用电镐直接凿除，然后用空压机或森林灭火器吹尽灰尘，再用水冲洗接缝位置，防止连通孔隙的堵塞。

5) 对于表层透水式路面，其与下层密级配沥青路面的接缝处须用防水粘层油涂刷2～3遍，防止渗水。

(7) 开放交通

为防止过快开放交通导致透水沥青混合料空隙率下降，压实完毕后应自然冷却，宜在施工完毕24h后开放交通。

铺筑完成的透水沥青路面应严格控制交通，做好保护，维护好清洁，不得造成污染，严禁在面层上堆放杂物。

4.3.4 验收标准

透水沥青路面施工必须建立有效的质量保证体系,对施工各工序的质量进行检查评定。施工过程应加强质量控制,实行动态质量管理,确保施工质量。

(1) 施工前应调试沥青混合料拌和楼、摊铺机、压路机等各种机械设备,并应检查或标定机械设备的配套情况、技术性能与传感器计量精度等。

(2) 施工前在规定期限内向业主及监理提交原材料试验与配合比设计报告。

(3) 施工前必须检查各种材料的来源和质量,不符合设计技术要求的材料不得进场。沥青、骨料、稳定剂等各类材料应按规定取样检测。原材料的质量是保证透水沥青路面质量的前提,其检查项目与频度应符合表 4-21 规定,性能指标应符合设计要求。

原材料的检查项目与频度　　　　表 4-21

序号	材料	检查项目	检查频度	平行试验次数或一次试验的试样数
1	粗骨料	外观(品种、含泥量等)	每批 1 次	—
		针片状颗粒含量	每批 1 次	2~3
		颗粒组成(筛分)	每批 1 次	2
		压碎值	每批 1 次	2
		磨光值	每批 1 次	4
		洛杉矶磨耗值	每批 1 次	2
		含水量	每批 1 次	2
2	细骨料	颗粒组成(筛分)	每批 1 次	2
		砂当量	每批 1 次	2
		含水量	每批 1 次	2
3	矿粉	外观	每批 1 次	—
		<0.075mm 含量	每批 1 次	2
		含水量	每批 1 次	2
4	高黏沥青	针入度(25℃)	每天 1 次	3
		软化点	每天 1 次	2
		延度(5℃)	每天 1 次	3
		60℃动力黏度	每批 1 次	3
		弹性恢复	每天 1 次	3
5	乳化沥青	蒸发残留物含量	每 3 天 1 次	2
		蒸发残留物针入度	每 3 天 1 次	3
		蒸发残留物软化点	每 3 天 1 次	2
		蒸发残留物延度	每 3 天 1 次	3

(4) 沥青混合料拌和楼必须对沥青混合料生产过程进行质量控制。沥青混合料质量的检查可按表 4-22 的规定进行。

沥青混合料检查项目与频度　　　　　　　　　　　表 4-22

项目		检查频度及单点检验评价方法	质量要求或允许偏差	试验方法
矿料级配（筛孔尺寸）	0.075mm	逐盘在线检测	±2%	计算机采集数据计算
	≤2.36mm		±4%	
	≥4.75mm		±5%	
	0.075mm	逐盘检查，每天汇总1次取平均值评定	±1%	JTG F40 附录 G
	≤2.36mm		±2%	
	≥4.75mm		±2%	
	0.075mm	每台拌和机每天1~2次，以2个试样的平均值评定	±2%	T 0725 抽提筛分与标准级配比较的差
	≤2.36mm		±3%	
	≥4.75mm		±4%	
沥青用量（油石比）		逐盘在线监测	±0.2%	计算机采集数据计算
		逐盘检查，每天汇总1次取平均值评定	±0.1%	JTG F40 附录 F
		每台拌和机每天1~2次，以2个试样的平均值评定	±0.2%	抽提 T 0722、T0721
马歇尔试验：空隙率、稳定度、流值		每台拌和机每天1~2次，以4~6个试件平均值评定	符合设计规定	T 0702、T 0709、JTG F40
浸水马歇尔试验		每3天测1次（试件数同马歇尔试验）	符合设计规定	T 0702、T 0709
车辙试验		每3天测1次（以3个试件平均值评定）	符合设计规定	T0719
谢伦堡沥青析漏量		每3天测1次（以2个试样平均值评定）	符合设计规定	T0732
肯塔堡飞散损失率		每3天测1次（试件数同马歇尔试验）	符合设计规定	T0733
冻融劈裂强度比		每3天测1次（试件数同马歇尔试验）	符合设计规定	T0729

（5）透水沥青路面施工过程中，应及时对混合料及施工质量进行控制，检查路面的摊铺质量，检查内容与方法如表 4-23 所示。

透水沥青路面面层施工过程质量检查与验收标准　　　　　表 4-23

项目	检查频度及单点检验评价方法	质量要求或允许偏差	试验方法
混合料外观	随时	观察骨料粗细、均匀性、离析、油石比、色泽、冒烟、有无花白料、油团等各种现象	目测

续表

项目		检查频度及单点检验评价方法	质量要求或允许偏差	试验方法
摊铺外观		随时	平整、无拖痕、无离析、接缝紧密平整、顺直	目测
拌和温度	沥青、骨料加热温度	逐盘检测评定	符合设计规定	传感器自动检测、显示打印
	混合料出厂温度	逐车检测评定	符合设计规定	T 0981
		逐盘测量记录,每天取平均值评定	符合设计规定	传感器自动检测、显示打印
施工温度	摊铺温度	逐车检测评定	符合设计规定	T 0981
	碾压温度	随时	符合设计规定	
厚度	每一层次	每 100m 测 1 点	不大于设计值的 5%	插入法测量
平整度	上面层	每 50m 测 1 处,连续 10 杆	3mm	T 0931
	中下面层		5mm	T 0931
纵断面高程		检测每个断面	±10mm	T 0911
压实度		每 300m² 检查 1 组逐个试件评定取均值	不小于实验室标准密度的 98%	T 0924

(6) 施工完成后,应对透水沥青路面面层质量进行全面的质量检查与验收,主要包括以下内容:

1) 透水沥青混合料面层压实度,对于城市快速路、主干路不应小于 96%;对于次干路及以下等级的道路不应小于 95%。压实度应按规范测试方法每 1000m² 检测 1 点。

2) 透水沥青路面的弯沉值应满足设计要求。路面检测应采用弯沉仪每车道每 20m 检测 1 点。

3) 透水沥青路面的渗透系数应达到设计要求。渗透系数检测应采用规范测试方法每 1000m² 检测 1 点。

4) 透水沥青路面面层其他质量检查与验收可按表 4-24 所列的内容进行。

透水沥青路面面层质量检查与验收标准 表 4-24

项目	检查频度	质量要求或允许偏差	试验方法
外观	随时	表面应平整、坚实,接缝紧密;不应有明显轮迹、推挤、脱落、油斑现象,接缝紧密平整、顺直	目测
纵断面高程	每 20m 测 1 点	±15mm	T 0911
中线偏位	每 100m 测 1 点	≤20mm	T 0911
宽度	每 40m 测 1 点	不小于设计值	T 0911

续表

项目		检查频度		质量要求或允许偏差	试验方法
厚度		每1000m² 测1点		−5mm～+10mm	T 0912
横坡		路宽<9m	每20m测2点	±0.3%且不反坡	T 0911
		路宽9～15m	每20m测4点		
		路宽>15m	每20m测6点		
平整度	标准差	路宽<9m	每100m测1点	≤1.5mm	T 0932
		路宽9～15m	每100m测2点		
		路宽>15m	每100m测3点		
	最大间隙	路宽<9m	每100m测1点	≤5mm	T 0931
		路宽9～15m	每100m测2点		
		路宽>15m	每100m测3点		
井框与路面高差		每座测1点		≤5mm	十字法
抗滑	摩擦系数	每200m测1点		符合设计要求	T 0964
	构造深度	每200m测1点		符合设计要求	T 0961

透水沥青路面的路基、基层及其他附属工程质量检验和验收与常规路面的路基、基层等验收相同，可参照现行《城镇道路工程施工与质量验收规范》CJJ 1 相关条文执行。

4.4 透水水泥混凝土路面施工技术要求

普通混凝土的制备过程是骨料在紧密堆积的状态下尽可能地使聚体充满骨料间的孔隙，达到混凝土固相处于不连续状态，而液相处于连续状态，同时没有气相的填充。透水水泥混凝土要求具有大孔隙率、高透水的特性，即要求骨料和浆体都处于连续状态，而且必须有贯通性孔隙存在。透水水泥混凝土骨料组成中仅有少量细骨料甚至没有细骨料，由开级配粗骨料相互堆积形成骨架，粗骨料在紧密堆积的状态被水泥胶浆均匀包裹、相互粘结，凝固后形成多孔堆积结构，其空隙相互连通，构成透水通道。因此，需通过控制透水水泥混凝土的孔隙率（即胶结材料架体的填充程度）来调整其强度和透水性能，胶结材料浆体较多时，透水性降低，强度提高，反之，强度降低，透水性增加。

透水水泥混凝土属于干硬性混凝土，水灰比较低，拌和物运输到现场后应立即进行施工，各个工序紧密衔接，最后表面进行覆盖养护。如果因施工准备不充分，中间某个步骤出现停滞，很可能导致浆体表面失水，影响拌和物的工作性，大大增加施工难度，致使施工质量达不到设计要求，因此，透水水泥混凝土路面施工组织设计非常重要。

4.4.1 施工环境

透水水泥混凝土路面的施工对环境的要求如下：
(1) 室外日平均气温连续5d低于5℃时，透水混凝土路面不得施工。
(2) 不得在雨天、大风天气进行施工。

4.4.2 施工准备

透水水泥混凝土路面施工准备主要包括以下几个方面：

（1）对路面垫层的各项技术指标和路缘石的铺设质量进行检查，达到要求后才可施工透水水泥混凝土层。

（2）施工前，应对基层做清洁处理，处理后的基层表面应粗糙、清洁、无积水，并保持一定湿润状态，必要时宜进行界面处理。

（3）施工前必须按规定对基层、排水系统进行检查验收，符合要求后才能进行面层施工。

（4）透水水泥混凝土各项工序所需要的材料、人员、机械、工具等需要提前到位。施工前应调试、标定混凝土拌和、摊铺等机械设备，完全准备好后再进行搅拌运输阶段的工序。

（5）施工前必须检查各种材料的来源和质量，不符合设计技术要求的材料不得进场。施工前应在规定期限内向业主及监理提交原材料试验与配合比设计报告。

（6）施工中应根据工程所在地的气候环境，确定冬、雨期和热期的起止时间。雨期施工应加强与气象部门联系，及时掌握气象条件变化，做好防范准备。雨期施工应充分利用地形与现有排水设施，做好防雨及排水工作。雨天不宜进行基层施工，透水混凝土面层不应在雨天浇筑。雨后摊铺基层时，应先对路基状况进行检查，符合要求后方可摊铺。

透水混凝土路面热天施工时，混凝土拌和物浇筑中应尽量缩短运输、摊铺、压实等工序时间，浇筑完毕应及时覆盖、洒水养护，已浇筑混凝土面应注意防雨。气温过高时，宜避开中午高温时段施工，可在夜间进行。

4.4.3 施工要求

（1）透水水泥混凝土搅拌与运输

透水水泥混凝土必须采用机械搅拌，搅拌机的容量应根据工程量大小、施工进度、施工顺序和运输工具等参数选择。进入搅拌机的原材料必须计量准确，每台班拌制前应精确测定骨料中的含水率，根据骨料的含水率，调整透水水泥混凝土配比中的用水量，由施工现场实验确定施工配合比。透水水泥混凝土的配合比应严格控制，其中各原材料（按质量计）的允许误差如表4-25所示。

透水水泥混凝土原材料允许误差　　　　表4-25

材料	误差范围
水泥	±1%
增强料	±1%
骨料	±2%
水	±1%
外加剂	±1%

采用自落式搅拌机时，宜将配好的石料、水泥、增强料、外加剂投入搅拌机中，先进行干拌60s后，再将计量好的水，分2～3次加入搅拌机中进行拌和，搅拌时间宜控制在

120～300s。采用强制式搅拌机时，宜先将石料和50%用水量加入强制式搅拌机拌和30s，再加入水泥、增强料、外加剂拌和40s，最后加入剩余用水量拌和50s以上。透水水泥混凝土路面双层设计时，应采用不同搅拌机分别搅拌。

透水水泥混凝土拌和物运输时要防止离析，应注意保持拌和物的湿度，必要时采取遮盖等措施。水浇混凝土拌和物从搅拌机出料后，运至施工地点进行摊铺、压实直至浇筑完毕的允许最长时间，由实验室根据水泥初凝时间及施工气温确定，或者参考表4-26中要求。

透水水泥混凝土从搅拌机出料至浇筑完毕的允许最长时间　　　表4-26

施工气温(℃)	允许最长时间(h)
$5 \leqslant t < 10$	2
$10 \leqslant t < 20$	1.5
$20 \leqslant t < 30$	1
$30 \leqslant t < 35$	0.75

(2) 透水水泥混凝土摊铺

透水水泥混凝土面层施工过程中模板应选用质地坚实，变形小、刚度大的材料，模板的高度应与混凝土路面厚度一致；立模的平面位置与高程，应符合设计要求，模板与混凝土接触的表面应涂隔离剂。透水水泥混凝土拌和物摊铺前，应对模板的高度、支撑稳定情况等进行全面检查。

透水水泥混凝土拌和物摊铺时，以人工均匀摊铺，找准平整度与排水坡度，摊铺厚度应考虑其松铺系数。施工时对边角处特别注意有无缺料现象，要及时补料进行人工压实。

透水水泥混凝土宜采用专用低频振动压实机，或采用平板振动器振动和专用滚压工具滚压。用平板振动器振动时避免在一个位置上持续振动使用振动器振捣，采用专用低频振动压实机压实时应辅以人工补料及找平，人工找平时，施工人员应穿上减压鞋进行操作，并应随时检查模板，如有下沉、变形或松动，应及时纠正。

透水水泥混凝土压实后，宜使用机械对透水混凝土面层进行收面，必要时配合人工拍实、抹平。整平时必须保持模板顶面整洁，接缝处板面平整。

透水水泥混凝土拌制浇筑注意避免地表温度在40℃以上施工，同时不得在雨天或冬期施工。透水水泥混凝土面层施工后，宜在48h内涂刷保护剂。涂刷保护剂前，面层应进行清洁。

彩色透水水泥混凝土施工应按普通透水水泥混凝土施工。采用双层设计时，上面层与下面层铺设时间应小于1h，面层施工后应按规定涂刷保护剂。

露骨料透水水泥混凝土施工，除按下述规定执行外，其他与普通透水水泥混凝土施工相同，摊铺平整后的工序如下：

1) 随时检查施工表面的初凝状况，有初凝现象时可均匀喷洒适量调凝剂，喷完后立即覆盖塑料薄膜，在塑料薄膜上面再覆盖彩条布。

2) 施工后10～20h左右，检查胶凝材料终凝以后，除去薄膜，用高压水枪冲洗（合理控制水枪水压），除去路表面的缓凝胶结料，裸露出天然石材的本色，以不松动颗粒为宜。

3) 冲洗后，用水淋洗表面，去除表面和孔隙内的剩余浆料。

4)冲洗后再度覆盖塑料薄膜进行保湿养护。

(3)接缝施工

透水水泥混凝土路面施工时须设伸缩缝,深度与路面厚度相同。施工中的缩缝、胀缝均嵌入定型的橡树塑胶材料。

道路工程施工时,每5m左右应设一道小胀缝,缝宽10~15mm;当施工长度超过30m时,应设宽度为10~15mm的伸缩缝。施工中施工缝可代替伸缩缝。

广场的接缝应按不大于25m^2的面积进行分隔,以小胀缝方式设置,缝宽宜为15~20mm。胀缝中均嵌入定型的橡树塑胶材料,厚度和宽度按实体定。

(4)养护

透水水泥混凝土路面施工完毕后,宜采用覆盖塑料薄膜和彩条布及时进行保湿养护。养护时间根据透水水泥混凝土强度增长情况而定,养护时间不宜少于14d。养护期间透水水泥混凝土面层不得行人、通车。养护期间应保护塑料薄膜的完整,当破损时应立即修补。薄膜覆盖后应禁止行人通行,养护期和填缝前禁止车辆行驶。

透水水泥混凝土模板的拆除时间应根据气温和混凝土强度增长情况确定,拆模不得损坏混凝土路面的边、角,尽量保持透水混凝土块体完好。

透水水泥混凝土路面未达到设计强度前不允许投入使用。透水水泥混凝土路面的强度,应以透水水泥混凝土试块强度为依据。

4.4.4 验收标准

透水水泥混凝土路面施工必须建立有效的质量保证体系,对施工各工序的质量进行检查,验收最终路面质量。

(1)原材料验收

1)水泥品种、级别、质量、包装、储存,应符合国家现行有关标准的规定。检查数量应按同一生产厂家、同一等级、同一品种、同一批号且连续进场的水泥,袋装水泥不超过200t为一批,散装水泥不超过500t为一批,每批抽样1次。水泥出厂超过3个月时,应进行复验,复验合格后方可使用。检验方法主要是检查产品合格证、出厂检验报告和进场复验报告。

2)混凝土中掺加外加剂的质量应符合现行国家标准《混凝土外加剂》GB 8076和《混凝土外加剂应用技术规范》GB 50119的规定。按进场批次和产品抽样检验方法确定。每批抽检不少于1次。检验方法主要是检查产品合格证、出厂检验报告和进场复验报告。

3)骨料应采用质地坚硬、耐久、洁净的碎石和砾石,并应符合设计要求。检查数量以同产地、同品种、同规格且连续进场的骨料,每400t为一批,不足400t按一批计,每批抽检1次,检查试验报告。

(2)透水水泥混凝土路面面层质量验收

1)透水水泥混凝土路面弯拉、抗压强度应符合设计规定。透水水泥混凝土试块强度的检验与评定,应按现行国家标准《混凝土强度检验评定标准》GB/T 50107执行。每100m^3同配合比的透水水泥混凝土,应取样1次进行检测;不足100m^3时按1次计。每次取样应至少留置1组标准养护试件。同条件养护试件留置组数应根据实际需要确定,最少1组。通过检查试验报告,验收混凝土的强度指标。

2）透水水泥混凝土路面面层透水系数应达到设计要求。检查应每500m² 抽测1组（3块）。通过检查试件试验报告，验收混凝土试块的透水系数指标。

3）透水水泥混凝土路面面层厚度应符合设计规定，允许误差为±5mm。检查应每500m² 抽测1点，通过钻孔或刨坑的方式，用钢尺测量面层厚度。

4）彩色透水水泥混凝土路面，路面颜色必须均匀一致。露骨料透水水泥混凝土路面面层石子分布应均匀一致，不得有松动现象。

5）施工过程中路面板面边角应整齐，不得有大于0.5mm的裂缝。施工缝必须垂直，直线段应顺直，曲线段应弯顺，缝内不得有杂物，所有缝必须上下贯通。

6）完工后的透水水泥混凝土路面的面层质量验收，可按表4-27中的要求进行。

透水水泥混凝土路面面层质量控制标准 表4-27

项目		允许偏差(mm)		检验范围		检验点数	检验方法
		道路	广场	道路	广场		
高程(mm)		±15	±10	20m	施工单元①	1	用水准仪测量
中线偏位(mm)		≤20	—	100m		1	用经纬仪测量
平整度	最大间隙(mm)	≤5	≤7	20m	10m×10m	1	用3m直尺和塞尺连续量两尺，取较大值
宽度(mm)		0～20		40m	40m②	1	用钢尺量
横坡(%)		±0.30%且不反坡		20m		1	用水准仪测量
井框与路面高差(mm)		≤3	≤5	每座		1	十字法，用直尺和塞尺量，取最大值
相邻板高差(mm)		≤5		20m	10m×10m	1	用钢板尺和塞尺量
纵缝直顺度(mm)		≤10		100m	40m×40m	1	用20m线和钢尺量
横缝直顺度(mm)		≤10		40m	40m×40m		

① 在每一单位工程中，以40m×40m定方格网，进行编号，作为量测检查的基本施工单元，不足40m×40m的部分以一个单元计。在基本施工单元中再以10m×10m或20m×20m为子单元，每基本施工单元范围内只抽一个子单元检查；检查方法为随机取样，即基本施工单元在室内确定，子单元在现场确定，量取3点取最大值计为检查频率中的1个点；

② 适用于矩形广场与停车场。

透水水泥混凝土路面面层以下基层、路基及其他附属工程质量检验和验收可参照现行《城镇道路工程施工与质量验收规范》CJJ 1相关规定执行。

4.5 透水砖路面、缝隙透水路面施工技术要求

透水砖路面、缝隙透水路面多用于人行道、小区步道、广场铺装及停车场等轻交通场合。施工中路面透水性及有效孔隙率应满足设计要求。

4.5.1 施工准备

透水砖面层、缝隙透水路面施工前，应按规定对道路各结构层、排水系统及附属设施进行检查验收，符合要求后方可进行面层施工。

开工前，建设单位应组织设计、勘测单位向监理及施工单位移交现场测量地形、高程控制桩并形成文件。施工单位应结合实际情况，制定施工测量方案，建立测量控制网、线、点。施工前应根据工程特点编制详细的施工专项方案，并应按现行行业标准《城镇道路工程施工与质量验收规范》CJJ 1 的有关规定做好准备工作。

透水砖路面、缝隙透水路面施工前，各类地下管线应先行施工完毕，施工中应对既有及新建地上杆线、地下管线等建（构）筑物采取保护措施。施工地段应设置行人及车辆的通行与绕行路线的标志。施工中采用的量具、器具应进行校对、标定，并应对进场原材料进行检验。当在冬期或雨期进行透水砖路面施工时，应结合工程实际情况制定专项施工方案，经批准后实施。

4.5.2 施工要求

透水砖面层、缝隙透水路面铺筑施工时，基准点和基准面应根据平面设计图、工程规模及透水砖规格、块形及尺寸设置。应根据应用场合的需要，选择强度及透水性能均符合设计要求的预制透水砖。铺筑前，应对运至现场的砖进行检验，经检验合格后方可使用。

透水砖的铺筑应从透水砖基准点开始，并以透水砖基准线为基准，按设计图铺筑。铺筑透水砖路面应纵横拉通线铺筑，每 3～5m 设置基准点。

透水砖的接缝宜采用中砂灌缝。曲线外侧透水砖的接缝宽度不应大于 5mm、内侧不应小于 2mm；竖曲线透水砖接缝宽度宜为 2～5mm。人行道透水砖路面的边缘部位应铺设路缘石。施工时，人员一般采用退着铺的方法，不得站在已摊铺好的砂垫层上作业，如图 4-48 所示。

缝隙透水路面的接缝宽度应符合设计要求，路面砖之间的缝隙应用填缝料均匀填充，填缝料级配应符合设计要求。

透水砖铺筑完成后，表面敲实，应及时清除砖面上的杂物、碎屑，面砖上不得有残留水泥砂浆。面层铺筑完成后基层未达到规定强度前，严禁车辆进入。

透水砖铺面的路基施工应做好施工期临时排水方案，临时排水设施应与永久排水设施综合设置，并应与工程影响范围内的排水系统相协调。路基、垫层与基层施工应符合现行行业标准《城镇道路工程施工与质量验收规范》CJJ 1 的规定，且渗透系数应符合设计要求。

透水砖铺筑过程中，不得直接站在找平层上作业，不得在新铺设的砖面上拌和砂浆或

(a)

(b)

图 4-48 Portland 透水路面

堆放材料。应随时检查牢固性与平整度，应及时进行修整，不得采用向砖底部填塞砂浆或支垫等方法进行砖面找平；应采用切割机械切割透水砖；铺装所用的"干硬性"水泥砂浆找平层应有不低于透水砖的透水能力。

4.5.3 验收标准

(1) 原材料验收

1) 路面砖质量检验主控项目包括路面砖的抗滑性、耐磨性、抗冻性、颜色、外观、尺寸偏差、强度等。主检项目应符合现行国家标准《混凝土路面砖》GB 28635、《城镇道路路面设计规范》CJJ 169 的规定及设计要求。

路面砖以同一块形、同一强度且以 3000m² 为一验收批；不足 3000m² 按一批计。每一批中应随机抽取 50 块试件。通过检查合格证、出厂检验报告、进场复试报告等核查路面砖质量。

2) 填缝料所用材料及级配范围应符合设计要求。通常视同产地、同品种、同规格以连续进场数量每 200t 为一批，不足 200t 应按一批计，每批检测应不少于 1 次。检查方法主要是检查合格证、出厂检验报告、进场复试报告。

3) 水泥、外加剂、骨料及砂的品种、级别、质量、包装、储存等应符合国家现行有关标准的规定。

(2) 透水砖路面、缝隙透水路面面层质量验收

路面铺砌应平整、稳固，不应有污染、空鼓、掉角及断裂等外观缺陷，不得有翘动现象，灌缝应饱满，缝隙一致。

1) 面层的缝隙宽度应符合设计要求。通常每 20m 测量 1 处。采用钢尺量 3 点测量，取最大值。

2) 路面砖的铺筑形式应符合设计要求。

3) 结构层的透水性能应逐层验收，其性能应符合设计要求。通常每 500m² 抽测 1 点，不足 1500m² 则选 3 个点，面层测试位置为两条缝隙的交叉处，其他结构层随机抽测。

4) 路面砖面层与路缘石及其他构筑物应接顺，不得有反坡积水现象。

透水砖路面、缝隙透水路面其他路面质量控制内容及检测方法列于表 4-28。

透水砖路面、缝隙透水路面允许偏差　　　　表 4-28

序号	项目	允许偏差	检验频率 范围(m)	检验频率 点数	检验方法
1	表面平整度(mm)	≤5	20	1	用 3m 直尺和塞尺连续量取两尺取最大值
2	宽度	不小于设计规定	40	1	用钢尺量
3	相邻块高差(mm)	≤2	20	1	用塞尺量取最大值
4	横坡(%)	±0.3 且不反坡	20	1	用水准仪测量
5	道路中线偏位	≤20	100	1	用经纬仪测量
6	纵缝直顺度(mm)	≤10	40	1	拉 20m 小线量 3 点取最大值

续表

序号	项目	允许偏差	检验频率 范围(m)	检验频率 点数	检验方法
7	横缝直顺度(mm)	≤10	20	1	沿路宽拉小线量3点取最大值
8	井框与路面高差(mm)	≤3	每座	1	用塞尺量最大值
9	高程	±20	20m	1	用水准仪测量
10	各结构层厚度(mm)	±10	20m	1	用钢尺量3点取最大值

第5章 透水路面养护

大空隙结构的透水路面具有透水、抗滑和降噪等诸多性能优势。但受道路周边环境和车辆荷载作用影响,空隙结构容易被粉尘、颗粒物、土等杂物堵塞,导致路面的透水等功能降低。同时在雨水或杂物长期侵蚀下,透水路面会出现不同程度的飞散、坑槽等结构性损坏。因此,需要根据透水路面的病害类型和特征,提出合适的养护对策。本章通过对透水路面的透水功能衰变规律分析研究,结合透水路面的技术状况评价结果,提出了透水路面日常养护工作内容、透水功能养护和路面病害处治措施以及养护验收标准。

5.1 透水功能衰减规律研究

透水路面的透水功能是其区别于其他非透水路面的重要功能。与普通密实型路面养护不同,透水功能的跟踪养护是透水路面养护的重要内容。研究透水路面透水功能的衰减规律可为透水路面的养护时机、养护对策等提供技术支撑与参考。

5.1.1 透水功能衰减

透水路面通车后,渗水系数随着空隙的逐渐堵塞自然衰减,透水功能也同步衰减。理想情况下,当透水功能指数CRI≥80%时,清洗养护可恢复绝大部分或全部的排水机能。研究发现,当路面的渗水系数下降至200~300mL/15s,仍可保持部分透水能力,在小雨、中雨天气下路面无积水。渗水系数小于此值后,透水机能已无法满足透水要求,即使采用专用清洗设备也无法改善堵塞或提高渗水系数。因此,一般取80%作为开始清洗作业的渗水系数残留率标准,也是清洗养护的最佳时机。根据上海地区实施的透水沥青路面跟踪调查结果,在不采用任何清洗措施情况下,与内侧快车道相比,外侧慢车道渗水系数的衰减异常显著(表5-1)。

上海某透水路面试验段渗水系数数据 表5-1

检测项目		第一车道(快车道)	第二车道(快车道)	第三车道(慢车道)	第四车道(慢车道)
渗水系数(mL/15s)	第一年	1200			
	第三年	257.2	225.0	16.7	41.7
	第四年	220.4	150.4	20.5	36.5

从表5-1中可以看出,外侧车道的残留渗水系数仅为内侧快车道的10%~15%。一方面因为内侧快车道车速较高,轮胎"泵吸"效应明显,另一方面依靠横向坡度排水,含有路面粉尘的脏水向外侧车道集中,更容易造成堵塞。因此对于外侧慢车道的清洗与

养护十分重要。但当路面的渗水系数小于 300mL/15s 时，可不要求进行全面的透水功能性养护。

即使在环境质量较好的日本，如不进行清洗，路面渗水系数衰减也非常快，最多 4 年就完全堵塞。每年清洗 2~3 次可有效减缓路面渗水系数的衰减速度，延长路面的透水功能使用寿命（图 5-1）。

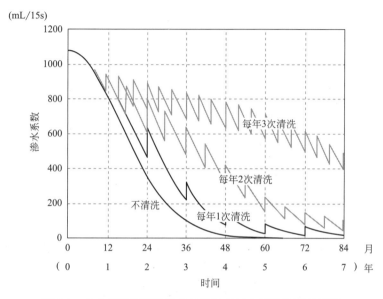

图 5-1　日本标准型清洗设备的清洗效果与清洗频率关系图

5.1.2　透水功能衰减规律研究

城市道路交通环境复杂，透水路面在长期服役过程中，大空隙结构容易受到环境中灰尘或颗粒杂物堵塞，路面的渗水功能会逐渐减少甚至丧失。另一方面，大空隙的透水路面在通车后，受多种荷载的反复作用，空隙难免出现挤压变形，影响路面渗水功能。随着海绵城市建设在各地推广，渗水功能衰减已成为海绵道路建设关注的重点，透水路面的渗水功能的跟踪评价、渗水功能衰变规律研究及养护研究愈发迫切。

透水沥青路面的多孔空隙结构在使用过程中，受到车辆荷载和自然因素的共同作用会呈现下降趋。其空隙结构的衰减类型主要分为颗粒堵塞作用下的空隙结构损失以及荷载作用下的压密变形造成的空隙衰减。

（1）颗粒堵塞对空隙衰减影响

多孔沥青路面在使用过程中受到颗粒物等杂物堵塞，造成空隙率下降，透水功能受到影响。颗粒堵塞主要是减少了混合料中的有效空隙率。试验通过设计不同的空隙率试件，考察了不同粒径颗粒在不同条件下对多孔沥青混合料空隙率的影响，分析了多孔沥青混合料因颗粒堵塞而导致的空隙率衰减规律。

研究发现，大于 4.75mm 的颗粒不容易进入多孔沥青混合料的空隙当中。所以试验采用粒径小于 4.75mm 的颗粒进行堵塞研究。把堵塞的颗粒简化为一种成分的骨料来代替，以孔径为 2.36mm、0.6mm 和 0.3mm 的筛孔划分 4.75mm 以下的骨料为 4.75~2.36、

2.36～0.6、0.6～0.3 和 0.3～0 共 4 档。每档都称取相同质量的骨料混合均匀，以 10g 分组作为堵塞颗粒。在成型马歇尔试件后，将堵塞颗粒每 10g 为一组摊铺于马歇尔试件表面，摊铺均匀，撒铺在试件上的骨料质量记为 m_0。均匀缓慢地洒水，当表面颗粒数量不再有明显变化，且透过试件的水质清澈，堵塞过程完成。收集透过试件的水，烘干后称量颗粒质量记为 m_1，待马歇尔试件静止自然晾干后，用毛刷清扫表面收集颗粒称量质量记为 m_2，摊铺的颗粒总量减去透过的颗粒质量和表面残留的质量即为堵塞的颗粒质量，记为 m_3。

根据上述试验步骤对三种空隙率下的试件进行堵塞试验，试验结果如图 5-2～图 5-4 所示。

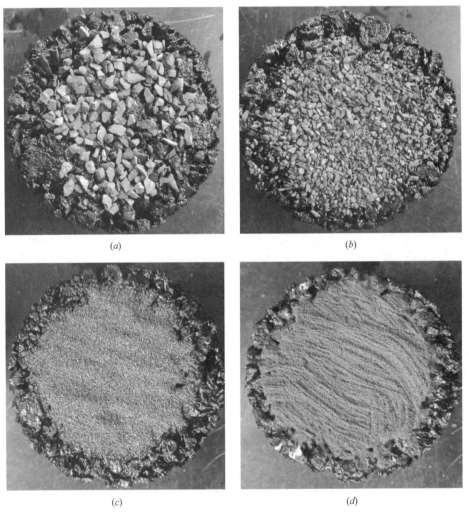

图 5-2　试件表面颗粒撒布

从试验结果可以看出，2.36～0.6 和 0.6～0.3 两档颗粒对混合料的空隙率堵塞最为严重，4.75～2.36 以人 0.3～0 两档骨料的堵塞情况稍少。从不同空隙率混合料对比看，0.3～0 档的小粒径颗粒对小空隙率混合料的堵塞情况相对较高。

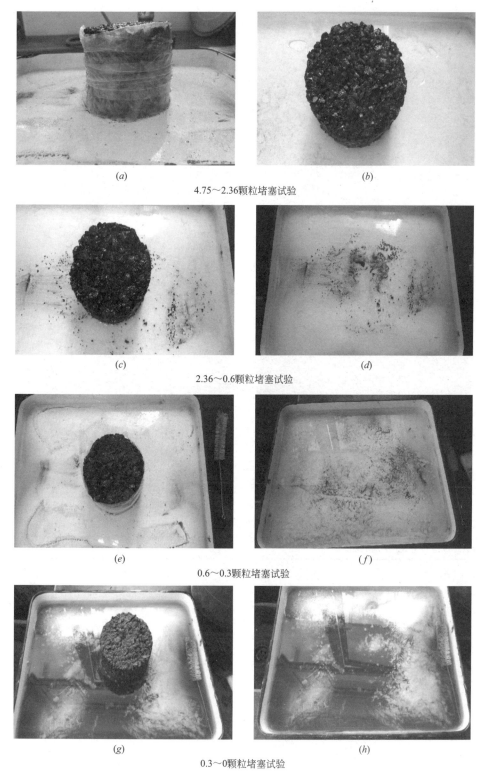

4.75～2.36颗粒堵塞试验

2.36～0.6颗粒堵塞试验

0.6～0.3颗粒堵塞试验

0.3～0颗粒堵塞试验

图 5-3 不同颗粒粒径的堵塞试验过程

图 5-4 试件表面颗粒堵塞后表面情况（60℃）

颗粒堵塞结果　　　　　　　　表 5-2

空隙率(%)	颗粒粒径(mm)	m_0(g)	m_1(g)	m_2(g)	m_3(g)	m_3均值(g)
24.31	4.75~2.36	10	0.5	6.2	3.3	3.27
		10	0.3	6.6	3.1	
		10	0.5	6.1	3.4	
	2.36~0.6	10	1.5	1.2	7.3	7.17
		10	1.6	1.4	7	
		10	1.7	1.1	7.2	
	0.6~0.3	10	3.8	0.2	6	6.20
		10	3.5	0.1	6.4	
		10	3.6	0.2	6.2	
	<0.3	10	7.5	0	2.5	2.33
		10	7.8	0	2.2	
		10	7.7	0	2.3	

续表

空隙率(%)	颗粒粒径(mm)	m_0(g)	m_1(g)	m_2(g)	m_3(g)	m_3均值(g)
22.24	4.75~2.36	10	0.2	7.6	2.2	2.17
		10	0.3	7.4	2.3	
		10	0.2	7.8	2	
	2.36~0.6	10	1.2	1.2	7.6	7.53
		10	1.4	1.4	7.2	
		10	1.1	1.1	7.8	
	0.6~0.3	10	3.1	0.1	6.8	6.70
		10	3.2	0.1	6.7	
		10	3.3	0.1	6.6	
	<0.3	10	6.4	0	3.6	3.47
		10	6.7	0	3.3	
		10	6.5	0	3.5	
19.88	4.75~2.36	10	0.1	8	1.9	2.03
		10	0	7.8	2.2	
		10	0.1	7.9	2	
	2.36~0.6	10	1.6	1	7.4	7.27
		10	1.6	1.1	7.3	
		10	1.4	1.5	7.1	
	0.6~0.3	10	3.4	0.3	6.3	6.47
		10	3.2	0.1	6.7	
		10	3.4	0.2	6.4	
	<0.3	10	4.9	0	5.1	5.13
		10	5.1	0.1	4.8	
		10	4.5	0	5.5	
18.12	4.75~2.36	10	0	8.4	1.6	1.80
		10	0.1	8.1	1.8	
		10	0.1	7.9	2	
	2.36~0.6	10	1.7	1.1	7.2	7.20
		10	1.8	0.9	7.3	
		10	1.4	1.5	7.1	
	0.6~0.3	10	2.3	0.2	7.5	7.27
		10	2.9	0.1	7	
		10	2.6	0.1	7.3	
	<0.3	10.1	4	0.1	6	5.80
		10	4.2	0	5.8	
		10	4.4	0	5.6	

从表 5-2 和图 5-5、图 5-6 中可以清晰地看出，4.75～2.36 以及 2.36～0.6 两档颗粒对不同空隙率的试件堵塞规律类似。试件的空隙衰减分别在 10%～14% 以及 15%～17% 之间。而 0.6～0.3 和 0.3～0 两档细颗粒的堵塞情况则明显不同。试件的空隙衰减跨度达到 12%～17% 以及 4%～14%。最大衰减百分比近 10%。结果表明，细颗粒对空隙率较小的试件堵塞情况更严重。当沥青混合料的空隙率在 18%～25% 范围内时，各粒径颗粒经流动水冲洗后的自然堵塞质量一般小于 0.1g/cm^2。

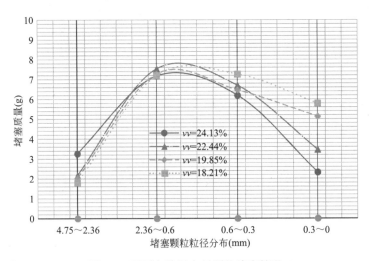

图 5-5　不同空隙混合料颗粒堵塞情况

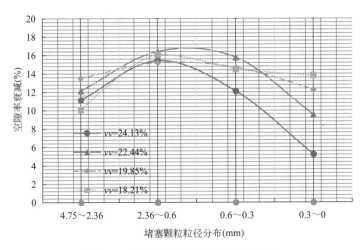

图 5-6　不同空隙混合料颗粒堵塞情况

研究发现，透水沥青混合料试件的渗水系数（C）与其空隙率（vv）的关系曲线如图 5-7 所示。

空隙率（vv）和渗水系数（C）的变化接近指数关系，拟合曲线为：

$$C = 832.83 e^{0.0838 vv}; \quad R^2 = 0.9865 \tag{5-1}$$

关系曲线表明空隙率越大，渗水系数增长越快。随着空隙率的下降，渗水系数下降的幅度在降低。从图 5-8 中可以看出，当空隙率在 17.3% 以上时，透水沥青路面的渗水能力

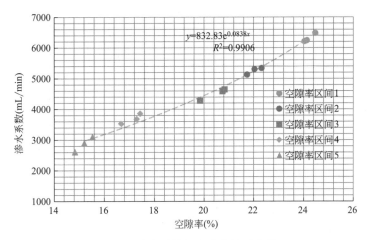

图 5-7 渗水系数与空隙率关系曲线

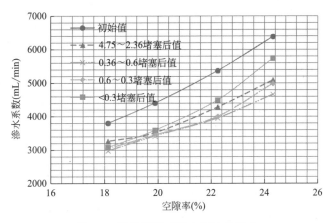

图 5-8 颗粒堵塞对渗水系数的影响

满足规范要求（>3600mL/min）。若空隙率衰变到 17.3% 时，渗水系数将降到 3600mL/min，空隙率继续降低，渗水系数将不满足规范要求。

从图 5-8 中可以看出，颗粒堵塞使得透水路面的渗水系数有不同程度的下降。空隙率下 20% 以下的试件遭到颗粒物堵塞后渗水系数普遍低于规范要求值。

根据不同空隙率试件渗水系数在堵塞前后的变化情况如图 5-9 所示。可以得出渗水系数随堵塞颗粒的大致关系曲线如下：

$$y = -4551x^2 + 18.965x + 10.218; \quad R^2 = 0.8244; \quad vv = 24\% \tag{5-2}$$

$$y = -2.9763x^2 + 11.381x + 17.259; \quad R_2 = 0.6692; \quad vv = 22\% \tag{5-3}$$

$$y = -1.1309x^2 + 4.411x + 18.738; \quad R^2 = 0.7305; \quad vv = 20\% \tag{5-4}$$

$$y = -1.6586x^2 + 4.7975x + 18.131; \quad R^2 = 0.9986; \quad vv = 18\% \tag{5-5}$$

从不同颗粒的堵塞导致的渗水系数变化情况看，4.75～2.36mm 以及 2.36～0.6mm 颗粒对较大空隙率的试件的渗水系数影响相对较大，而 0.6mm 以下颗粒对空隙率低于 20% 的试件的渗水系数影响相对较大。说明大空隙率有利于细小颗粒堵塞物随水通过，可以通过冲洗的方法恢复其透水性能，而小空隙率中细小颗粒堵塞较多，不易清洗，对透水性能影响较大。

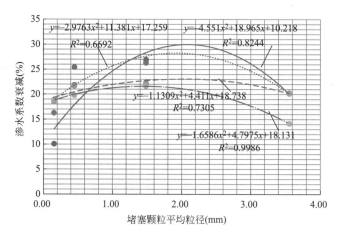

图 5-9 不同空隙率试件渗水系数与堵塞颗粒尺寸关系

图 5-10 显示不同温度下颗粒对混合料试件的堵塞情况。对于空隙率为 20% 附近的混合料试件，在 20℃ 及 40℃ 温度条件下，颗粒堵塞规律类似。而当温度升到 60℃ 时，颗粒堵塞质量和混合料空隙率衰减明显上升，尤其是小粒径颗粒的堵塞情况明显加重。说明在高温下，混合料中沥青软化更容易粘附细小颗粒，加重堵塞，引起空隙率下降。此外，与常温下颗粒堵塞不同的是，高温下颗粒堵塞，尤其是细颗粒容易堵塞在试件表层。造成相同空隙率衰减的同时，极大地减少了渗水系数。

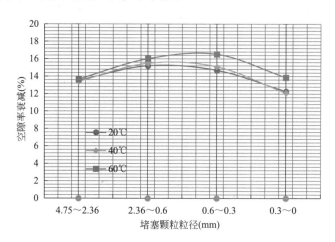

图 5-10 不同温度下颗粒堵塞情况（$vv=20\%$）

(2) 交通荷载压实对空隙衰减影响

考虑到交通荷载对透水路面空隙的压实作用，试验制备了车辙板试件，研究了不同温度下、不同时间以及不同荷载的条件下，透水路面空隙率的衰变情况。

1) 不同温度下交通荷载对空隙率的影响

模拟现实道路所处的典型温度环境，考察交通荷载压实效果。通过控制室内车辙试验的温度，在 30~60℃，统一以 0.7MPa 的荷载作用 60min，依据车辙试验分析不同温度下空隙率的衰变。试验过程及结果如图 5-11 和表 5-3 所示。

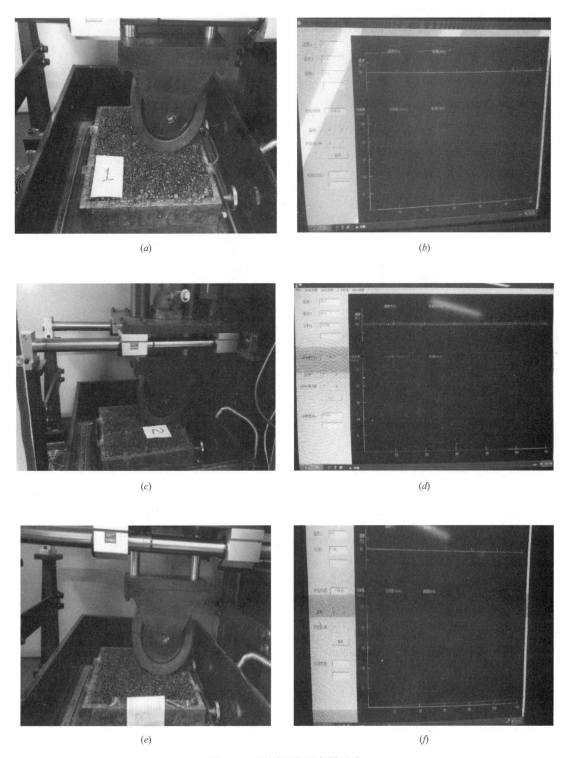

图 5-11 不同温度下车辙试验

荷载作用温度与空隙率 　　　　表 5-3

试件编号	试验温度(℃)	车辙后空隙率(%)	车辙前空隙率(%)	空隙率衰减(%)
No.1	30	18.72	19.15	2.50
		19.43	18.90	
No.2	40	18.78	19.32	3.02
		20.12	19.47	
No.3	60	18.18	19.47	6.52
		21.63	20.25	

车辙造成的空隙率衰减与作用温度呈 e^x 指数关系，如图 5-12 所示。图 5-12 中数据拟合见式（5-6）。结果说明温度越高，重载车辆作用下透水路面的空隙率衰减越大。

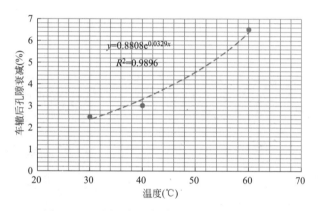

图 5-12　不同温度下车辙试验造成空隙率衰减

$$y = 0.8808 \cdot e^{0.0329T}; \quad R^2 = 0.9794 \tag{5-6}$$

式中　y——试件孔隙率衰减（%）；
　　　T——试验温度（℃）。

由图 5-12 中可得出结论：在 40℃ 及以下的温度条件下，交通荷载的压实作用对透水沥青混合料的空隙率变化影响较小；在 60℃ 左右高温条件下，交通荷载的压实作用会造成透水沥青混合料的空隙率出现明显下降。

2）荷载不同作用次数对空隙率的影响

为了分析空隙衰变和荷载作用次数的关系，通过室内车辙试验的方法，控制对多孔沥青混合料车辙板的荷载作用次数，分析不同荷载作用次数后，车辙板的空隙衰变情况。车辙试验荷载的作用速率为 42 次/min，试验温度为 60℃，荷载大小为 0.7MPa，控制车辙试验的时间，选择 60min、90min、120min 和 150min 进行试验。车辙板空隙率选择 20%。试验过程如图 5-13 所示。

试验测得在不同车辙作用次数后试件的空隙率衰变情况如表 5-4 所示。荷载作用次数与透水沥青路面空隙率关系如图 5-14 所示，关系曲线如式（5-7）所示。

$$y = 6.8643\ln x - 47.287; \quad R^2 = 0.99 \tag{5-7}$$

式中　y——试件空隙率衰减百分数（%）；
　　　x——车辙作用次数（$x > 1000$）（次）。

(a) (b)

60℃/60min车辙试验结果

(c) (d)

60℃/90min车辙试验结果

(e) (f)

60℃/120min车辙试验结果

图 5-13 不同作用次数的车辙试验（一）

(g)　　　　　　　　　　　　　　　(h)

60℃/150min车辙试验结果

图 5-13　不同作用次数的车辙试验（二）

荷载作用次数与空隙率　　　　　　　　　　　　　　　表 5-4

60℃下车辙时间(min)	荷载作用次数(次)	车辙前空隙率(%)	车辙后空隙率(%)	空隙率衰减均值(%)
60	2520	18.18	19.47	6.50
		21.63	20.25	
90	3780	20.23	18.37	9.08
		19.88	18.09	
120	5040	20.28	17.85	11.53
		20.93	18.61	
150	6300	21.13	18.44	12.62
		19.75	17.28	

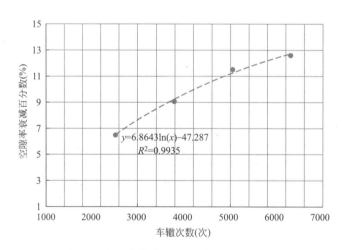

图 5-14　交通荷载作用次数对空隙率衰减影响

从图 5-14 中关系曲线可以看出，随着行车荷载作用次数的增加，透水混合料的空隙率被逐渐压缩，空隙衰减与荷载作用次数大致呈对数关系。随着荷载作用次数持续增加，空隙结构在压密过程中逐渐趋于稳定。透水沥青路面的渗水功能也随着空隙率的变化，早期衰减较快，最终会趋于稳定。因此，在夏季高温气候下，透水沥青路面应限制重载车辆的通行数量。

以上分析可见，透水沥青路面在行车荷载作用下的功能衰减主要影响因素是温度和荷载，即：

$$vv = g(G, T) \tag{5-8}$$

车辙试验中实际作用时间为 0.137s/次，作用频率为 2520 次/h，因此，车辙试验时间可表示为：

$$t = 5.754 trt \tag{5-9}$$

式中　t ——车轮荷载实际作用时间（s）；

trt ——车辙试验时间（min）。

对于实际路面，不同温度下的荷载实际作用时间可通过不同温度范围荷载的作用次数及单次作用时间累加得到。一次标准轴载的实际作用时间为：

$$t_0 = \frac{L}{V} = \frac{3.6P}{npBv} \tag{5-10}$$

式中　t_0 ——单次标准轴载作用时间（s）；

　　　P ——标准轴载轴重（100kN）；

　　　n ——标准轴载轴的轮数，取 4；

　　　p ——标准轴载的轮胎接地压力，取 0.7MPa；

　　　B ——轮胎的接地宽度，取 18.6cm；

　　　v ——平均行车速率（km/h）。

由此可得，一次标准轴载的实际作用时间为：

$$t_0 = \frac{150}{217v} \tag{5-11}$$

则在预估时间内某温度范围标准轴载的累积作用时间为：

$$t_T = N_T t_0 = 150 N_T / 217v \tag{5-12}$$

式中　t_T ——某温度范围标准轴载累积作用时间（s）；

　　　N_T ——预估周期内某温度范围标准轴载的累积作用次数。

不同温度下车辙应变与荷载作用时间的试验结果如图 5-15 所示。

从图 5-15 可以得出，不同温度下透水沥青车辙板的应变与荷载作用间的拟合关系式为：

$$\varepsilon(30) = 0.0001 \ln t + 0.0196; \quad R^2 = 0.9432 \tag{5-13}$$

$$\varepsilon(40) = 0.0191 \ln t - 0.0404; \quad R^2 = 0.9382 \tag{5-14}$$

$$\varepsilon(60) = 0.063 \ln t - 0.14; \quad R^2 = 0.9083 \tag{5-15}$$

代入累计作用时间可得：

$$\varepsilon(30) = 0.0001 \ln\left(\frac{150 N_T}{217v}\right) + 0.0196; \quad R^2 = 0.9432 \tag{5-16}$$

$$\varepsilon(40) = 0.0191 \ln\left(\frac{150 N_T}{217v}\right) - 0.0404; \quad R^2 = 0.9382 \tag{5-17}$$

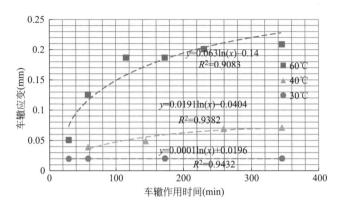

图 5-15 不同温度下路面车辙应变

$$\varepsilon(60)=0.063\ln\left(\frac{150N_\mathrm{T}}{217v}\right)-0.14;\ R^2=0.9083 \tag{5-18}$$

根据已有的研究成果,空隙率与车辙应变间存在如下关系:

$$vv=-2.1993\ln(\varepsilon+0.011)+11.721;\ R^2=0.9921 \tag{5-19}$$

式中 ε ——路面车辙应变（mm）。

根据渗水系数与空隙率间的关系式（5-7）可知,透水路面渗水系数与路面标准轴载的累积作用次数的关系如下:

当路面温度处于30℃附近时,

$$\begin{aligned}C&=832.83\mathrm{e}^{0.0838\times(-2.19931\cdot n(\varepsilon+0.011)+11.721)}\\&=832.83\times(\varepsilon+0.011)^{-0.1843}+2223.97\\&=832.83\times\left(0.0001\ln\left(\frac{150N_\mathrm{T}}{217v}\right)+0.0306\right)^{-0.1843}+2223.97\end{aligned} \tag{5-20}$$

同理,当温度为40℃附近时,

$$C=832.83\times\left(0.0191\ln\left(\frac{150N_\mathrm{T}}{217v}\right)-0.0294\right)^{-0.1843}+2223.97 \tag{5-21}$$

当温度于60℃附近时,

$$C=832.83\times\left(0.063\ln\left(\frac{150N_\mathrm{T}}{217v}\right)-0.129\right)^{-0.1843}+2223.97 \tag{5-22}$$

关系曲线表明,透水沥青路面随着行车荷载导致的应变增加,空隙率逐渐下降,但下降的速率逐渐降低。渗水系数的衰变与通车时间呈对数关系。在透水沥青路面应变增加初期,混合料的压密是多孔沥青路面应变增加的主要原因,空隙结构逐渐被压缩并断开,导致空隙结构迅速衰变。而应变增加后期,混合料向两侧的推挤流动成为多孔沥青路面应变增加的主要原因,混合料本身难以压缩,此时空隙结构也逐渐达到稳定,路面渗水系数亦趋于稳定。透水沥青路面一般采用高黏弹改性沥青混合料,在低温下有较好的抗车辙能力,路面的空隙率及渗水系数变化不大;但在高温（60℃及以上）透水路面因材料受热出现不同程度的软化,空隙率容易被行车荷载进一步压实造成渗水系数减少,影响透水性能。因此,透水路面通车初期,在高温天气下应注意减少重载车辆的通行。

5.1.3 城市透水路面透水功能衰减模型

（1）高架道路透水路面透水功能衰减模型

上海中环线作为交通繁忙且有代表性的高架路线，在浦东段采用表层透水沥青路面。其上面层为大空隙的沥青混凝土面层路面，下面层采用不透水的沥青混合料结构层以防止雨水下渗进入基层。对中环线浦东段竣工后的路面渗水系数进行跟踪检测。两段观测路段的检测数据见表 5-5 和表 5-6，相应的渗水系数变化拟合曲线如图 5-16 和图 5-17 所示。

渗水系数测定结果（路段 1）(mL/min) 表 5-5

测试点	1	4.5	5	6	7.5	8	10	11	26
A1	5856	5456	5420	5432	5156	5148	4804	4756	3816
A2	6000	5632	5600	5424	5432	5200	5028	4936	4792
A3	5856	5232	5160	5036	4980	4844	4892	4756	4432
A4	5712	5220	5156	5156	5032	5028	4976	4948	4388
A5	5856	5608	5588	5476	5296	5284	5148	5036	4228
A6	5452	5012	4936	4980	4832	4756	4628	4608	4500
A7	5856	5472	5432	5156	5148	5036	4980	4788	4288
A8	5332	5324	5244	5112	5032	5020	4536	4268	3860
均值	5740	5369.5	5317	5221.5	5113.5	5039.5	4874	4762	4288

渗水系数测定结果（路段 2）(mL/min) 表 5-6

测试点	1	4.5	6	7.5	8	10	11	26
B1	5856	5800	5588	5288	5100	5084	5028	4792
B2	6000	5924	5592	5508	5408	5284	4636	3620
B3	5856	5692	5684	5604	5396	5192	5032	4836
B4	5712	5568	5500	5420	5228	5032	4856	4404
B5	5856	5588	5204	4988	4792	4748	4276	4036
B6	5452	5324	5328	5204	4984	4756	4484	4300
B7	5856	5648	5600	5364	4948	4672	4500	4356
B8	5332	5324	5204	5060	4844	4748	4628	4300
均值	5740	5608.5	5462.5	5304.5	5087.5	4939.5	4680	4330.5

从图 5-16 和图 5-17 中的拟合曲线可以看出，所检测的透水路面的渗水系数（y）随着通车时长（x）呈 logistic 函数关系：

$$y = A2 + \frac{A1 - A2}{1 + \left(\dfrac{x}{x_0}\right)^p} \tag{5-23}$$

式中 $A1$、$A2$——渗水系数的衰变区间对应的最大值、最小值；

x_0——$A1$、$A2$ 差值的 1/2 对应的时间；

p——指数。

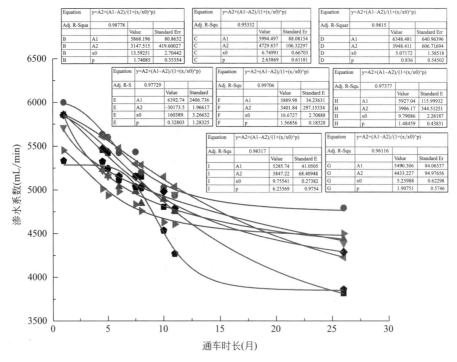

图 5-16 渗水系数变化曲线（路段 1）

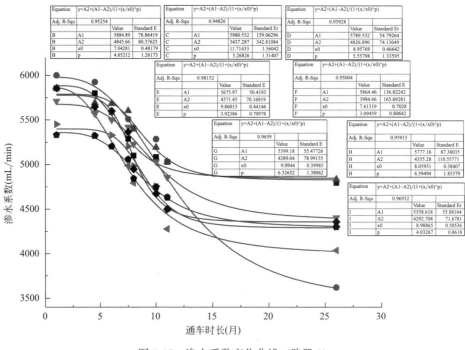

图 5-17 渗水系数变化曲线（路段 2）

对于透水路面透水功能衰变研究而言，$A1$ 可视为路面渗水系数的初始值，$A2$ 可视为渗水系数衰减趋近值或最低要求值。经过跟踪观测，城市高架道路的 $A2$ 值取决于交通环境，一般为 3800～4500mL/min。

x_0 可视为透水路面渗水系数的半衰期，x_0 越长，路面透水功能衰减越慢。因此，x_0 可近似视为路面透水功能的寿命因子。城市高架道路的 x_0 值一般在 7～12 之间。

p 可视为透水路面渗水系数衰减指数，p 的不同数值代表路面渗水系数不同的衰减曲线模式。因此，p 可视为路面透水功能衰变模式因子。城市高架道路的 p 值一般取 0.5～6.0。

以表 5-5 和表 5-6 中测试点的平均值作图，并拟合曲线如图 5-18 和图 5-19 所示，得出渗水系数（y）与通车时长（x）关系曲线如式（5-24）和式（5-25）所示。

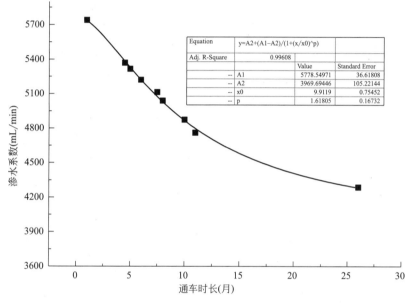

图 5-18　渗水系数均值衰减曲线（路段 1）

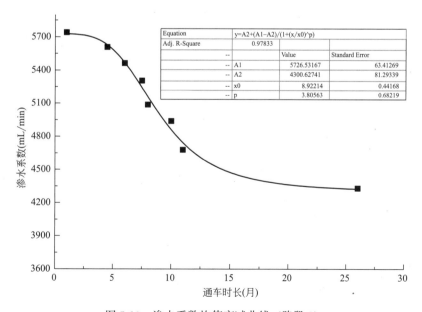

图 5-19　渗水系数均值衰减曲线（路段 2）

$$y = 3969.7 + \frac{1808.9}{1+\left(\frac{x}{9.91}\right)^{1.6}}; \quad (R^2 = 0.996) \tag{5-24}$$

$$y = 4300.63 + \frac{1425.9}{1+\left(\frac{x}{8.92}\right)^{3.8}}; \quad (R^2 = 0.978) \tag{5-25}$$

从实际路面检测及数学模拟结果可以看出，高架道路透水路面的透水功能随通车时间的增加呈指数趋势衰减。受交通荷载压实和颗粒物堵塞等因素的影响，渗水系数在通车最初一段时间下降速率相对较快，一般在通车 9～10 个月后，渗水系数衰减速率明显减少，透水功能趋于稳定。该趋势与实验室荷载压实影响试验结果类似，说明高架道路交通环境较为整洁，颗粒污染物较少，透水路面的空隙率衰变的主要影响因素是交通荷载压实，颗粒物堵塞起次要作用。

（2）地面道路透水路面透水功能衰减模型

地面道路交通复杂，容易受到各类杂物污染影响，对透水路面的透水性能影响较高架道路大。通过对浦东北路、冬融路、高科中路、五洲大道和港城路各路段的透水路面进行跟踪检测，得到的渗水系数变化情况如表 5-7 和图 5-20 所示。

城市地面道路渗水系数衰变 表 5-7

检测路段	1	6	12	18	24
五洲大道	5460	3284	1996	1016	160
高科中路	5376	2776	928	200	120
冬融路	5732	3452	1256	200	160
港城路	5016	1808	652	0	0
浦东北路	4844	2632	492	0	0
均值	5285.6	2790.4	1064.8	283.2	88

从图中可以看出，地面道路的渗水系数随通车时间增加衰变较快，部分道路通车两年后即完全丧失了透水性能。拟合曲线方程 5-26 显示，渗水系数随着通车时间呈指数（e^{-x}）衰减，与实验室颗粒堵塞试验结果类似。

$$y = a \cdot e^{b \cdot x} \tag{5-26}$$

式中　a——渗水系数的拟合初始值；

　　　b——渗水系数衰变指数。

对于地面透水道路透水功能衰变而言，a 可视为路面渗水系数的初始值，渗水系数衰变指数 b 取值范围为 -0.1～-0.2。

以表 5-7 中 5 条地面道路渗水系数衰变数据均值作图并拟合曲线如图 5-21 所示。

图 5-21 中拟合指数曲线为式（5-27）：

$$y = 6172.96 \times \exp(-0.144x); \quad R^2 = 0.994 \tag{5-27}$$

通过对比可见，地面道路的渗水系数衰减明显快于高架道路，这是因为地面道路交通荷载复杂，道路污染和颗粒堵塞严重。结合现场检测情况和数据分析，可以得知颗粒物对空隙堵塞是造成地面道路透水功能急剧减小的主要原因。

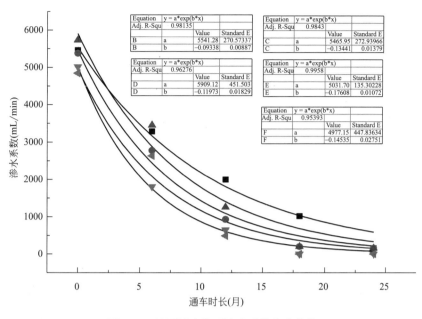

图 5-20 地面透水路面渗水系数衰变趋势

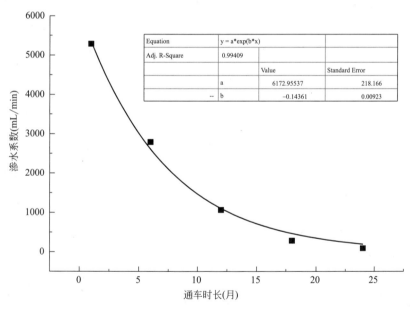

图 5-21 地面透水路面渗水系数（均值）衰变趋势

因此，针对不同的交通环境，应制定合理的养护措施和方案，加强透水路面的透水功能的跟踪检测和养护，以保证透水路面的使用寿命和透水效果。

5.2 透水路面检测与技术状况评价

路面的养护方案取决于路面的应用状况。透水路面养护前应对的原路面的技术状况进行检测分析和评价。

5.2.1 路面检测

透水路面的检测根据检测内容、检测周期的不同，一般分为日常巡查、定期检测和特殊检测三类。

(1) 日常巡查

透水路面的日常巡查是对路面外观变化、空隙堵塞情况、道路结构变化、道路施工作业情况及道路附属设施等状况进行检查，主要包括以下内容：

1) 巡查路面是否有影响路面透水功能或可能损坏路面的杂物、污染物等。
2) 巡查降雨天气下路面透水情况。
3) 巡查透水路面是否有裂缝、破损等结构性病害。
4) 巡查透水路面排水配套附属设施的完好情况。

日常巡查通常根据透水路面养护等级并结合当地气候特点制订巡查周期。第一类养护的透水路面宜每日一巡，第二类养护的透水路面宜二日一巡，第三类养护的透水路面宜三日一巡。遇雨季或自然灾害等极端天气情况，应适当增加巡查频率。透水功能巡查时间宜在雨后 1~2h。

目前，道路的日常巡查通常采用乘车、骑行等方式。随着无人机等智能设备的技术的进步，对于路面交通复杂的路段等特殊地区或有条件的单位，也可采用智能设备对透水路面进行巡查。巡查过程中发现路面积水、损坏等异常情况，应人工确认原因。

日常巡查的主要目的是及时清除路面上可能影响路面透水功能、损坏路面或妨碍交通的堆积物。对于道路积水或明显损坏等影响车辆和人行安全的情况，应及时采取相应养护措施。

日常巡查完成后，应做好相关记录，提出处理意见，并定期整理归档，录入信息管理系统。

(2) 定期检测

为了保证透水路面的透水功能和路用性能，透水路面应进行定期功能检测。透水路面的定期检测主要包括透水功能检测、排水设施检测、常规检测和结构强度检测，重点关注透水功能的检测。

1) 透水功能检测

透水功能定期检测一般至少每半年进行一次，可在雨季前后各组织一次。透水功能检测应注意标注初次检测位置，后续每次检测的检测点应位于上一次检测点的周围 2m 范围内。根据道路养护类别的不同，透水功能定期检测内容和频次应可参考表 5-8 的规定。

透水功能定期检测要求 表 5-8

道路养护类别	路面类型	单元长度	检测内容与频次
第一类养护路面	道路	>1km	每 500m 检测 1 个断面的所有车道透水系数
		≤1km	检测 2 个断面的所有车道渗水系数，断面之间距离应大于单元长度的 1/3
	广场、停车场		每 500m² 检测 1 个点，不足 500m² 按 500m² 计算
第二、三类养护路面	道路	>2km	每 1000m 检测 1 个断面所有车道透水系数
		≤2km	检测 2 个断面的所有车道渗水系数，断面之间距离应大于单元长度的 1/3
	广场、停车场		每 500m² 检测 1 个点，不足 500m² 按 500m² 计算

2) 配套排水设施检测

除定期检测路面透水功能外，透水路面还应对配套排水设施进行定期检测。透水路面的排水设施检测应在雨季前后各组织一次，巡检路面的排水管道等边缘排水设施的破损状况及其在雨天下的排水情况，发现配套设施排水不畅，应分析原因，及时采取维修养护措施。

3) 常规检测

透水路面的常规检测通常应每年进行一次。常规检测应重点检查透水路面的平整度、存在的病害与缺陷以及其他附属设施的损坏状况，并根据检测损坏情况，判断损坏原因，确定养护范围和方案。

4) 结构强度检测

透水路面的结构强度检测可用路面回弹弯沉值表示。第一类养护的透水路面结构强度检测，应每2~3年组织一次；第二类与第三类养护的透水路面结构强度检测，应每3~4年组织一次。

(3) 特殊检测

透水路面出现下列情况，应进行特殊检测：

1) 路面出现不明原因的积水。
2) 道路发生不明原因的沉陷、开裂或冒水。
3) 道路进行改扩建前。
4) 道路下方进行涵管顶进、降水作业或隧洞开挖作业施工完成后。
5) 存在影响道路功能和结构强度施工。

透水路面特殊检测应包括下列内容：

1) 收集透水路面设计和竣工资料；历年检测评价、养护资料；材料和特殊工艺技术、交通量统计等资料。
2) 检测道路透水功能和结构强度，必要时进行钻芯取样分析。
3) 调查道路破坏产生的原因。
4) 评价道路结构的整体性能和功能状况。
5) 提出维护和加固建议。

5.2.2 技术状况评价

在定期检测的基础上，应对透水路面整体的技术状况进行评价，以确定相应的养护措施。在常规路用功能评价之外，透水功能是透水路面技术状况的重要组成部分。

根据透水路面透水功能的检测结果，可按表5-9中的标准将透水路面的透水功能可划分为A、B、C和D四个等级。

透水路面透水功能评价标准　　　　表5-9

透水功能等级	第一类养护道路	第二类养护道路	第三类养护道路
A	$CRI \geqslant 85\%$	$CRI \geqslant 75\%$	$CRI \geqslant 70\%$
B	$70\% \leqslant CRI < 85\%$	$60\% \leqslant CRI < 75\%$	$55\% \leqslant CRI < 70\%$
C	$50\% \leqslant CRI < 70\%$	$40\% \leqslant CRI < 60\%$	$40\% \leqslant CRI < 55\%$
D	$CRI < 50\%$	$CRI < 40\%$	$CRI < 40\%$

在现有的路面技术状况评定方法的基础上，结合路面透水功能要求，设计透水路面技术状况指数 MQI 计算公式如下：

$$MQI = \omega_{PQI} \cdot PQI + \omega_{SCI} \cdot SCI + \omega_{BCI} \cdot BCI + \omega_{TCI} \cdot TCI \tag{5-28}$$

式中　ω_{PQI}——路面使用性能 PQI 在 MQI 中的权重；
　　　ω_{SCI}——路基技术状况 SCI 在 MQI 中的权重；
　　　ω_{BCI}——桥隧构造物技术状况 BCI 在 MQI 中的权重；
　　　ω_{TCI}——沿线设施技术状况 TCI 在 MQI 中的权重。

1. 透水沥青路面技术状况评价

透水沥青路面的技术状况评价内容主要包括路面的破损状况、平整度、车辙、强度、抗滑性能以及透水功能评价。其中，路面结构强度为抽样评定指标，单独计算评定。各项评价内容所用的指标及其关系如图 5-22 所示。

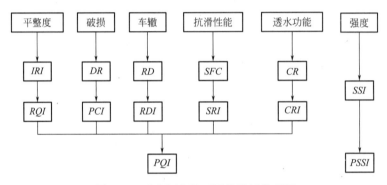

图 5-22　透水沥青路面评价指标关系图

透水沥青路面使用性能指数 PQI 的计算公式设计如下。

$$PQI = \omega_{PCI} \cdot PCI + \omega_{RQI} \cdot RQI + \omega_{RDI} \cdot RDI + \omega_{SRI} \cdot SRI + \omega_{CRI} \cdot CRI \tag{5-29}$$

式中　ω_{PCI}——路面状况指数 PCI 在 PQI 中的权重；
　　　ω_{RQI}——路面行驶质量指数 RQI 在 PQI 中的权重；
　　　ω_{RDI}——路面车辙深度指数 RDI 在 PQI 中的权重；
　　　ω_{SRI}——路面抗滑性能指数 SRI 在 PQI 中的权重；
　　　ω_{CRI}——路面渗水功能指数 CRI 在 PQI 中的权重。

路面损坏状况指数 PCI、路面行驶质量指数 RQI、路面车辙深度指数 RDI 及路面抗滑性能指数 SRI 的计算与常规路面一致，可采用现行《公路技术状况评定标准》JTG 5210 或《城镇道路养护技术规范》CJJ 36 中规定的方法进行。作为透水路面的重要路面使用性能之一的透水功能，可采用透水功能指数进行评价。透水功能指数 CRI 定义为路面渗透系数或透水系数的衰减残留率，其计算过程如下。

各检测位置的透水功能指数应按式（5-30）计算：

$$CRI(i) = \frac{\sum C_i / m}{C_0} \times 100 \tag{5-30}$$

式中　CRI(i)——i 位置处的透水功能指数（%）；
　　　C_i——i 位置处的渗透系数或透水系数；

m —— i 位置处的渗透系数或透水系数检测个数；

C_0 —— i 位置处的透水路面施工验收时的渗透系数或透水系数算术平均值；仅当无验收数据时，可采用设计要求值。

路面透水功能指数 CRI 应按式（5-31）计算：

$$CRI = \frac{\sum CRI(i)}{k} \quad (5\text{-}31)$$

式中 CRI —— 检测单元内的路面透水功能指数（%）；

k —— 检测单元内检测点数量。

对于具有较多车道的透水路面，透水功能指数 CRI 还可通过计算路段的加权平均渗水系数残留率得到，如式（5-32）所示。

$$CRI = m \times CRI_m + n \times CRI_n \quad (5\text{-}32)$$

式中 CRI_m —— 内侧车道的渗水系数残留率；

CRI_n —— 外侧车道的渗水系数残留率；

m，n —— 加权系数，由道路车道数决定，其值可参考表 5-10。

不同车道透水路面 CRI 变异系数 表 5-10

车道数		双车道	三车道	四车道及以上
变异系数	m	0.5	0.4	0.3
	n	0.5	0.6	0.7

路面评价各项指标的权重与路面等级以及各指标的重要程度有关。透水路面与普通密实路面的最大区别是其具备良好的透水性能。但透水路面的大空隙结构容易受到颗粒杂物或交通荷载等影响，在通车后会出现不同程度的衰减，导致路面透水功能下降。由前述章节研究分析结果可知，不同区域透水路面的透水功能衰减趋不同。在颗粒物污染或重载交通较多的地区，透水路面渗水功能指标衰减远快于路面破坏、行驶质量等指标。因此，透水路面应加强路面透水功能的检测评价。将透水路面的渗水功能指数 CRI、路面行驶质量指数 RQI 及路面损坏状况指数 PCI 的权重设计为同一水平，以引起路面检测和养护的重视。参考现行《公路技术状况评定标准》JTG 5210 相关内容，将透水沥青路面的各评价指标权重设计如表 5-11 所示。

透水沥青路面使用性能指数 PQI 各分项指标权重 表 5-11

路面类型	权重	高速、一级公路（快速路、主干路）	二、三、四级公路（次干路、支路）	景观道路、环境敏感区道路
透水沥青路面	ω_{RQI}	0.30	0.35	0.30
	ω_{PCI}	0.35	0.50	0.40
	ω_{RDI}	0.15	—	—
	ω_{SRI}	0.10	—	—
	ω_{CRI}	0.10	0.15	0.30

2. 透水水泥混凝土路面使用性能评价

透水水泥混凝土路面主要应用于城镇道路、街道及广场等，其技术状况评价的内容一一般包括路面的破损状况、路面行驶质量以及透水功能评价。各项评价内容所用的指标及其关系如图 5-23 所示。

图 5-23 透水水泥混凝土路面评价指标关系图

透水水泥混凝土路面的使用性能指数 PQI 计算公式设计如下。

$$PQI = \omega_{PCI} \cdot PCI + \omega_{RQI} \cdot RQI + \omega_{SRI} \cdot SRI + \omega_{CRI} \cdot CRI \quad (5\text{-}33)$$

式中 ω_{PCI} —— 路面状况指数 PCI 在 PQI 中的权重；
ω_{RQI} —— 路面行驶质量指数 RQI 在 PQI 中的权重；
ω_{SRI} —— 路面抗滑性能指数 SRI 在 PQI 中的权重；
ω_{CRI} —— 路面渗水功能指数 CRI 在 PQI 中的权重。

路面损坏状况指数 PCI、路面行驶质量指数 RQI 与常规水泥混凝土路面计算方法一致，可采用现行《城镇道路养护技术规范》CJJ 36 中相关规定相关方法进行。透水功能指数 CRI 的计算可参照上节透水沥青路面的相关内容。

参考现行《公路技术状况评定标准》JTG 5210 相关内容，将透水水泥混凝土路面的评价指标权重设计如表 5-12 所示。

透水水泥混凝土路面使用性能指数 PQI 各分项指标权重　　表 5-12

路面类型	权重	一级公路（主干路）	二、三、四级公路（次干路、支路）	景观道路、环境敏感区道路
透水水泥混凝土路面	ω_{RQI}	0.24	0.24	0.30
	ω_{PCI}	0.30	0.36	0.40
	ω_{SRI}	0.06	—	—
	ω_{CRI}	0.40	0.40	0.30

3. 透水砖路面、缝隙透水路面使用性能评价

透水砖路面及缝隙透水路面主要应用于人行道或各类广场，其技术状况评价的内容包括路面的破损状况、平整度以及透水功能评价，评价内容所用的指标及其关系如图 5-24 所示。

路面使用性能指数 PQI 的计算公式设计如下。

$$PQI = \omega_{FCI} \cdot FCI + \omega_{RQI} \cdot RQI + \omega_{CRI} \cdot CRI \quad (5\text{-}34)$$

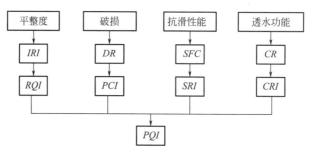

图 5-24 透水砖路面评价指标关系图

式中　ω_{FCI}——路面状况指数 FCI 在 PQI 中的权重；
　　　ω_{RQI}——路面行驶质量指数 RQI 在 PQI 中的权重；
　　　ω_{CRI}——路面渗水功能指数 CRI 在 PQI 中的权重。

透水砖路面及缝隙透水路面损坏状况指数 FCI、路面行驶质量指数 RQI 可根据现行《城镇道路养护技术规范》CJJ 36 中相关规定进行计算。透水功能指数 CRI 的计算也可参照透水沥青路面的相关内容。

参考现行《城镇道路养护技术规范》CJJ 36 相关内容，将透水砖路面及缝隙透水路面的评价指标权重设计如表 5-13 所示。

透水砖路面及缝隙透水路面使用性能指数 PQI 各分项指标权重　　表 5-13

路面类型	权重	人行道、广场、停车场
透水砖路面	ω_{RQI}	0.30
	ω_{FCI}	0.40
	ω_{CRI}	0.30

4. 透水路面技术状况等级

参考现行《城镇道路养护技术规范》CJJ 36 中的评价标准，对透水路面的技术状况评价中破损状况 RQI、平整度 IRI、车辙 RDI、强度 $PSSI$、抗滑性能 SRI（SFC）指标进行等级分类。

结合透水功能指数 CRI 的 PQI 指数技术状况优劣次序，将透水路面综合评价为以下 A、B、C 和 D 四个等级，如表 5-14 所示。

透水路面综合评价标准　　表 5-14

评价指标	A			B		
	高速、快速路	一、二、三、四级公路，主干、次干路	支路	高速、快速路	一、二、三、四级公路，主干、次干路、支路	支路
PQI	[90,100]	[85,100]	[80,100]	[70,90)	[70,85)	[65,80)

评价指标	C			D		
	高速、快速路	一、二、三、四级公路，主干、次干路、支路	支路	高速、快速路	一、二、三、四级公路，主干、次干路、支路	支路
PQI	[65,75)	[60,70)	[60,65)	[0,65)	[0,60)	[0,60)

5.3　养护工作内容

随着透水路面在各地的城市道路、广场、街道等场合的广泛应用，为方便透水路面养护的组织实施，根据道路等级、应用场合及路面类型，透水路面养护可分为以下三个类别：

第一类：应用于快速路、主干路、广场及商业繁华街道、重要生产区道路、外事活动路线、旅游景点等城镇道路以及高速公路、一级公路的透水沥青路面及透水水泥混凝土路面。

第二类：应用于次干路、广场、步行街道等城镇道路以及二级、三级、四级公路的透水路面。

第三类：除第一、二类养护以外的透水路面。

透水路面作为海绵城市建设的重点内容，在常规路用功能外，兼有控制路表径流、减少路面噪声等功能，其养护工作应规范化、系统化，具体养护内容主要包括透水路面的检测评价、养护工程以及技术档案管理。

透水路面的检测评价主要包括透水功能检测评价及路面病害检测评价，并应重点关注透水功能的检测评价。

在养护方式上，透水路面养护工程分为日常养护、透水功能养护和病害处治。透水路面的养护应加强日常养护，坚持"预防为主，防治结合"的方针，出现结构性小病害后应尽快处理，做到勤养护、少维修。

此外，透水路面养护应建立养护管理系统或纳入道路养护管理系统，并应按照路面材料、结构特性确定养护材料与方法，按照养护要求和养护面积配备相应的养护设备及专业养护技术人员。

5.3.1 日常养护

透水路面应根据日常养护年度计划，及时组织日常养护，并根据路面检测评价结果及养护要求确定日常养护内容。

透水路面的日常养护通常包括路面的清扫保养、除雪防冻以及应急养护。

1. 清扫保养

透水路面的清扫保养主要是清除路表杂物，减少路面空隙堵塞的风险，主要工作内容如下：

（1）清扫路面上的泥土、落叶、散落物等杂物，保持路面清洁。

（2）清除路面积雪、积冰、积沙等。

（3）清理、修补配套排水设施，疏通路面排水。

透水路面的清扫频率应根据路面污染程度、交通量的大小及其组成、当地气候及环境条件等因素而定，清扫时间应避开流量高峰时段。根据养护条件，可选用配备冲洗、抽吸回收功能的机械设备进行清扫，一般不得使用钢丝刷等金属工具，以免损坏路表结构。机械清扫留下的死角，应由人工清除干净。对于长有苔藓的透水路面可采用苏打水、石灰水、除草剂等化学药剂处理，并应控制化学药剂对周边环境的污染。

路面清扫后垃圾不得随意倾倒，应运至指定地点或垃圾场妥善处理。

除清扫透水路面杂物外，日常养护还应定期对透水路面的排水配套设施进行清理、疏通和维修，以保障路面的正常透水功能。

2. 除雪防冻

透水路面的除雪防冻工作应根据气象资料、透水路面的结构形式及沿线环境条件等因素制定符合实际情况的养护工作计划和作业规程，并配备相应的人员和设备。在冬季容易结冰的地区，宜在冬季来临前组织一次全面透水功能养护。除雪及防冻作业应以机械作业为主，人工作业为辅。机械铲雪时不应损坏透水路面。积雪应及时铲离透水路面，不应堆积于透水路面上。对已形成冰冻层的透水路面，应及时采取防滑措施，不宜机械除冰。

透水沥青路面融雪防滑可采用环保融雪剂，但在高架道路及桥梁不得使用含氯离子的融雪剂。清扫积雪时禁止将含盐的积雪堆积于道路绿化带内。在冰雪消融后，应及时清除路面上的残留物。

透水路面的冬季防滑处理应使用不会嵌入空隙的、易于清理的大块防滑材料，在冬季过后应及时清除，并检测路面透水功能，适时地组织路面透水功能养护。

除雪和防冻作业应快速进行，作业现场必须实行统一指挥，并落实与作业形式相适应的安全警示措施和交通控制措施。

3. 应急养护

雨天及特殊气候下，应加强路面巡查，及时排除、疏通路面堵塞。对于暴雨等灾害天气造成的路面堵塞、损坏，应及时组织应急养护。

当透水路面受油类物质或化学品污染时，应采取应急养护作业及时清除。

（1）透水路面被油类物质或一般化学物品污染，应采用喷洒液态化学试剂处理，再用清水冲洗干净；应注意严格控制化学试剂的用量及类型，并评估其对地下水及周边水系造成的污染风险；应采用必要的废液收集、排口处理等措施，降低环境污染与损害；不得使用对路面结合料有溶解效果的化学物质，不得采用有腐蚀作用的化学方法；不宜采用砂土、木屑进行覆盖处理。

（2）透水路面被有毒有害物品污染，应根据泄露物品的危害等级，采取相应的紧急预案。污染物若危害路面以下土壤或地下水，应及时清理透水路面结构层及土层，并运送应急中心处理。

5.3.2 透水功能养护

透水路面的功能性病害主要是指路面空隙因受外界污染物堵塞，或荷载压实导致透水功能衰减。空隙阻塞是透水沥青路面所独特的现象。由于空隙率较大，透水沥青路面作为路面表面层，其孔隙容易被细小尘土颗粒堵塞，使得表面构造深度减小及其水传导性随时间而降低。堵塞在路肩和车轮行驶较少的区域尤为严重，而在车流量较大的地方则不太明显，这是由于车辆行驶在透水沥青路面的孔隙网中产生空气压力，使得污泥被清除出去。

1. 透水功能养护方法

国内外解决透水沥青路面堵塞问题的常用养护方法主要有化学方法和物理方法两类。

（1）化学清洗法

化学方法是采用过氧化物溶液与堵塞物进行化学反应，达到清洗堵塞物的效果。日本北海道开发局曾采用 H_2O_2 对空隙堵塞物进行清洗（图 5-25）。

该方法价格昂贵，对沥青、路面结构及周围环境的影响比较大，故很少使用。

（2）物理清洗法

目前大多数国家采用物理方法清洗透水路面。即通过喷射水或空气将堵塞物打散打碎，再将堵塞物吸走。这种方法不仅污染小、成本低而且操作简便。其原理如图 5-26 所示。

2. 透水功能养护设备

欧洲多数国家选用物理清洗法，即采用高压水喷射与抽吸作业的方案对透水路面透水

图 5-25 化学清洗法施工现场

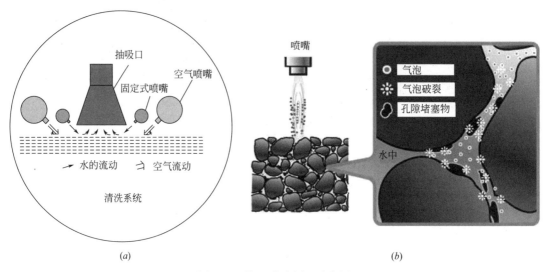

图 5-26 物理清洗原理示意图
(a) 空气幕帘式；(b) 气穴式

功能进行恢复。如瑞士制造的清洗车能一次性冲洗和抽净表面，其平均清洗速度达 1000m²/h。荷兰制造的清洗车的工作效率在 15000～25000m²/d，其水压可达到 17MPa。挪威采用高压喷水的清洗方法，速度大概在 14000m²/d。丹麦针对空隙堵塞也开发了类似的清洗设备，如图 5-27 所示。日本多家公司也相继开发了多种透水沥青路面功能恢复车。美国台风铺路公司（typhoonpavement）开发的透水路面清洗设备可有效清除透水路面中的堵塞物，如图 5-28 所示。

国内透水沥青路面的养护手段和养护设备的研究及积累经验相对较少。在借鉴国外养护经验基础上，2009 年上海浦东路桥建设股份有限公司与河南高远公司联合研发出我国首台透水沥青路面机能恢复车 GYPJH2000（图 5-29）。其核心是采用矩形封闭的清洗槽，高压水冲洗和负压抽吸都在此槽内完成。一方面降低操作噪声、粉尘和水雾飞溅，一方面冲洗出来的脏污在封闭的负压环境中被完全回收，不会随路面径流污染到其他区域。

 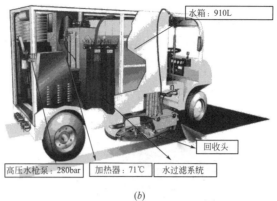

(a)　　　　　　　　　　　　　　　(b)

图 5-27　丹麦透水路面清洗设备

(a)　　　　　　　　　　　　　　　(b)

图 5-28　美国台风铺路公司透水路面清洗设备及清洗效果

 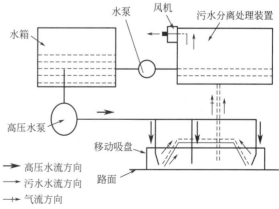

(a)　　　　　　　　　　　　　　　(b)

图 5-29　国产透水沥青路面功能恢复车及工作原理

对不同堵塞程度的透水沥青路面及不同车道的空隙恢复结果（图 5-30）进行对比分析的结果表明：

（1）培塞程度较轻的路面清洗一次即可恢复到新建时的性能；较严重的路面清洗四次后也能恢复到初始状况的 70% 以上；而严重堵塞的路面清洗 8 次后也未能完全恢复透水功能。

（2）快车道的渗水系数及清理效率整体上大于慢车道。这是由于快车道行车具有"泵吸效应"，可减少颗粒物堵塞。

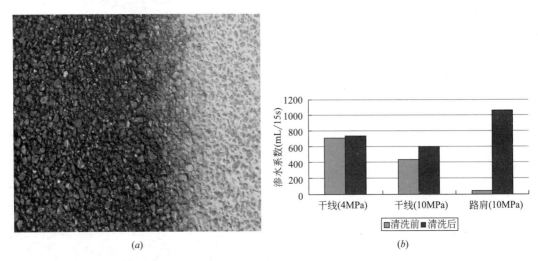

图 5-30　透水路面清洗前后对比

目前，根据不同地区的设备条件，物理洗清法主要有以下几类：

（1）高压水车与道路清扫车组合空隙清洁

采用高压水车与现有养护设备进行组合清洗，以实现空隙清洁目的。高压水车可产生高压强（10MPa）的高压水，通过高压水将空隙中的堵塞物冲出空隙外，并用清扫车进行清理。通过渗水系数的测评，组合方案有一定效果，但效果不明显，渗水系数有少量提高，也有部分断面渗水系数反而减低，可能是高压水冲洗后空隙内水分未彻底流出或蒸发所致，一般需多次清洗。

（2）高压水车与大功率空压机组合方式进行空隙清洁

首先采用高压水（10MPa）将空隙中的堵塞物尽量冲出空隙外，再采用可产生 8～10bar 输出气压的大功率空压机将空隙内杂物及水冲出，实现空隙清洁效果。试验发现此类组合清空方式有一定的清洁效果，但也有部分区域出现渗水系数减小情况，应该是由于高压水冲刷及空压机吹扫时空隙内部水分未充分将堵塞彻底带出所致。

（3）功能恢复车空隙清理

透水沥青路面机能恢复车采用"高压水冲洗＋气穴清洗＋真空抽吸"的作业模式进行工作。该车的主要功能是对透水沥青路面空隙内部堵塞的灰尘、泥沙等杂物进行清理和回收，以便透水路面的透水功能得以恢复，实现路面养护目的。其基本工作原理是以高压水为工作介质，利用车载的动力单元，通过液压系统、电器控制系统的综合控制，把高压水喷射到路面内部，通过垂直的高压水强力冲刷，同时伴有沿路面方向±45°角的高压水冲或者高压气吹，形成"气穴效应"，将路面空隙内固结的堵塞物冲散打碎，再通过车辆上自有的真空负压抽吸装置，将把冲洗出来的各种杂物和水一起回收带走，回收水经过滤后循环利用，过滤后的杂物存于罐中，工作一定时间后再统一清理掉。从而达到清洗泥沙、恢复路面机能的效果。通过对机能恢复车清空前后透水沥青路面进行渗水系数的测定，来评价清空的效果。

从清理效果看，功能恢复车的渗水能力恢复能力最强，高压水车与空压机组合方式效果次之，高压水车与清扫车组合方式清理效果最弱。建议尽量采用功能恢复车对空隙进行清洁，在条件不具备的时候，尽量采用高压水冲或者高压气吹的方式进行空隙清理和功能恢复。

根据透水路面养护分类的规定，养护要求较高的第一类与第二类养护的透水路面应采用配备高压冲洗和抽吸回收功能的专用设备，其技术指标宜符合表 5-15 的要求。

透水功能养护专用设备技术指标要求　　表 5-15

指标	透水沥青路面	透水水泥混凝土路面	透水砖、缝隙透水路面
清洗喷射压力(MPa)	5～10	5～20	3～8
清洗速度(km/h)	1.5～10.0	1.5～10.0	1.5～5.0
抽吸压力(MPa)	-10～-3	-10～-3	—
工作时噪声(dB)	≤100	≤100	≤90

第三类养护的透水路面养护设备选用应符合下列规定：

（1）透水沥青路面和透水水泥混凝土路面宜采用表 5-15 中相应养护设备或常规路面养护冲洗设备进行清洗养护。

（2）透水砖路面及缝隙透水路面可采用常规高压水枪冲洗设备进行清洗养护。

透水路面的养护设备应配备具有上岗证书的技术人员，并应注意做好机械的保养工作。

3. 清洗养护

透水路面的清洗养护应根据透水功能指数 CRI、养护面积、养护资金等情况进行综合分析，制订合理的清洗养护方案。对于所有检测路段或车道的透水功能等级低于 A 级，宜进行全面透水功能养护。部分检测路段或车道的透水功能低于 A 级，宜对相应路段或车道进行局部透水功能养护。对于已清除影响透水功能的杂物或堆积物的区域，以及堵塞严重区域的邻近区域，也应该及时组织局部透水功能养护。

一般在透水路面投入使用后，宜每 6 个月进行 1 次全面透水功能养护。若透水路面的透水功能等级低于 A 级，宜按表 5-16 的规定的养护频率进行全面透水功能养护。透水路面透水功能清洗养护质量宜符合表 5-17 的要求。

全面透水功能性养护频率　　表 5-16

路面养护类别	养护频率
第一类、第二类	每 3 个月 1 次或以上
第三类	每 6 个月 1 次或以上

透水功能清洗养护质量要求　　　　　表 5-17

路面养护类别	通车年限/年						
	1	2	3	4	5	6	≥7
第一类、第二类	A级		B级及以上		C级及以上		D级及以上
第三类	A级	B级及以上		C级及以上		D级及以上	

4. 翻修养护

若透水路面空隙堵塞严重，在连续重复 3 次清洗养护处理后，路面透水功能指数仍然无法达到要求的，可结合中修或大修工程翻修堵塞处透水面层，以恢复路面透水功能。

对于表层排水式透水沥青路面翻修养护，可铣刨上面层，修复下承层上的防水层后重新摊铺透水面层。半透式及全透式透水沥青路面和透水水泥混凝土路面翻修养护，可铣刨上面层，及时清除铣刨或凿落的碎屑、颗粒及粉尘，在下承层透水功能检测达标后，加铺与原路面表层结构一致的透水面层。透水砖路面则可直接更换养护区域内的透水砖。缝隙透水路面翻修养护可固定 5~10mm 填缝宽度，直接清洗或更换填缝料。路面翻修养护后的透水功能应按新建路面设计。

5. 配套排水设施养护

为保证透水路面的透水功能，养护工作应定期对透水路面及透水路面桥面的排水管道、集水井等配套排水设施进行巡查养护，检查排水设施的进出水管是否出现堵塞、开裂或错位，并根据检查结果进行清理与维护。巡查养护频次宜每季度一次。一般宜在雨天巡检透水路面配套排水设施的排水情况，发现路面有明显积水或配套设备排水不畅，应分析原因，及时采取维修养护措施。尤其是在雨季到来之前，应对路面排水系统及路堤边沟、涵管、泵站、集水管、雨水口、沉淀池等所有排水设施进行全面检查和疏通，修复损坏部位，处理水毁隐患，清理设施周边杂物。在暴雨过后应重点检查配套排水设施是否存在冲刷损坏、淤积现象，并及时修复受损设施。

5.3.3　路面病害处治

透水路面的大空隙结构在荷载的反复累积作用下，常会出现各种结构性的病害，应分析其产生的原因，并根据路面的设计使用年限、季节气温等实际情况，采取相应处治措施及时快速处理。

1. 透水沥青路面病害处治

透水沥青路面结构性病害的主要类型是松散、坑槽。有关研究认为，透水沥青路面使用期末的最终破坏表现为大范围的松散现象。透水沥青路面随着时间的推移，沥青会老化，沥青与骨料的粘结力减弱，越来越多的面层骨料颗粒从混合料分离脱落，因此产生松散、坑洞。车辆荷载及温度变化产生的荷载和雨水对混合料侵蚀等外部环境影响是路面松散等病害发生的外因，沥青胶结料老化是导致透水沥青路面发生松散的最主要内因。内外因素作用的最直接的表现是混合料内部沥青和骨料黏附失效及沥青胶浆内聚破坏。在不增加或改变原路面结构承载力的情况下，采用预防性养护材料改善或者延缓混合料内部沥青和骨料黏附失效以及沥青胶浆内聚破坏，是减缓路面松散发生的速率，延长透水沥青路面的寿命的最佳途径。

(1) 养护材料

透水沥青路面的预防性养护材料应具备的如下特性：具备对老化沥青的还原能力；养护材料应与原路面所采用的高黏青具备较好的相容性，与石料具有较高的黏结性；具有较好的流动性，使养护材料在路面结构中能够充分扩散、分布；快速固化，实现短时间内开放交通。

1）乳化沥青

乳化沥青是最常用预防性养护材料，在路面轻微早期病害修复中应用广泛。如雾封层、含砂雾封层、石屑封层等技术均采用乳化沥青修复路面早期病害。

2）还原剂

针对透水沥青路面最常出现的松散病害，采用还原剂处理是一种较为可行的方式。还原剂封层养护技术最初是将还原剂喷洒或者涂刷在密级配沥青路面上，并渗透进路面表层一定深度，起到封闭路面空隙，修复路面老化，改善路面外观的一种沥青路面养护技术。还原剂封层技术最早是20世纪70年代在美国开始应用。我国于21世纪初才开始应用还原剂封层养护技术。相关研究表明使用还原剂的预防性养护措施可减少路面沥青老化甚至还原路面已老化的沥青，有效地防止沥青热氧老化及骨料松散病害的发生，延缓沥青路面的使用寿命。

还原型预防性养护材料多为油性材料，主要通过引入极性化合物，激活老化沥青胶质和恢复其原有活性和弹性，改善沥青粘结强度和内聚力。

3）树脂类黏结剂

研究发现，黏结增强型材料、聚合反应型材料等可以用于透水路面的预防性养护。黏结增强型材料主要是以沥青基作为原材料经调制而成，其材料中含有微米级粒径的高岭土，用于提高路面抗滑性能指标。聚合反应型材料的主要成分为树脂类材料。以渗透性树脂混合料进行透水沥青路面的局部病害修补在日本应用较多，施工养护成本较高。其修复原理示意图和施工场景见图5-31。

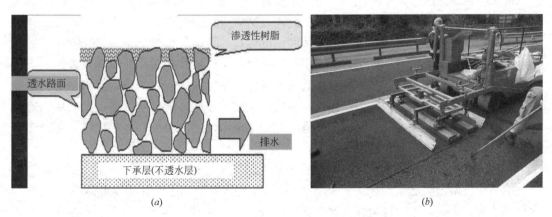

图 5-31 日本渗透性树脂修补方案
(a) 原理示意图；(b) 施工场景

相比较而言，还原剂和黏结增强型材料的流动性好，对空隙影响小；聚合反应型材料等材料流动性差，对空隙影响较大。

针对不同区域、不同病害程度的场合，预防性养护的施工方式可以采用人工涂刷或机械洒布，如表 5-18 所示。

透水沥青路面养护方式　　　　　　　　　表 5-18

施工方式	适用范围
人工涂刷	成本低，操作简便，适用于现场修补或补漏
小型洒布机	成本低，操作简便，适用于小面积预防性养护
大型智能洒布车	成本高、效率高，适用于大面积预防性养护

研究表明，预防性养护材料还原后的新生沥青的路面飞散损失显著低于未养护的老化路面的飞散损失。说明预防性养护材料的应用对老化沥青均有一定的改善作用，明显提高了路面抗飞散能力。

4）透水沥青混合料

透水沥青混合料适用于对路面局部的松散、坑槽等病害可进行临时修补、小修或中修等矫正性养护。此类路面养护的材料主要有热拌透水沥青混合料、透水冷补沥青混合料、密级配热拌沥青混合料（包括现场拌和的密级配热拌沥青混合料）、冷拌沥青混合料、密级配冷补沥青混合料等。透水沥青路面的临时修补可采用以上所列材料；小修工程只可采用热拌和冷补类透水沥青混合料；中修工程只宜采用热拌透水沥青混合料。

采用相同级配、相同结合料的热拌透水沥青混合料进行修补是最佳选择，缺点是养护成本偏高。因为从修补时机来讲一旦松散出现就应该尽快修补，不可能等松散发展到一定规模再进行处治，而少量、局部的修补量不适合采用大型拌和楼。因此，透水路面应加强预防性养护，减少路面病害。当出现局部结构性病害时，应综合考虑技术和经济条件，组织合适的修复方案。

（2）养护技术与工艺

1）预防性养护

透水沥青路面的表面预防性养护可采用雾封层技术。国内外研究普遍预期雾封层会对多空隙混合料的寿命延长有益，因为它在路面表面形成了一个未老化的沥青薄膜。如美国俄勒冈研究了采用雾封层后对于渗水系数和抗滑性能的影响，得出如下结论：雾状封层技术可延长透水路面使用寿命；检测数据发现，雾封层并未对路面渗水性造成很大影响，仍能满足透水的效果；雾封层技术相对于其他养护技术施工快，成本低廉；雾状封层不影响混合料固有的骨料空隙结构，仍会保持原有的骨架内嵌挤力；在雾状封层应用之后，道路的抗滑性能会有一定程度的下降，但在通车一个月后影响逐渐消失；雾封层技术可补充骨料表面沥青膜，增强混合料的黏结性能。

表面养护主要是预防透水路面面层的飞散病害。表面养护的时机可根据路面飞落病害评价情况相应做出。透水路面飞散病害的程度可采用构造深度评价。构造深度≤2.0mm 时，可认为无飞散病害；构造深度达 2.0~3.0mm 时，可认为是轻度飞散；当路面构造深度过将超过 3.0mm 时，即出现了重度飞散。

2）矫正性养护

矫正性养护主要是针对透水路面程度较轻、面积较小的病害进行修复养护。如表面松散、裂缝或坑槽的凿除、填补和修复。考虑到排水连续性，如修补面积较小，且修补处周边水流可得到保证，建议采用密级配混合料。否则，应采用透水沥青混合料。在英国，无论大小坑槽，都推荐采用 PA 或开级配碎石进行修补。如果必要，也允许采用密实沥青碎石，但推荐采用具有渗透性的混合料。一般限制使用热压式沥青（HRA）进行小面积修补（例如 0.5m×0.5m）。

3) 翻修养护

翻修的主要措施包括：铣刨、再生和嵌入修补，一般是路面中、大修工程。嵌入修补透水沥青路面时，应注意不要在修补区域底部周边形成不透水的隔层，以避免水损害。如果不存在松散和脱层等病害，透水路面即使功能性指标由于堵塞而衰减也不影响其寿命，因为此时可视其为一个低渗透性的密实级配路面。

在美国，OGFC 通用翻修措施包括铣刨和采用 OGFC 或其他沥青混合料置换现有 OGFC 路面。不推荐直接在 OGFC 上加铺密实级配，因为其寿命会受到 OGFC 内部积存的水分影响。

现场热再生也是一种较佳的方案。荷兰的应用经验表明：与新料相比，再生 PA 混合料具备几乎相同的渗透性能和耐久性。由于堵塞一般影响透水沥青混合料的面层部分，再生时级配基本不会发生改变。局部热再生应用应注意如下几点：首先，旧路加热设备、方式的选择需要注意；其次，应事先对旧路堵塞情况进行充分调查，因为空隙堵塞病害一般早于松散、局部破损等结构病害发生，回收的旧料中如含有大量堵塞杂物则不宜再次使用。

(3) 典型的结构性病害处治策略

透水沥青路面的结构性损坏类型多种多样，病害程度深浅不一，范围有大有小。因此，养护方法和策略应以根据实际情况，科学合理地融合普通沥青路面与透水沥青路面养护维修对典型结构性损坏进行维修和养护。

结构性损坏的养护主要原则是坚持"安全第一，兼顾功能"，在较为严重的病害影响路面行车安全时，可忽略功能性。但同时，在养护具有条件性的情况下，应尽量保持路面的透水功能性。对于各类病害的具体情况处理可遵循如下方法。

1) 裂缝类病害

透水沥青路面裂缝类损坏分为纵向裂缝、横向裂缝、块状裂缝和龟裂。裂缝按现行《公路养护技术规范》JTG H10 及《城镇道路养护技术规范》CJJ 36 及相关规范要求分级。裂缝的处理方法按表 5-19 所示。

透水沥青路面裂缝处理方法 表 5-19

类型	处理要求与方法	理由
轻级裂纹	不进行处理	透水沥青路面表面构造较大，裂纹不明显，无须处理
中级裂缝	不影响透水功能的情况下进行直接灌缝法处理	方法简单，效果好
中级裂缝	影响路面透水功能时，采用凿除或切除裂缝区域，按坑槽的维修方法处理	明显的裂缝，避免因灌缝造成的透水不畅
重级裂缝及龟裂	大中修或改建工程	重新铺筑面层

对于宽度在 3.0mm 以下的裂缝无需维修处理，宜加强跟踪检测。对于宽度在 3.0~10.0mm 的裂缝可采用直接灌缝法处理，灌缝不应影响路面透水。对于采用灌缝处理易影响路面透水或宽度在 3.0mm 以上的块状裂缝、龟裂病害，应凿除病害区域进行重新摊铺。

对于因土基、基层强度不足或路基翻浆等引起的严重裂缝，先处治基层后再重新做面层。因沥青性能不好或路面设计使用年限较长、油层老化等原因出现的大面积裂缝，但基层强度尚好时，可选用石屑封层处治或重新铺筑。

2）松散类病害

松散、麻面、脱皮属于常见的松散类病害，在透水沥青路面上也可被称为飞散。此病害在透水沥青路面较为普遍，主要原因是由于结合料黏结性不足、混合料级配嵌挤不良、行车荷载过大等原因引起的表面石料颗粒脱离路面（被车轮带起）。

透水沥青路面出现松散现象时，为防止进一步扩大，应尽快进行维修。

当透水路面的结构强度足够、表面状况良好，但出现轻微麻面和轻微松散时可采用雾封层、还原剂或树脂类粘结剂技术进行处治。

雾状封层的施工应在温暖或炎热干燥的天气进行，一般要求气温高于 10℃，下雨天严禁施工。雾状封层的施工完成后，待乳化沥青破乳后即可开放交通。为了保证行车安全，开放交通初期应限制车速至 40km/h 以内。

在松散面积较小的情况下，应对松散病害部分进行开凿或铣刨作业，适当扩大凿除面积，保持槽壁不松动，清除维修区域内及周边路面的杂物后，摊铺透水沥青面层。

当骨料松散面积较大情况下，应及时采用重新罩面、铣刨加罩等修补工序。若凿除或铣刨后的下承层为不透水层，宜在其表面洒布乳化沥青等防水材料形成封层，再摊铺透水沥青路面；若凿除或铣刨后的下承层为透水层，宜检测其透水功能达到规范或设计要求后，再摊铺透水沥青路面。

由于基层或土基层软化变形而造成的路面松散，应进行大修、改建或专项工程处治基层，再修复面层。

3）坑槽病害

路面坑槽修补材料应尽量选用透水沥青混合料。对交通量较小的路段且在低温寒冷或阴雨连绵的季节，以及其他紧急情况下的修补，无法采用常规方法，也无法采用透水沥青混合料或者透水沥青冷补料修补坑槽时，为防止坑槽面积的扩大，根据"行车安全第一"的原则，可采取临时性的措施对坑槽予以处治，待天气好转后再按规范要求重新采用透水沥青混合料或者透水沥青冷补料修补。

当路面基层完好，仅面层有坑槽时，修补施工应首先划出所需修补坑槽的轮廓线，沿所划轮廓线开凿至下面层，或基层稳定部分，其深度不得小于原坑槽的最大深度。一般不对透水沥青路面切割作业，防止切割过程中引起的空隙堵塞。在开凿作业时应使用空压机吹出开凿时进入透水沥青路面空隙的堵塞物。清除槽底、槽壁的松动部分及粉尘、杂物，并用空气压缩机吹净槽壁空隙内泥土。

若挖除深度大于透水沥青路面部分，应使用密级配沥青混合料进行预填处理，预填深度不应高出透水沥青路面底部。预填沥青混合料应进行整平，并使用小型压实机具或铁制手夯进行压实。如果预填部分较深（5cm 以上），应将沥青混合料分两次或三次摊铺和压实。

在密级配沥青混合料与表面的透水沥青混合料之间应做好封水措施，可使用改性乳化沥青（或热沥青）粘层作为封水层。

填入透水沥青混合料并整平。用小型压实机具或铁制手夯将填补好的部分压实。新填补的部分应略高于原路面。

若因基层局部强度不足等使基层破坏而形成坑槽，应考虑进行大修、改建或专项养护工程处治基层，再修复面层。

4) 变形类病害

透水沥青路面变形类病害主要有沉陷、车辙、波浪和拥包等，变形类病害养护应尽量保持路面的透水功能性。

对于深度小于等于25mm的沉陷、深度小于等于15mm的车辙、波峰与波谷高差起伏小于等于15mm的波浪及拥包，无需进行处理。对于波峰与波谷高差起伏大于15mm的波浪及拥包，处理时应凿除波浪、拥包区域，然后按坑槽病害处理。对于由于面层推移引起的深度大于15mm的车辙，应凿除包含该车辙的对应车道，凿除车道长度应大于车辙长度，重新铺筑该车道的面层。

因面层与基层之间存在不稳定的夹层，或者由于土基强度不足、基层损坏原因引起的变形类损坏，应考虑进行大修工程、改建工程或专项工程，再重新铺筑面层。

2. 透水水泥混凝土路面病害处治

透水水泥混凝土的蜂窝状结构，使其抗压、抗折性能较差。透水水泥混凝土表面孔隙率大，容易受到空气、阳光和水的侵蚀，所以其耐久性也相对较弱。应及时对透水水泥混凝土路面进行病害检测评估。

当透水水泥混凝土路面出现裂缝和骨料脱落的面积较大时，必须进行维修。维修时应先将路面疏松骨料铲除，清洗路面孔隙内的灰尘及杂物后，方可进行病害处治。病害处治材料应采用透水水泥混凝土，其目标孔隙率应与原透水水泥混凝土路面一致，并应符合现行《透水水泥混凝土路面技术规程》CJJ/T 135的技术要求。透水水泥混凝土路面病害维修材料达到设计强度后，方可开放交通。

主要病害处治方法：

(1) 裂缝维修

对于宽度小于1.0mm的轻微裂缝可不处理，宜加强跟踪检测。对于宽度为1.0～3.0mm的轻微裂缝，可采用灌缝处治。灌缝处治不应影响路面的透水功能。宽度为3.0～15.0mm中度裂缝应采用扩缝补块处理。宽度大于15.0mm的重度裂缝应全深度补块处理，应先将路面疏松骨料凿除，清洗路面孔隙内的灰尘及杂物后，采用透水水泥混凝土修补。

当透水水泥混凝土路面出现裂缝或骨料脱落的面积较大时，必须进行维修。维修时应先将路面疏松骨料铲除，清洗路面孔隙内的灰尘及杂物后，进行新的透水水泥混凝土路面。修复施工时，应注意对邻近路面的保护，防止施工杂物堵塞附近路面的孔隙，影响路面透水功能。

(2) 坑洞修补

对于少量个别的坑洞，应清除洞内杂物和灰尘，用透水水泥混凝土材料填充、压实，并与原路面保持齐平。

对于较多的连成一片的坑洞，应先凿除全部病害区域，清除槽内灰尘、碎屑及杂物，再用透水水泥混凝土材料重新摊铺。凿除坑洞松散石料后，用真空吸尘设备清除槽内灰尘、碎屑及杂物。将透水水泥混凝土填入槽内，振捣密实。修补表面宜喷洒养护剂养生。等混凝土达到通车强度后，方可开放交通。

（3）路面掉粒病害处治

透水水泥混凝土路面出现少数掉粒病害，应及时清除路面颗粒。透水水泥混凝土路面掉粒面积比例达25%~50%，应采取小修工程清除松散颗粒，凿除松散部位，重新摊铺透水水泥混凝土面层。透水水泥混凝土路面出现掉料面积比例超过50%，应采取中修、大修工程对原路面整体铣刨凿除后，重新铺筑透水水泥混凝土面层。

（4）接缝保养

透水水泥混凝土路面的接缝应进行适时的保养，保持接缝完好，表面平顺。填缝料外溢影响路面平整度和路容时应及时清除。当杂物嵌入接缝时易影响路面透水功能，应及时清除。

透水水泥混凝土的接缝施工及养护采用弹性材料填缝时，不能采用热流性材料，以防止填缝料渗透至透水水泥混凝土的孔隙结构中造成堵塞，影响路面透水。

透水水泥混凝土路面接缝的填缝料应周期性或日常性更换，更换周期一般为2~3年。当填缝料局部脱落时就及时进行灌缝填补，以免影响路用性能和路面透水功能。当填缝料脱落大于缝长的1/3或填料老化严重时，应进行整条更换。

3. 透水砖、缝隙透水路面病害处治

透水砖、缝隙透水路面出现的结构性病害主要指路面砖块破碎、开裂、缺损、大面积颜色脱落等病害或沉降影响路面透水。

透水砖及缝隙透水路面病害处治一般采用与原路面砖规格、透水功能、强度、颜色相似的砖块进行更换。更换过程应按照原路面设计结构进行修复，且应满足交通荷载要求，不得随意改变砌筑配比。病害处治施工期间扰动的砖块应全部拆除并重新铺砌。

路面铺砌修复应平整、稳定无松动，灌缝应饱满密实，不得有翘动现象。施工过程应注意路面防护，不得在铺设完成的路面上拌和砂浆、堆放水泥等材料，避免污染堵塞邻近透水砖块。

5.3.4 透水路面配套设施维护

透水路面养护过程中应特别注意透水沥青路面排水设施周边的排水功能，其往往影响了路面整体的透水效果。

当排水配套设施失效或破损时，应及时更换。透水路面的边沟、排水沟和集水井等配套排水设施出现损坏后，应及时修复。修复后的边沟或排水沟断面尺寸及纵坡应符合原设计要求。碎石保护层内的排水管等排水设施可直接开挖替换维修；透水沥青路面或透水水泥混凝土路面内部排水管维修宜在设计使用寿命内，结合路面病害中修或大修工程同步处理。透水路面边缘排水系统维修可每隔一定距离，在出水管（与市政检查井或溢流井）管口处设置滤网，防止异物进入。

透水路面原有配套排水设施不能满足使用要求时，应适时增设和完善。

5.3.5 养护质量检查与验收

透水路面的透水功能养护及路面病害处治完成后，养护单位应进行自检。养护单位、监理单位、管理单位应共同对透水路面的养护施工过程和隐蔽工程进行检查验收，并对工程外观和总体质量提出验收意见。养护工程涉及的主要材料、半成品、成品均应按有关专业质量验收规范要求进行验收。

（1）透水功能检查验收

透水功能养护作为透水路面养护和重点内容，其养护质量可按表 5-20 的要求进行抽样检测。清洗养护后路面透水功能抽样检测结果应符合表 5-17 的要求。翻修养护路面质量检查与验收应按新建工程的质量检查与验收标准进行。

透水功能抽样检测要求　　　　表 5-20

道路养护类别	路面类型	单元长度	检测内容与频次
第一类养护路面	道路	>1km	每 1000m 检测 1 个断面的所有车道透水系数
		≤1km	检测 2 个断面的所有车道渗水系数，断面之间距离应大于单元长度的 1/3
	广场、停车场		每 500m² 检测 1 个点，不足 500m² 按 500m² 计算
第二、三类养护路面	道路	>2km	每 2000m 检测 1 个断面所有车道透水系数
		≤2km	检测 2 个断面的所有车道渗水系数，断面之间距离应大于单元长度的 1/3
	广场、停车场		每 500m² 检测 1 个点，不足 500m² 按 500m² 计算

（2）病害处治质量检查与验收

1）透水沥青路面

透水沥青路面病害处治的路面外观及透水功能质量检查与验收应符合表 5-21 的要求。其他质量检查与验收应符合现行行业标准《透水沥青路面技术规程》CJJ/T 190、《城镇道路养护技术规范》CJJ 36、《公路沥青路面养护技术规范》JTG 5142 或《公路养护技术规范》JTG H10 的相关要求。

透水沥青路面养护质量检查与验收标准　　　　表 5-21

项目	质量要求与允许偏差	检验频率	检验方法
外观	表面应平整、坚实、接缝紧密、表面孔隙无堵塞、无颗粒残留	全检	目测
透水功能	符合养护要求	1 个点/500m²	JTG 3450 T 0971

2）透水水泥混凝土路面

透水水泥混凝土路面外观及透水功能质量检查与验收应符合表 5-22 的规定。其他质量检查与验收应符合现行行业标准《透水水泥混凝土路面技术规程》CJJ/T 135、《城镇道路养护技术规范》CJJ 36、《公路水泥混凝土路面养护技术规范》JTJ 073.1 或《公路养护技术规范》JTG H10 的相关规定。

透水水泥混凝土路面养护质量检查与验收标准　　　表 5-22

项目	质量要求与允许偏差	检验频率	检验方法
外观	面层平整、边角整齐,无石子脱落现象,接缝平顺、缝内无杂物、表面孔隙无堵塞,无颗粒残留	全检	目测
透水功能	符合养护要求	1 组(3 块)/500m²	CJJ/T 135 附录 A

3）透水砖路面和缝隙透水路面

透水砖路面和缝隙透水路面病害处治路面外观及透水功能质量检查与验收应符合表 5-23 的要求。其他质量检查与验收应符合现行行业标准《透水砖路面技术规程》CJJ/T 188 或《城镇道路养护技术规范》CJJ 36 的相关规定。

透水砖路面透水功能养护质量检查与验收标准　　　表 5-23

项目	质量要求与允许偏差	检验频率	检验方法
外观	路表平整、稳固,无空鼓、掉角、断裂、翘动等缺陷,填缝饱满,表面孔隙无堵塞、无颗粒残留	全检	目测
透水功能	符合养护要求	1 个点/500m²	CJJ/T 188 附录 A

第 6 章 典型工程案例

透水路面先后应用于高架快速路、地面车行道、非机动车道、人行道、停车场、广场和公园等工程中,海绵效果显著,本章选取典型工程案例进行介绍。

6.1 高架快速路透水沥青路面

6.1.1 上海浦东中环线与华夏路高架透水路面

1. 项目概况

中环线浦东段新建工程为上海城市中环线的组成部分,工程起点为上中路越江隧道浦东接地点(桩号 K0+000),工程终点为申江路(桩号 K15+550),全长 15.55km,正常路段双向 8 车道,设计车速 80km/h。透水路面应用于中环线主线——全封闭城市快速路桥面铺装,透水沥青面层设计空隙率为 20%,服务对象以客运交通为主,兼有轻型货运交通。透水沥青路面于 2009 年 9 月至 12 月施工。

华夏路高架始于中环线浦东段新建工程东南转角的申江路立交(K0+000),自西向东沿华夏中路、华夏东路,至海滨路转向南,沿海滨路、华洲路最后进入主进场路(K16+178.054),全长 15.628km,正常路段双向 8 车道,设计车速 80km/h。透水路面应用于主线——全封闭城市快速路桥面铺装,透水沥青面层设计空隙率为 20%,服务对象以客运交通为主,兼有轻型货运交通。透水沥青路面于 2009 年 9 月至 12 月施工。

2. 透水路面设计方案

中环线浦东段、华夏路高架的透水沥青路面,上面层采用大空隙的沥青混凝土面层路面,其下采用不透水的沥青混合料结构层以防止雨水下渗进入桥梁结构,为确保透水沥青路面以下结构的不透水性,结构形式设计方案如表 6-1 所示。建成后的透水路面如图 6-1 所示。

透水沥青路面结构　　　　表 6-1

结构层位	材料及厚度
上面层	4cm OGFC-13
粘层	0.5cm 改性稀浆封层
下面层	5.5cm AC-20
防水粘结层	0.5cm 同步碎石封层
桥面板	水泥混凝土桥面板,打砂,形成干燥、洁净、粗糙的界面

3. 应用效果

中环线浦东段、华夏路高架于 2009 年 7 月至 12 月施工,现已经通车。在雨天情况下,高架透水沥青路面没有积水,见图 6-2。

图 6-1 建成后中环线透水沥青路面

图 6-2 雨天透水沥青路面状态

为评估中环线浦东段和华夏路高架透水沥青路面竣工后路面性能的长期使用情况，对竣工后路面使用性能进行了跟踪检测。通过定期检测评估此路段的路面性能，结合气候条件和环境质量以及路面交通特点，对此路段结构性和功能性变化规律以及病害情况进行记录和总结，为道路预防性养护综合技术的编制提供参考，也为优化透水路面施工和养护提供参考。从 2009 年 12 月起，至 2018 年对选定路段进行了持续的定期检测，检测内容为透水路面的功能性标和结构性指标（主要是路面平整度和病害情况），渗水系数和路面摩擦系数。跟踪检测主要针对的是路段的渗水能力。

对金科路至锦绣路左右双幅的 16 个固定位置进行渗水系数检测。金科路立交往上中路隧道方向的渗水系数变化曲线如图 6-3 所示，往机场方向的检测点渗水系数变化趋势图如图 6-4 所示。

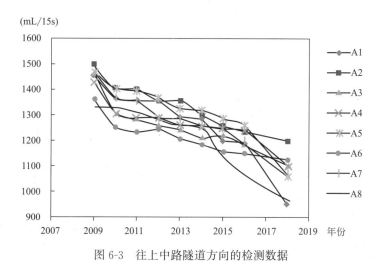

图 6-3　往上中路隧道方向的检测数据

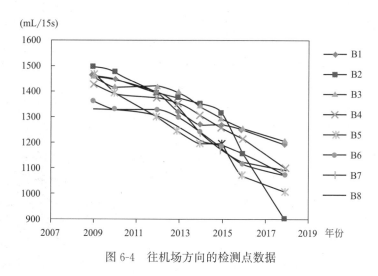

图 6-4　往机场方向的检测点数据

中环线浦东段从 2009 年 12 月竣工后,随着路面使用时间的增加,路面渗水系数呈下降趋势,但下降后的渗水能力仍处于较高的范围内,表明了路面目前处于较好的渗水能力水平。为了评价透水沥青路面功能性状况,可以引用渗水系数残留率。经计算,2016 年 B1～B8 的渗水系数平均值为 1166mL/15s,2009 年 12 月同位置渗水系数平均值检测结果为 1435mL/15s,竣工通行 7 年后,路面渗水系数下降 18.7%,即渗水系数残留率为 81.3%,根据相关规范中对透水沥青路面功能性评价标准的规定,此透水路面功能性服役状况处于等级水平"良",即该路段目前具有较好的渗水能力,且其渗水能力随时间增加的下降幅度在良性范围内。

6.1.2　上海虹梅南路-金海路通道透水路面

1. 项目概况

虹梅南路-金海路通道(虹梅南路段)路面工程北起中环立交北侧,沿虹梅南路向南至闵行区永德路北侧高架接地与虹梅南路-金海路越江隧道相接,全长10.89km,全线为新建高架道路,标准断面为双向四车道。

2. 透水路面设计方案

虹梅南路-金海路通道(虹梅南路段)的透水沥青路面结构如表6-2所示。

透水沥青路面结构 表6-2

结构层位	材料及厚度
上面层	4cm 高黏改性 OGFC-13
粘层	高黏不粘轮乳化沥青
下面层	6cm AC-20C(岩沥青)
防水粘结层	增强型纤维封层
桥面板	水泥混凝土桥面板,抛丸清洁

3. 智能化施工

在本项目的沥青路面施工中,采用了智能化施工技术,对施工过程中的温度和压实度进行实时、智能化控制,所采用的主要设备、安装位置及功能如表6-3所示。

项目主要设备概况 表6-3

序号	安装位置	设备名称	功能
1	项目部	卫星定位基站	为安装在压路机上的移动站建立差分数据,实现高精度定位(厘米级)
2	压路机	移动站	与基站对接,实现厘米级别定位,可以实现碾压遍数彩图绘制,并实现碾压速度采集
3		温度传感器	采集碾压过程中的温度数据
4		振动传感器	采集振动频率数据
5		压实引导平板	在平板上实时显示碾压遍数彩图,指导操作手施工
6		LED	在LED屏上实时显示碾压温度和碾压速度数据,供现场管理人员参考
7	摊铺机	移动站	与基站对接,实现厘米级别定位,可以实现摊铺桩号的准确定位
8		温度传感器阵列	每台摊铺机安装探头,不仅可以采集摊铺温度,还可以分析摊铺温度离析
9		摊铺工控机	4
10		LED	在LED屏上实时显示摊铺温度和摊铺速度数据,供现场管理人员参考
11		自组网路由	在施工现场建立一个小型局域网,实现现场施工机械通信,保证各机械高效有序的完成各项工作

施工段落平均摊铺速度为4m/min左右,从图6-5和图6-6可看出,摊铺温度控制不均匀,有局部时段超出了170℃,部分时段摊铺温度控制低于150℃左右。

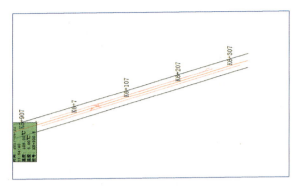

图 6-5　摊铺机摊铺轨迹

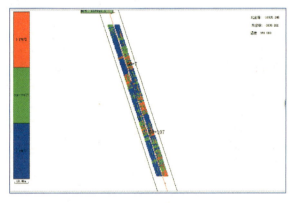

图 6-6　摊铺温度图

初压双钢轮压路机碾压速度为 5km/h 左右，碾压遍数大于 3 遍，初压温度为 110～150℃；复压胶轮压路机速度为 6km/h 左右，碾压遍数绝大部分区域超过 3 遍，但也存在局部位置存在漏压现象，道路两侧薄弱环节基本控制在 2 遍以上，复压温度为 100～140℃；终压遍数控制绝大部分区域控制在 2 遍及以上，终压温度为 60～100℃，部分区域超过 100℃，如图 6-7 所示。

通过试验段摊铺，智能施工系统可以较好地进行施工温度控制，在施工压实过程中，部分时段摊铺温度超出了 170℃，或者低于 150℃，根据智能压实系统对层表温度的检测，针对低温摊铺路段采取了跟紧压实的措施，针对高温时段则待其达到适宜压实温度再进行压实，从而达到更好的压实效果。

初压碾压遍数绝大部分区域超过 3 遍、复压碾压遍数绝大部分区域超过 3 遍，终压遍数控制绝大部分区域控制在 2 遍及以上，满足专项施工方案中要求压实的遍数，两侧的薄弱位置的碾压遍数均能达到 5 遍以上，整体的碾压方案符合专项施工方案的设定。透水沥青混合料的智能压实过程施工如图 6-8 所示，建成后的虹梅南路透水路面见图 6-9。

6.1.3　上海龙东大道改建工程

1. 项目概况

本项目实施范围西起罗山路立交东侧，东至 G1501 立交西侧，全长约 13.85km，道

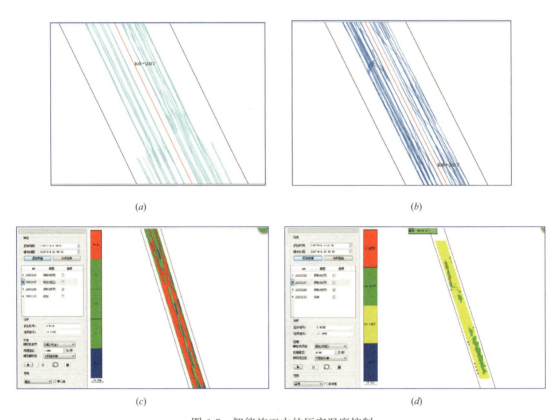

图 6-7 智能施工中的压实温度控制

（a）钢轮压路机的碾压轨迹；（b）胶轮压路机的碾压轨迹；（c）初压温度；（d）终压温度

图 6-8 透水沥青混合料智能压实过程

图 6-9 建成后的虹梅南路高架透水沥青路面

路规划红线宽度 60m。主线高架为城市快速路，设计时速 80km/h，暴雨重现期大于 10 年。

2. 透水路面设计方案

主线高架及匝道路面采用了表层排水式透水路面，路面方案见表 6-4。

透水沥青路面结构 表 6-4

结构层位	材料及厚度
上面层	4cm OGFC-13
粘层	0.6cm 稀浆封层
	聚酯玻纤布＋粘油层
下面层	6cm AC-20C
防水粘结层	0.2cm 纤维增强型防水层
桥面板	10cm 防水混凝土垫层＋混凝土桥面板

龙东大道施工过程如图 6-10 所示。

3. 应用效果

龙东大道建成后，透水路面状态良好，如图 6-11 所示。

6.1.4 浙江嘉兴快速路透水路面

1. 项目概况

浙江嘉兴快速路环线总长 28.67km，主线采用"高架＋短地道"组合形式，主线标准段采用双向 6 车道，局部交织段采用双向 8～10 车道。根据快速路网规划，快速路环线与 7 条快速路射线相交，快速路之间保持连续的交通转向，形成独立的快速交通体系，以服务中、长距离的快速通行需求。

图 6-10 龙东大道施工现场航拍

图 6-11 建成后龙东大道透水沥青路面

2. 透水路面设计方案

嘉兴快速路主要为单层和双层两种透水路面,其结构如表 6-5 所示。嘉兴快速路透水路面施工及完工通车如图 6-12 所示,透水路面路表纹理构造见图 6-13。

透水沥青路面结构　　　　表 6-5

结构层位	材料及厚度	
	单层透水路面	双层透水路面
上面层	4cm 高黏改性 OGFC-13	3.5cm 高黏改性 OGFC-13
		不粘轮乳化沥青
		3.5cm 高黏改性 OGFC-13

续表

结构层位	材料及厚度	
	单层透水路面	双层透水路面
粘层	不粘轮改性乳化沥青	不粘轮改性乳化沥青
下面层	5cm SBS 改性 AC-16C	3cm SBS 改性 AC-10
防水粘结层	1cm 热沥青预拌碎石封层	0.5cm 热沥青预拌碎石封层

(a)

(b)

图 6-12　嘉兴快速路施工及通车后照片

(a)

(b)

图 6-13　透水路面表面构造

6.2　地面车行道与停车场透水路面

6.2.1　上海临港环湖一路改建工程

1. 项目概况

临港环湖一路改建工程位于申港大道南路至临港大道北路之间，全长 1352.47m，实施宽度 50m，工程为城市次干路，双向四车道。综合考虑景观及海绵城市技术要求，对机动车道及辅道加罩透水沥青,将人行道、自行车道改造为透水路面。

2. 透水路面设计方案

机动车道及人行道路面结构改建方案见表 6-6 及表 6-7。

机动车道透水沥青路面结构　　　　表 6-6

结构层位	原路面结构	改建路面结构
上面层	4cm SMA-13	4cm OGFC-13
下面层	8cm AC-30I	调平层
基层	18cm 水泥稳定碎石	0.6～0.8cm 乳化沥青稀浆封层
底基层	15cm 10%HEC 固结砾石	原沥青路面凿毛
路基	20cm 6%HEC 固结土	

人行道透水路面结构　　　　表 6-7

结构层位	原路面结构	改建路面结构	
		方案 1	方案 2
面层	6cm 预制彩色人行道板	3cm OGFC-10（高黏改性、绿色）	15cm 透水混凝土
调平层	4cm 干拌黄沙(6%)	0.6cm 乳化沥青稀浆封层	
	无纺土工织物(Ⅱ级)	6cm AC-20C	
基层	18cm 级配碎石（上洒石屑）	18cm 水稳碎石/C20 混凝土	25cm 级配碎石
		15cm 级配碎石	

3. 应用效果

环湖一路的彩色透水路面照片如图 6-14 所示,路面改造效果良好,整体效果如图 6-15 所示。

(a)　　　　　　　　　　　　　　　(b)

图 6-14　彩色透水沥青路面

图 6-15 环湖一路改建后整体效果

6.2.2 海口市白龙路改造工程

1. 项目概况

海口市白龙路分为白龙北路和白龙南路两端，起于海府路，止于长堤路，道路全长约 3.3km，红线宽度 50m，为城市主干路，如图 6-16 所示。

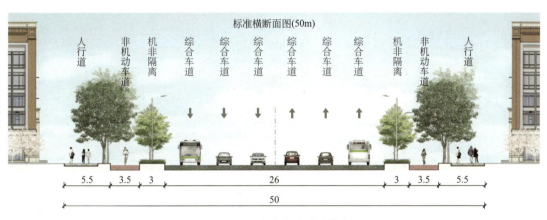

图 6-16 海口市白龙路道路横断面

原有道路主要存在的问题：车辙情况较为严重；网裂、破碎路段较多；路面平整度差。海口市常年降水量较大，透水沥青路面（PAC）能迅速从其内部排走路表雨水，降低路表径流，具有较好抗滑、抗车辙及降噪的性能。

2. 透水路面设计方案

改造车行道采用的路面结构见表 6-8。

透水沥青路面结构　　　　　　　　　　　表 6-8

结构层位	材料及厚度
上面层	4cm 高黏改性 PAC-13
粘层	改性乳化沥青
下面层	5cm SBS 改性 AC-16
粘层	改性乳化沥青
基层	原沥青面层铣刨后保留基层

3. 应用效果

改造过程中和通车后的白龙路路面状况如图 6-17 所示。

(a)

(b)

图 6-17　改造过程中与改造后的白龙路

6.2.3　上海宝钢厂区内停车场钢渣透水沥青路面

1. 项目概况

上海宝武环科公司的内部停车场面积约 2000m^2，该厂区停车场原采用水泥面层，工程施工采用表层排水式透水路面，上面层采用掺入 30% 钢渣的透水沥青混合料 PAC-13 摊铺，达到节省石料的目的。

2. 透水路面设计方案

根据原停车场的场地条件，设计透水路面方案如表 6-9 所示。

透水沥青路面结构　　　　　　　　　　　表 6-9

结构层位	材料及厚度
上面层	4cm 钢渣 PAC-13
下面层	6cm AC-20C
粘结层	改性沥青粘结层
基层	旧混凝土路面修复处理

摊铺工程所用骨料为普通玄武岩石料以及宝钢滚筒法制备的钢渣。滚筒渣经筛后，颗

粒尺寸良好，棱角丰富，如图 6-18 所示。

(a)   (b)

图 6-18　摊铺工程用钢渣

3. 应用效果及跟踪观测

在工程施工完工近 1 个月后，对停车场的透水路面效果进行跟踪检测。停车场铺面的平整度较好，路面坚实、无裂缝、油斑及脱落现象。铺面整体情况如图 6-19 所示，使用效果良好。

图 6-19　面层 OGFC-13 铺筑情况

在停车场施工完成并投入使用 1 年后对停车场的使用情况和透水路面效果进行跟踪检测。经过 1 年的使用后，停车场铺面的整体情况仍保持良好，无破损现象。本次检测适逢中到大雨天气，停车场路面透水迅速，路表无积水现象。待雨停后，停车场路表水分排出，1h 内路表即变干。

现场对停车场地进行了透水性能测试。渗水系数的测定结果如表 6-10 所示。

路面渗水系数跟着检测结果 表 6-10

检测车道	路面渗水系数(mL/min)	
	1月后跟踪检测	1年后跟踪监测
车道 1	4935	3547
车道 2	4570	3718

现场观测和透水性能检测结果表明,停车场的透水路面效果良好,渗水系数满足规范要求。与摊铺完工初期的检测结果相比,停车场的透水功能未出现明显下降,仍保持较高的渗透系数,表明厂区停车场的受外界污染较少,养护较好。

经过一年的跟踪检测,钢渣在厂区停车场的透水沥青路面工程中应用是可行的。钢渣透水沥青混合料摊铺的停车场既提高了厂区停车场的承载能力,又解决了原停车场内的积水问题,应用效果良好。

6.2.4 上海临港小区停车位路面改造

1. 项目概况

新芦苑 A 区位于芦潮港社区,潮乐路 3 弄,为拆迁安置小区,西沿潮乐路,南临芦云路,北靠大芦东路。小区总用地面积约为 58300m^2。对不透水的停车位进行改造,使之成为生态停车位。

2. 透水路面设计方案

生态停车位由透水混凝土、草皮、透水盲管、砾石层等构成。下雨时,一部分水透过透水混凝土渗入埋在下面的透水盲管,经过盲管排至生态停车位后的排水沟;另一部分水被植物和土壤吸收,超标的雨水流至排水沟,排水沟连通附近的雨水花园或引入至调蓄净化设施。将原硬质不透水场地改造为生态停车位,来加强场地渗的能力,从源头减少径流,保证小雨不积水。

3. 应用效果

停车位改造前后如图 6-20 和图 6-21 所示。

图 6-20 生态停车位施工前实景图

图 6-21 生态停车位施工后实景图

通过建设透水路面和生态停车场的建设，配合彩色透水水泥混凝土的应用，提升了小区的生态环境，消除了小区部分位置的积水情况，取得了居民良好的评价。

6.3 非机动车道、人行道

6.3.1 上海临港港辉路非机动车道透水路面

1. 项目概况

港辉路为国家海绵试点区（上海临港）海绵化改造工程中重要路段，为城市次干路。其南起人民塘，北至芦茂路，总长约 1.21km，规划红线宽度 35m。路面现状为机动车双向 4 车道，横断面布置如图 6-22 所示。透水路面主要应用于港辉路两侧的非机动车道，摊铺面积约 6600m²。

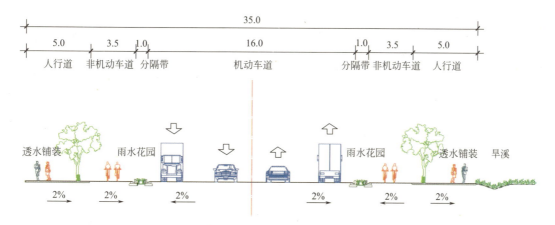

图 6-22 施工路段港辉路断面图

2. 透水路面设计方案

港辉路两侧非机动车道透水路面结构采用半透式透水沥青路面结构，下面层为PAC-20，上面层为PAC-10。上面层骨料中采用了部分钢渣固废作为粗骨料，即提升了骨料强度，又实现固废综合利用。

港辉路的非机动车道车道宽度约3.0m，长度约1.2km。施工路面下承层为铣刨后的路面基层。施工现场采用一台履带式沥青摊铺机摊铺施工，铺筑宽度为3.0m。透水路面施工如图6-23所示。

(a)

(b)

图6-23 透水钢渣沥青混合料摊铺

3. 应用效果及跟踪观测

在透水钢渣沥青路面摊铺施工完工1个月后，对施工路段的实际应用情况进行了跟踪观测。现场观测发现，路面整体上应用状况良好，行车平顺，抗滑性能较好。非机动车道上交通量相对较少，车道周边环境较好，污染物较少，路面表面状况整洁良好，如图6-24和图6-25所示。

采用渗水测试仪对路面进行了现场渗水系数测试，如表6-11所示，路面具备良好的透水能力。

路面渗水系数跟着检测结果　　　　　表6-11

检测位置	路面渗水系数(mL/min)	
	1月后跟踪检测	1年后跟踪监测
东侧	5931	4875
西侧	5490	4549

图 6-24 透水钢渣沥青路面整体状况

图 6-25 透水钢渣沥青路面细部图

6.3.2 上海临港主城区非机动车道透水路面改造工程

1. 项目概况

临港主城区 5 条道路进行非机动车道"海绵化"改造，实施范围总长约 40km（双向），具体如下：临港大道（塘下公路～环湖西二路）；申港大道（沪城环路～环湖西二路）；沪城环路（临港大道～海港大道）；环湖西三路（临港大道～海港大道）；环湖西二路（临港大道～海港大道）；工程内容包含透水混凝土非机动车道工程、透水砖人行步道工程、透水混凝土健身休闲道工程以及附属设施等。临港大道、申港大道、沪城环路、环湖西三路人非共板宽度 5.0m，环湖西二路人非通行空间通过绿化带隔离，有非机动车道实施空间。

2. 透水路面设计方案

非机动车道采用全透水结构，保持原结构厚度 28cm 不变，对人非共板空间非机动车道范围路面结构进行上层翻挖，保留原有 18cm 级配碎石，如表 6-12 施工工期较短，对市民生活出行影响较小。

非机动车道透水路面改建结构　　　　表 6-12

结构层位	原路面结构		改建路面结构
面层	6cm 透水砖	→	10cm 无机透水混凝土（蓝色）
调平层	4cm 干拌黄沙（6%）		
	无纺土工布		
基层	18cm 级配碎石（上撒石屑）		18cm 级配碎石（原有）
路基	压实度＞90%		

健身步道的路面结构见表 6-13。

健身步道透水路面结构　　　　　表 6-13

结构层位	材料及厚度
面层	10cm 无机透水混凝土(红色)
基层	18cm 级配碎石(原有)

人行道改造采用将同质砖改为彩色透水砖，普通盲道砖改为彩色透水盲道砖，见表 6-14。

人行道透水路面结构　　　　　表 6-14

结构层位	材料及厚度
面层	6cm 彩色透水砖
调平层	4cm 干拌黄沙(原有)
	无纺土工布(原有)
基层	18cm 级配碎石(原有)

3. 应用效果

改造为透水路面后，非机动车道和人行道在雨天不存在积水情况，彩色铺装的应用使得道路更加美观，具有良好的观赏性，如图 6-26 所示。

图 6-26　非机动车道、人行道透水路面应用效果

(本案例由上海玖鼎环保科技有限公司提供)

6.3.3　上海四川北路公园人行道透水路面

1. 项目概况

上海四川北路公园占地 4.24 万 m²，是一座开放式绿地，西起四川北路，东至东宝兴路，南接衡水路，北临邢家桥路，地处商业街繁华地段，内有中共四大会址、海派文化中心等重要场所，同时，这里还临近地铁 10 号线四川北路站，周边商场、住宅小区较多，人流较为密集，是周边居民健身休憩的主要场所。

2. 透水路面设计方案

项目采用彩色透水混凝土铺装,在保证步道美观度、舒适性的同时,最大程度提升步道安全性和透水性,以及长期使用过程的低维护成本。其路面结构主要有以下三种,见表6-15。

人行道透水路面结构　　　　表 6-15

结构层位	材料及厚度		
	结构1	结构2	结构3
面层	15cm 彩色透水混凝土	10cm 彩色透水混凝土	18cm 彩色透水混凝土
基层	20~25cm 级配碎石	25cm 级配碎石	25cm 级配碎石
路基	素土夯实路基	素土夯实路基	素土夯实路基

3. 应用效果

通过对上海虹口区环四川北路公园的人行道采用生态透水混凝土,雨水落下后可以做到快速吸收下渗,不会产生积水,结合四川北路中共四大会址以及海派文化的理念,采用红色之旅的设计理念,地面上绘制的各式千年银杏图案,实现了美观度、舒适性和安全性、透水性等功能的提高。透水路面施工后整体效果如图 6-27 所示,局部应用效果如图 6-28 所示。

图 6-27　生态混凝土路面施工后整体效果

6.3.4　上海临港社区道路改造工程

1. 项目概况

为实现临港地区海绵城市建设对径流控制率的要求,结合道路改造对芦潮港社区港辉路、芦茂路、芦硕路、芦安路、潮和路和芦云路 6 条市政道路进行海绵化改造建设,该区域透水路面主要应用了全透式透水人行道,实施面积约为 36300m^2。

(a) (b)

图 6-28 生态混凝土路面施工后局部实景图

2. 透水路面设计方案

透水人行道结构如表 6-16 所示。

人行道透水路面结构　　　　表 6-16

结构层位	材料及厚度
面层	6cm 透水砖
调平层	3cm 中粗砂
基层	10cm 再生骨料透水混凝土
基层	10cm 碎石

3. 应用效果

人行道采用透水砖路面，增强硬质地面的下渗能力，去除场地内积水情况，达到小雨不湿鞋、大雨不积水的目标，在集中降雨时也能减轻城市排水管网的负担。下雨天时，雨水直接渗入至基层内的透水盲管中，通过盲管输送至附近的海绵设施（雨水花园或调蓄净化设施），经设施净化后排至雨水管道。应用效果如图 6-29 所示。

图 6-29 透水人行道实施效果

6.4 广场、绿道

6.4.1 上海临港家园服务站和绿化休闲广场透水路面

1. 项目概况

上海临港家园服务站和绿化休闲广场位于临港古棕路 555 弄 120 号，西邻海事小区、东接绿地东岸涟城，附近有居民约 1 万余人。该区域占地面积约为 19600m²。

2. 透水路面设计方案

对原有不透水的道路、广场进行改造，使雨水可以经过路面立筐式雨水口进入流溢井，雨水进入调蓄池储存和净化，之后再缓缓排出、渗入地下。如果遇到雨量超过调蓄池设计标准，超标部分直接溢流至雨水井排除。路面结构如表 6-17 所示。

绿化休闲广场透水路面结构　　　　　　　　表 6-17

结构层位	材料
面层	陶瓷透水砖
调平层	C15 无砂细石混凝土
基层	20cmC20 无砂大孔混凝土
垫层	粗砂垫层
路基	素土夯实

3. 应用效果

原有硬质路面改造成透水路面，在保证原有功能的前提下，还能在下雨时能较快消除道路、广场的积水现象，在集中降雨时也能减轻城市排水设施负担。雨水直接渗入路面结构，进入到埋在透水路面下的透水盲管，经过盲管排放至管网或排水沟，部分水引入就近的海绵设施。应用效果如图 6-30 所示。

(a)

(b)

图 6-30 站前广场路面实景图

6.4.2 江苏昆山大渔湖智谷小镇透水路面

1. 项目概况

江苏昆山大渔湖智谷小镇位于昆山高新区，为昆山市海绵城市建设示范项目，昆山政府与澳大利亚水敏感平台合作打造海绵景观，道路采用透水艺术路面，依托杜克大学、加拿大枫叶国际学校等教育资源，大渔湖智谷小镇定位为科技、现代、创新主题，透水艺术路面的应用，是海绵建设的重要构成部分，在结合景观前提下，充分回收雨水，控制道路径流系数。

2. 透水路面设计方案

昆山大渔湖智谷小镇透水路面结构形式如表 6-18 所示。

大渔湖智谷小镇透水路面结构　　　　　　表 6-18

结构层位	材料及厚度
面层	12cm C20 透水混凝土
基层	20cm 级配碎石
路基	素土夯实

3. 应用效果

透水混凝土路面采用 4 种蓝色 2 种骨料构成大渔湖智谷小镇的主色调，用蓝色表达大渔湖的科技定位，将昆山市花（琼花）以大比例尺寸应用在园路上，透水路面整体效果如图 6-31 所示，并应用夜光铺装、混凝土雕刻工艺等丰富道路的设计效果，如图 6-32 所示。

图 6-31 大渔湖智谷小镇透水路面整体效果

(a) (b)

图 6-32 大渔湖智谷小镇透水路面局部效果

（本案例由上海铃路道路铺装工程有限公司提供）

6.4.3 浙江金华古子城透水路面

1. 项目概况

古子城是浙江金华有名的黄蜡石交易中心，周边古建云集，是金华城投打造的高端文化项目，透水艺术路面主要应用在中心广场和点将台。

2. 透水路面设计方案

金华古子城的透水路面结构如表 6-19 所示。

金华古子城透水路面结构　　　　　　　表 6-19

结构层位	材料及厚度
面层	18cmC25 透水混凝土
基层	25cm 级配碎石
垫层	30cm 宕渣层
路基	素土夯实

3. 应用效果

金华古子城透水路面整体实景照片见图 6-33，局部应用效果见图 6-34。

图 6-33　金华古子城实景照片

(a)　　　　　　　　　　　　　　(b)

图 6-34　古子城透水路面局部应用效果

(本案例由上海铃路道路铺装工程有限公司提供)

6.4.4　江苏无锡环太湖十八湾透水路面

1. 项目概况

江苏环太湖十八湾景观提升工程，东起渔港路，西至闾江口互通，全长 8.5km，是无锡旅游的重要景点。雷渚亭则是十八湾最负盛名的景点,"雷渚观渔"是传说中的闾江十景之一,在这里可以远眺太湖仙岛和鼋头渚。

2. 透水路面设计方案

环太湖十八湾的透水路面结构如表 6-20 所示。

环太湖十八湾透水路面结构　　　　　　　　　表 6-20

结构层位	材料及厚度
面层	10cmC20 透水混凝土
	镀锌钢丝网片
基层	2~3cm 石屑缓冲层
	混凝土基层
路基	素土夯实

3. 应用效果

雷渚亭是十八湾最负盛名的景点,也是游客必到打卡之处,雷渚观渔,设计将"鱼"的元素充分使用,来表达太湖的水文化,呼应"观渔"。同时,雷渚亭节点也将樱花图案融入进道路设计,让一朵朵樱花成为美丽的点缀,如图 6-35 所示。

图 6-35　环太湖十八湾透水路面应用效果

(本案例由上海铃路道路铺装工程有限公司提供)

参考文献

[1] Scholz, M., & Grabowiecki, P. (2007). Review of permeable pavement systems. *Building and environment*, 42 (11), 3830-3836.

[2] Brattebo, B. O., & Booth, D. B. (2003). Long-term stormwater quantity and quality performance of permeable pavement systems. *Water research*, 37 (18), 4369-4376.

[3] Bean, E. Z., Hunt, W. F., & Bidelspach, D. A. (2007). Field survey of permeable pavement surface infiltration rates. *Journal of Irrigation and Drainage Engineering*, 133 (3), 249-255.

[4] Cetin, M. (2015). Consideration of permeable pavement in landscape architecture. *Journal of Environmental Protection and Ecology*, 16 (1), 385-392.

[5] Fassman, E. A., & Blackbourn, S. (2010). Urban runoff mitigation by a permeable pavement system over impermeable soils. *Journal of Hydrologic Engineering*, 15 (6), 475-485.

[6] Booth, D. B., & Leavitt, J. (1999). Field evaluation of permeable pavement systems for improved stormwater management. *Journal of the American Planning Association*, 65 (3), 314-325.

[7] Collins, K. A., Hunt, W. F., & Hathaway, J. M. (2008). Hydrologic comparison of four types of permeable pavement and standard asphalt in eastern North Carolina. *Journal of Hydrologic Engineering*, 13 (12), 1146-1157.

[8] Zachary Bean, E., Frederick Hunt, W., & Alan Bidelspach, D. (2007). Evaluation of four permeable pavement sites in eastern North Carolina for runoff reduction and water quality impacts. *Journal of Irrigation and Drainage Engineering*, 133 (6), 583-592.

[9] Brunetti, G., Šimůnek, J., & Piro, P. (2016). A comprehensive numerical analysis of the hydraulic behavior of a permeable pavement. *Journal of Hydrology*, 540, 1146-1161.

[10] Sansalone, J., Kuang, X., & Ranieri, V. (2008). Permeable pavement as a hydraulic and filtration interface for urban drainage. *Journal of irrigation and drainage engineering*, 134 (5), 666-674.

[11] Lucke, T., & Beecham, S. (2011). Field investigation of clogging in a permeable pavement system. *Building Research & Information*, 39 (6), 603-615.

[12] Pratt, C. J., Newman, A. P., & Bond, P. C. (1999). Mineral oil bio-degradation within a permeable pavement: long term observations. *Water Science and technology*, 39 (2), 103-109.

[13] Pratt, C. J., Mantle, J. D. G., & Schofield, P. A. (1995). UK research into the performance of permeable pavement, reservoir structures in controlling stormwater discharge quantity and quality. *Water science and technology*, 32 (1), 63-69.

[14] Brown, R. A., & Borst, M. (2015). Nutrient infiltrate concentrations from three permeable pavement types. *Journal of Environmental Management*, 164, 74-85.

[15] Drake, J. A., Bradford, A., & Marsalek, J. (2013). Review of environmental performance of permeable pavement systems: state of the knowledge. *Water Quality Research Journal of Canada*, 48 (3), 203-222.

[16] Imran, H. M., Akib, S., & Karim, M. R. (2013). Permeable pavement and stormwater management systems: a review. *Environmental technology*, 34 (18), 2649-2656.

[17] Kamali, M., Delkash, M., & Tajrishy, M. (2017). Evaluation of permeable pavement responses to urban surface runoff. *Journal of Environmental Management*, 187, 43-53.

[18] Myers, B., Beecham, S., & van Leeuwen, J. A. (2011, July). Water quality with storage in permeable pavement basecourse. In *Proceedings of the Institution of Civil Engineers-Water Management* (Vol. 164, No. 7, pp. 361-372). Thomas Telford Ltd.

[19] Liu, Y., Li, T., & Peng, H. (2018). A new structure of permeable pavement for mitigating urban heat island. *Science of the Total Environment*, 634, 1119-1125.

[20] Brown, R. A., & Borst, M. (2015). Quantifying evaporation in a permeable pavement system. *Hydrological Processes*, 29 (9), 2100-2111.

[21] 俞孔坚. 海绵城市理论与实践 [M]. 北京：中国建筑工业出版社，2016.

[22] 交通运输部公路科学研究所. 公路工程沥青及沥青混合料试验规程 [M]，2011.

[23] 霍亮，高建明. 透水性混凝土透水系数的试验研究 [J]. 混凝土与水泥制品，2004 (1)：44-46.

[24] 蒋正武，孙振平，王培铭. 若干因素对多孔透水混凝土性能的影响 [J]. 建筑材料学报，2005，8 (5)：513-519.

[25] 田波，牛开民，谭华，等. 贫混凝土透水基层的排水能力 [J]. 中国公路学报，2007，20 (4)：31-35.

[26] 程晓天，张晓燕，李凤兰，等. 道路透水性混凝土的透水和力学性能试验研究 [J]. 华北水利水电大学学报（自然科学版），2008，29 (1)：38-40.

[27] 张晨，张金喜，苗英豪. 新型多功能路面的铺装方法与特点 [J]. 公路工程，2008，33 (5)：13-18.

[28] 王琼，严捍东. 建筑垃圾再生骨料透水性混凝土试验研究 [J]. 合肥工业大学学报（自然科学版），2004，27 (6)：682-686.

[29] 卢育英，杨久俊. 利用再生骨料配制透水性混凝土 [J]. 环境科学与技术，2008，31 (3)：91-94.

[30] 蒋玮，沙爱民，肖晶晶，等. 透水沥青路面的储水渗透模型与效能 [J]. 同济大学学报（自然科学版），2013，41 (1)：72-77.

[31] 蒋玮，沙爱民，肖晶晶，等. 多孔沥青混合料的空隙堵塞试验研究 [J]. 建筑材料学报，2013，16 (2)：271-275.

[32] 蒋玮，沙爱民，肖晶晶，等. 多孔沥青混合料 PAC-13 空隙率预估模型 [J]. 武汉理工大学学报，2011 (11)：55-59.

[33] 郭黎黎. 大空隙排水性沥青路面耐久性研究 [D]. 西安：长安大学，2010.

[34] 文湘. 透水性沥青混合料耐久性研究 [D]. 长沙：长沙理工大学，2012.

[35] 龚成志，张祖棠，罗刚. 空隙特征对沥青混合料低温抗裂性能的影响 [J]. 公路交通技术，2011 (4)：39-42.

[36] 关彦斌. 大孔隙沥青路面的透水机理及结构设计研究 [D]. 北京：北京交通大学，2008.

[37] 张亮，张利豪. 浅探排水路面的养护管理 [J]. 上海公路，2008 (z1).

[38] 李强，李永弟. 排水沥青路面典型病害成因分析及预防与养护对策 [J]. 中国市政工程，2017 (2)：49-51.

[39] 卢传忠，许斌，李明亮，等. 排水沥青路面预防性养护技术研究 [J]. 公路交通科技（应用技术版），2016 (4).

[40] 闫玉奎. 排水性沥青路面机能恢复车总体设计与实验研究 [D]. 西安：长安大学，2015.

[41] 张德欧，滕小四. 浅谈 OGFC 多孔沥青路面的养护维修技术 [C] //建筑科技与管理学术交流会. 2013.

[42] 徐亚. 宁宿徐高速公路中双层排水路面技术应用 [J]. 上海公路，2017 (3)：9-12.

[43] 吴煜. 排水沥青路面在城市道路应用的意义与方案研究 [J]. 四川水泥，2016 (9)：44-45.

[44] 杨杰. 排水沥青路面在宁杭高速公路养护中的应用 [J]. 住宅与房地产，2016 (1X).

［45］符适，张萌萌．排水路面施工质量控制研究与分析［C］//江苏省公路学会学术年会论文集（2015年）．2015．

［46］康雪侠，王磊．浅谈 OGFC 排水性沥青混凝土路面养护整修工序［J］．中国新技术新产品，2009（8）：79-79．

［47］夏平．透水沥青路面技术在水泥混凝土路面改造中的应用［J］．城市道桥与防洪，2012（11）：172-176．

［48］蒋甫．排水性沥青路面路用特性及其衰变规律研究［D］．上海：同济大学，2008．

［49］董祥，沈正．我国城市道路透水铺装建设的工程选址与类型选择分析［J］．甘肃农业大学学报，2010，45（3）：145-150．

［50］沙爱民等．环保型路面材料与结构［M］．北京：科学出版社，2012．

［51］王德蜜，姜迪，狄升贯．透水铺装设计与材料应用综述［J］．城市道桥与防洪，2013，09（9）：35-38．

［52］孙鑫，张佳晔，项高翔．浅析透水性沥青减小城市热岛效应［EB/OL］．北京：中国科技论文在线，[2009-12-14]．http://www.paper.edu.cn/releasepaper/content/200912-406．

［53］景宏君，曹俊武，延西利．法国透水性沥青路面（BBDr）［J］．公路，2000，（8）：77-80．

［54］王庆祝．透水性沥青路面在我国湿热多雨地区城市道路应用的可行性研究［J］．中外公路，2005，12：27-29．

［55］黄岩，黄勇．改性沥青混合料在国内、外的应用及展望［J］．上海公路 2003，1：19-22．

［56］邢明亮．透水性沥青混合料组成设计与性能研究［D］．西安：长安大学硕士学位论文，2007.6．

［57］徐皓．排水性沥青混合料性能及设计方法研究［D］．南京：东南大学，2005．

［58］邱垂德，张运鸿．公路局快速公路采用开放级配橡胶沥青铺面之探讨［A］．台湾：中华大学．

［59］李蘁．透水性沥青路面结构设计［D］．西安：长安大学硕士学位论文，2009，06．

［60］中华人民共和国住房和城乡建设部．城镇道路路面设计规范 CJJ 169-2012［S］．北京：中国建筑工业出版社，2012．

［61］陈长植．工程流体力学［M］．武汉：华中科技大学出版社，2008．

［62］毛昶熙．渗流计算分析与控制［M］．北京：中国水利水电出版社，2003．

［63］朱立明，柯葵．流体力学［M］．上海：同济大学出版社，2009.8．